我們還是香格里拉的囚徒嗎

沈卫荣 著

Shen Weirong

藏学、国学与语文学论集(二)

图书在版编目(CIP)数据

我们还是香格里拉的囚徒吗/沈卫荣著. -- 上海：上海古籍出版社，2025.5. -- (藏学、国学与语文学论集). -- ISBN 978-7-5732-1496-6

I. K281.4-53

中国国家版本馆CIP数据核字第2025MD0737号

我们还是香格里拉的囚徒吗
——藏学、国学与语文学论集（二）
沈卫荣　著
上海古籍出版社出版发行
（上海市闵行区号景路159弄1-5号A座5F　邮政编码201101）
（1）网址：www.guji.com.cn
（2）E-mail: guji1@guji.com.cn
（3）易文网网址：www.ewen.co
上海展强印刷有限公司印刷
开本787×1092　1/32　印张16.25　插页6　字数281,000
2025年5月第1版　2025年5月第1次印刷
印数：1—3,100
ISBN 978-7-5732-1496-6
K·3800　定价：98.00元
如有质量问题，请与承印公司联系
电话：021-66366565

沈卫荣 南京大学历史系学士、硕士,德国波恩大学中亚语言文化学博士,教育部"长江学者"特聘教授。曾任中国人民大学国学院教授,现为清华大学人文与社会科学高等研究所教授。著有 *Leben und historische Bedeutung des ersten Dalai Lama dGe 'dun grub pa dpal bzang po (1391-1474): Ein Beitrag zur Geschichte der dGe lugs pa-Schule und der Institution der Dalai Lamas*(一世达赖喇嘛根敦珠巴班藏波[1391-1474]的生平和历史意义:格鲁派和达赖喇嘛制度史研究)、《西藏历史和佛教的语文学研究》、《寻找香格里拉》、《想象西藏:跨文化视野中的和尚、活佛、喇嘛和密教》、《大元史与新清史》、《回归语文学》、《从演撰儿法中拯救历史》等专著,主编有《西域历史语言研究集刊》、"西域历史语言研究丛书"、"汉藏佛学研究丛书"、"多语种佛教古籍整理和研究丛书"等丛书,以及《何谓语文学:现代人文科学的方法和实践》《何谓密教:关于密教的定义、修习、符号和历史的诠释与争论》《他空见与如来藏:觉囊派人物、教法、艺术和历史研究》和《大圆满与如来藏:宁玛派人物、教法和历史研究》等著译文集多种。

目 录

01 语文学研究的历史、现状与未来 / 1
02 语文学与现代人文科学的方法和实践 / 25
03 陈寅恪与语文学 / 60
04 人文科学和作为职业的科学 / 105
05 "人文语义学"与现代人文科学传统的回归 / 111
06 尼采更愿当教授还是上帝？/ 120

07 在藏文文献中发现蒙元历史 / 134
08 元代宫廷所修"演揲儿"不是俗世的情色与淫戏 / 161
09 文本的生成与历史叙事的创建 / 174
10 米拉日巴是活佛转世否？/ 188
11 再释"南京奇迹"：普度大斋与胜海观音

除障仪轨 / 197

12 纪念邓锐龄先生（1925—2023）/ 215

13 无问西东　不舍我慢 / 242

14 中西学术中的藏学和民族、宗教研究 / 252

15 在我们的国学教学实习基地 / 279

16 西藏、藏传佛教的真实与传说 / 292

17 藏传佛教跟社会发展是一种有机结合 / 321

18 全球化背景下的藏传佛教与藏传佛教研究 / 338

19 铸牢中华民族共同体意识与藏传佛教中国化 / 357

20 汉藏交融与国家文化认同的建构 / 377

21 从现实出发，保护和弘扬藏族传统文化 / 394

22 我们应当如何看待身份认同 / 409

23 想象西藏：揭露与批判 / 423

24 香格里拉，谁之梦想？ / 433

25 今天我们仍然是香格里拉的囚徒吗？ / 449

26 他乡甘露：藏学家的学术和心路历程 / 491

01

语文学研究的历史、现状与未来

在现代学术分科、区域研究与后现代主义等学术转向的影响下，昔日最先进、最前沿，乃至作为人文研究根本方法的语文学（philology），逐渐在现代人文科学中被边缘化，成为了学术博物馆中的展览品。无论是非专业的普通读者，还是专业的人文学者，大多都对这一古老学问感到陌生。

国外学者较早关注到语文学在现代学术世界的退隐，其中一些人呼吁学界重视曾在人类精神和知识体系中扮演过重要角色的语文学，如耶鲁大学比较文学教授保罗·德曼（Paul de Man, 1919—1983）在1983年发表的《回归语文学》中，用回归语文学的主张回应了北美文学研究者们对以德里达（Jacques Derrida, 1930—2004）为首所倡导的法国后结构主义理论的尖锐批评。此后不断有学者参与其中，号召本学科必须回归语文学，其中包括东方主义理论的创始人——萨义德（Edward W. Said, 1935—2003）。

国内的学科建制深受国外影响。在人文社会科学内部，传统意义上学术研究被拆分为历史、文学、哲学等多个学科。虽然促进了中国人文学术的现代化转型，但也导致了各个学科之间出现壁垒，"隔行如隔山"，难以再现百科全书式的大学者。此外，随着后现代主义在人文社科领域的扩张，对各类文本的质疑成为了一股学术潮流，无论是历史学研究对文本记录的怀疑，还是文学研究中将作者与文本的分离。在这个背景下，西方世界利用语文学的方法反思学术分科、后现代主义的思潮，为国内学界消解上述动向的负面作用，提供了诸多思想观念与研究方法上的资源。

清华大学中国语言文学系的沈卫荣教授一直致力于语文学观念的普及与传播，如两年前出版的学术随笔集《回归语文学》（上海古籍出版社2019年版）集中体现了作者对于语文学的思考与普及语文学的努力。今年由上海古籍出版社出版的《何谓语文学：现代人文科学的方法和实践》（上海古籍出版社2021年版）则通过导论、十九篇论文与后记，向中文读者译介了西方学界关于语文学所展开的学术讨论，内容涵盖了语文学的定义、形成、发展、基本理念、方法，以及语文学在历史、文学、宗教、语言研究中的运用。可谓是了解语文学的必读佳作。

就沈卫荣语文学研究的经历、国内的语文学传统，以及现阶段语文学研究的阻力，《燕京书评》专访了沈卫荣教授。

燕京书评：您的"语文学"兴趣起源于何时？20世纪后半叶国内有类似"回归语文学"的声音吗？

沈卫荣：坦率地说，我天生只能是一名语文学家。这既不是我自吹，更不是我自大，我只是想说，除了要努力成为一名语文学家之外，我别无所能，注定不能成为一名别的什么家。有人说"数学是自然这本书的语言，语文学是人类这本书的语言"，而我铁定是做不了自然科学研究的，上半辈子最经常做的噩梦就是数学考试答不出题的恐怖场景。人文科学或可粗分为语文学和哲学两大部类，然而面对需要依靠智慧、注重思辨、高度抽象、概括的哲学或者理论，我常常是丈二的和尚摸不着头脑，只能敬而远之。所以，我天生只适合做一些通过耐心、刻苦和细致的语文学习和知识积累，再进而尝试理解和解释文本，以探讨历史和文化的语文学研究。

我们还是香格里拉的囚徒吗？

1979年，我考进南京大学历史系。自1983年秋天开始，我在南京大学元史研究室跟随陈得芝（1933—　）先生学习蒙元史。回想起来，不管是本科学历史，还是硕士阶段学蒙元史，都不能算是我自主、自觉的选择，当时我对学术还处于十分懵懂和迷茫的状态。然而，在今天看来，它们都还是不错的选择，学历史、研究蒙元史都还比较适合我的个性。也就是在那个由著名的蒙元史学术大家韩儒林（1903—1983）先生创立的南京大学元史研究室，我接受了初步的语文学训练，对语文学也有了一些基础的了解。在20世纪80年代，蒙元史研究于整个中国学界，特别是历史学界，具有相当特殊和崇高的学术地位，当时从事蒙元史研究的一批中年学术骨干，继承了韩儒林、翁独健（1906—1986）和邵循正（1909—1973）等前辈大家们自伯希和（Paul Eugène Pelliot, 1878—1945）先生（图1-1）那里学来的中亚语文学学术传统，坚持利用多语种文献和实证考据的学术方法研究蒙元史，做出了令人瞩目的学术成就。虽然，当时在蒙元史学术圈外还很少有人提"语文学"，大概也很少有人真懂"语文学"，但大家显然都对蒙元史学界所推崇和力行的这套多语种和考据学传统，或者说是"历史语言学"的传统刮目相看。

1980年代初，美国学界首次出现了"回归语文学"的呼声，其背景是"区域研究"的强势崛起和各种人文和社会科学理论的盛行，致使传统人文科学研究出现严重危机。而在当时的中国学界，正进行着实践是检验真理的唯一标准的大讨论，大家都忙于拨乱反正，努力恢复正常的学术秩序。而尽快走出"文革"假大空的学术阴影，改变"以论带史"的学术风气，则是当时学界的当务之急，所以，重视考据、实事求是的语文学研究一度很受推崇，尽管大部分人实际上并不很理解考据学与语文学是一种什么样的关系，但大家都对傅斯年（1896—1950）先生所说的"上穷碧落下黄泉，动手动脚找东西"，和韩儒林先生所说的"板凳要坐十年冷，文章莫写一字空"十分推崇。

燕京书评：以往对陈寅恪的评价多基于其史学成就与思想史意义。但在您看来，陈寅恪也是一名杰出的"东方语文学家"。他负笈海外的求学经历为其赋予了超越乾嘉诸老的视野与能力。除了陈寅恪之外，当时还有哪些著名的"语文学家"？其学术成就如何？

沈卫荣：去年，我写了两篇讨论"陈寅恪与语文学"的文章，其中我有意着重强调了陈寅恪（1890—1969）先生作为一名"东方语文学家"，更确切地说，是"西域（中亚）语文学家"的学术身份和学术定位。我觉得世人过多地强调了陈寅恪作为一名天才学者于当下的政治的和思想的意义,而并没有认真关注和理解陈寅恪的学术,并对他的生平、思想和学术地位做出恰如其分的评价。例如,人们显然更愿意从当下的政治情势出发,去理解和欣赏陈寅恪当年所倡导的"独立之精神和自由之思想"。可是,陈寅恪当年应该是把它们作为一种现代人文学者必须坚守的学术态度和学术立场来倡导的,他把它们写进纪念王国维先生的碑文中,是要用它们来表彰王国维的学术精神的。恰如法国思想家勒南(Ernest Renan, 1823—1892)所说,"理性主义、批判主义和自由主义,是和语文学在同一天诞生的,而语文学家则是现代精神的奠基人。"

还有,治近代中国思想史的当代学者,喜欢深文周纳,对陈寅恪自我标榜的"不古不今、不中不西之学",从思想史的角度加以牵强附会的解释和演绎,硬要把陈寅恪说成是一位伟大的思想家。实际上,这不过就是陈先生对自己的学术实践所做的一种很笼统、很自负的表白。正是他从事了这种表面看来不古不今、不中不西,实际上亦中亦西、亦古亦今的学问,使他的学术视野和能力超越了乾嘉诸老。因为即使博学精深,如乾嘉诸老的代表钱大昕(1728—1804)者,亦仅能从事属于"汉学"范畴的学问,而对属于傅斯年所谓"虏学"范畴的学问则一筹莫展，例如对古代汉语文献中出现的许多非汉语词汇，以及与它们相关的各种名物制度的解读等，完全不得要领，而陈寅恪的"不古不今、不中不西之学"则是一门能兼治"汉学"和"虏学"的学问，最能解决上述这类令乾嘉诸老望而却步的问题。无疑，陈寅恪在当时中国学界之独一无二的学术地位的建立确实是因为他的这套不古不今和不中不西的学问，而不是他的什么甚深和广大的思想。

不得不说的是，陈寅恪这种明显带有传奇色彩的、现象级的学术地位的奠定，应该亦有很多无关学术的因素在其中起了作用。他一无学位，二无著作，却能被选为清华国学院的四大导师之一，这显然不仅仅是一件学术的事情。从广义的语文学角度来看，与陈寅恪同时代的许多著名学者都是优秀的语文学家，傅斯年创建中央研究院历史语言研究所，将历史学和语文学合二为一，在当时实际上就代表了科学和理性的现代人文科学研究，他所网罗的人才都是从事历史学和语文学研究的优秀学者。傅斯年本人对于语文学在中国的推介，以及他为以西方语文学传统改造中国传统学术、实现中国人文学术现代化做出的贡献无疑要大于陈寅恪。（图1-2）而像王国维（1877—1927）、陈垣（1880—1971）等优秀的历史学者，同时也是杰出的语文学家，他们的学术成就丝毫不逊色于陈寅恪，他们的

我们还是香格里拉的囚徒吗？

学术著作与陈寅恪的相比，似更符合现代学术规范，对蒙元和西域史地具体问题的研究也更加专业和深入。

我们必须强调的是，陈寅恪是现代中国"西域语文学"研究的开创者，他是中国现代蒙古学、西藏学、西夏学和突厥学研究的先行者，他也是中国梵文、佛教语文学研究的开创者，这是他为中国现代人文学术的形成和进步所做出的最大贡献。当然，即使在上述这些学术领域，我们也不能对陈寅恪的学术能力和成就做过高的评价。若把他放在当时整个世界中亚语文学学术范围内来考察的话，陈先生的学术是预流的，但不能说是一流的。因为他并没有能够直接和大量地利用某一种西域语文文献，并在西域语文学的某一个专门领域内做出傲视群雄的学术贡献。而且，虽然他懂多种西域语文，但他并不精通历史语言学，并不擅长于利用民族语文知识来对古代汉语文献中的外来词汇做审音勘同，故难以与伯希和等西方语文学学术大师相提并论。

中国学者在西域语文学研究领域内很快超越陈寅恪的首推我的祖师爷韩儒林先生，韩先生直接师事伯希和，专门从事蒙古学、藏学和西夏、突厥研究。（图1-3）他在1936年自欧洲回国以后的许多年内，于上述多个学术领域发表了一系列精湛的学术论文，其专业、规范和深入程度都完胜陈寅恪早年的

01 语文学研究的历史、现状与未来

图1-2 傅斯年,1921年摄于伦敦

图1-1 一身戎装的伯希和

图1-3 韩儒林教授与学生合影

相关著作。此外,像曾为陈寅恪弟子,并在他指导下专门从事西夏研究的王静如先生(1903—1990),因其对西夏文字的解读和西夏文文献研究做出的开创性贡献而获得了儒莲奖(Prix Stanislas Julien),他的西夏学学术成就自然远高于陈寅恪。还有,有一位从事佛教语文学研究的林藜光先生(1902—1945),早年也曾随钢和泰(Alexander von Stael-Holstein, 1877—1937)和陈寅恪一起在北京的中印研究所学习,后受法国汉学家戴密微(Paul Demiéville, 1894—1979)先生之邀,远赴法国国立东方语言学校教授中文。(图1-4)在法时,他还跟随梵文学家西尔万·莱维(Sylvain Lévi, 1863—1935)研习梵文、巴利文,并受莱维之托以藏、汉译本来校订和对勘梵文写本《诸法集要经》(Dharma-samuccaya)。他常年从事校勘写本这一繁重而枯燥的工作,并最终完成了包含法文译文的校勘本。经过戴密微等人的后续增补,这部遗作最终出版,成为国际学界研究小乘佛教的经典之作。无疑,就佛教语文学研究来说,林藜光所取得的成绩也远大于陈寅恪。当然,我们或许也应该提到另一位曾为陈寅恪弟子的季羡林先生(1911—2009),他受陈寅恪的影响而去德国留学,追随陈寅恪的同学林冶(Ernst Waldschmidt, 1897—1985)先生从事梵文和印度学研究,而他于梵文、吐火罗文和印度学领域的学术成就也显然超越了陈寅恪。

燕京书评：陈寅恪的"语文学"兴趣显然来自留学经历，传统中国有类似语文学的传统吗？

沈卫荣："语文学"是一个非常难予以确切定义的概念，它本身既是一门具有悠久历史的传统学问，但也可以特指一种普通和基础的人文学术研究方法，它既有多种不同的范畴，也有多种复杂的层面和维度，所以很难对它一概而论。我们编译的《何谓语文学：现代人文科学的方法和实践》这本书，收集了西方学术界讨论语文学与现代人文科学的十九篇具有代表性意义的学术文章，尝试从不同的角度讨论作为现代人文科学研究之核心和基本方法的语文学的内核、历史和具体实践，希望广大读者们通过阅读这本书即可以全面和深入地了解到底什么是语文学。

尽管我近年一直在讨论和倡导的是西方传统中的"语文学"，即philology，但不管是作为观念，还是作为方法的语文学，它都不只是西方传统所独有的，世界各大文明和文化传统中都有语文学。在《何谓语文学》这本文集中，读者可以读到美国哥伦比亚大学南亚学教授Sheldon Pollock（1948—　）先生的四篇十分精彩的论文，近年来他一直在不遗余力地为建构"世界语文学"（World Philology）而奔走呼号。（图1-5）传统中国当然亦不缺乏语文学，特别是作为学术方法的语文学，它

我们还是香格里拉的囚徒吗？

图1-4　林藜光1935年春摄于巴黎

图1-5　当前最有力的语文学倡导者：美国哥伦比亚大学南亚系教授Sheldon Pollock

与传统中国学术中的考据之学有很多相似的内容，传统中国的古文字研究、文献校勘、目录学，以及格义、训诂之学等，都与西方语文学的基本学术方法相同或者类似。西方学者习惯于将"乾嘉考据之学"称为"中国语文学"（Chinese Philology），其实这样的说法至少是不完美的。虽然乾嘉考据学所用的学术方法确实也相当语文，但他们所做的学问基本上还是传统的经学，而不是倡导"独立之精神、自由之思想"的现代人文学术，而现代语文学则正是专门用来打破传统经学和神学之专制统治地位的学术利器。傅斯年当年积极引进西方的历史学的和语文学的学术传统，即是要依此来革新以经学为主体的传统中国学术，进而实现中国人文学术的现代化。

在陈寅恪于欧美留学的那个年代（1919—1925），语文学依然还是西方人文学术研究的主流，当时欧洲的汉学研究奉行的就是非常典型的语文学传统。以伯希和的学术成就为最典型代表的欧洲汉学，即如傅斯年所说可粗分成汉学和虏学二支，而陈寅恪在哈佛和柏林所接受的无疑全部是虏学，亦即西域（中亚）语文学的训练，所以说他对"语文学"的兴趣来自他的留学经历是完全正确的。但或需要强调的是，陈寅恪后来所做的学问明显更接近纯粹汉学的研究，如他对中国中古史的研究和以诗证史类的文学研究等等，但它们同样具有鲜明的语文学特征。今天当我们重读陈寅恪的全部学术著作时，不难发现他的汉学研究水准实际上要高于他的虏学研究，尽管他不但一直以从事"不古不今、不中不西"的西域语文学研究为目标，而且他也从来没有在西方接受过任何狭义的汉学训练。

燕京书评：随着后现代主义在人文社科领域的扩张，对各类文本的质疑成为了一股学术潮流，无论是历史学研究对文本记录的怀疑，还是文学研究中将作者与文本的分离。在这种环境下，你如何看待后现代主义对文本真实性的解构与您所提倡用的"语文学"方式解读文本之间的张力？

沈卫荣：这曾是一个困扰了我很多年的问题，但最终却帮助我加深了对语文学的理解，同时亦坚定了我对语文学的信心。语文学是一门旨在建构的学问，即通过对民族语文的掌握，和对大量文献的收集和整理，并通过对这些文本的正确解读和理解，来建构民族历史和宗教文化的真实面貌。如常为人称颂的"兰克史学"就是最充分地发掘第一手的希腊文、拉丁文和其他欧洲古文字的原始档案和其他历史文献，对它们做厘定和翻译等细致的语文学处理，然后用它们来构建古希腊、罗马和欧洲各民族的政治、制度和社会史，以及教会和教皇的历史。利奥波德·冯·兰克（Leopold von Ranke, 1795—1886）本

01 语文学研究的历史、现状与未来

人首先是一位精通多种欧洲古文字的语文学家和古典学家。而后现代主义重在解构,它不但怀疑任何文本记录的真实性、客观性,否定任何经典文本的原始和经典的意义,而且亦对依靠这些文本记载建构起来的任何宏大的历史叙事、灿烂的文化传统和崇高的思想、道德意义统统予以无情的解构。这二者看起来互相对立,不可调和,引起过激烈的冲突。

要了解后现代主义和语文学的冲突,读者或可以阅读《何谓语文学》所收录的著名文艺理论家保罗·德曼(Paul de Man, 1919—1983)于1980年代初发表的一篇题为《回归语文学》的文章。这篇文章是德曼对美国哈佛大学英语文学教授Walter Jackson Bate(1918—1999)先生对以雅克·德里达(Jacques Derrida, 1930—2004)为首所倡导的法国后结构主义理论的尖锐批评所作出的回应。Bate认为"对文学、人类沟通以及生命本身都采取虚无主义立场的"法式后现代主义文艺理论导致了英语文学研究面临严重的危机和走向衰落,而德曼则完全否认这种尖锐的指控,认为文学研究的理论转向不过就是对语文学的回归,换句话说,文学研究的出路不是要排斥后现代理论,而是要回归语文学。有意思的是,德曼在文中所倡导的语文学就是新批评主义所主张的文本细读(close reading)。

受德曼的影响,我一度曾将"文本细读"理解成语文的一种，觉得"文本细读"主张"在检讨语言所产生的意义之前，先检查语言结构的形式"，通过对语言结构的分析，来探求文本的微言大义，这不失为一种理解和解读文本的好方法。可是，不久我就发现"文本细读"和"语文学"有着根本的差别。语文学是一个开放的体系，最近还有人提倡 open philology，即开放式的语文学。为了正确地读懂这个文本，我们有必要使用一切可以使用的学术手段和方法，收集和整理与这个文本及其作者相关的一切资料，然后充分地语境化和历史化这个文本，以求全面和正确地领会它的真实意义。对于"文本细读"，我们显然是受了它的中文译名的影响，以为"细读"或者"精读"与语文学的文本阅读方法是一致的，事实上，所谓 close reading，顾名思义，它是一个封闭的系统，要求读者关起门来阅读，将这个文本与它的作者、时代、社会及其相应的一切背景性资料完全隔绝，读者只需对文本语言的结构和上下文联系、作者所选用的词汇和表达方式做细致的揣摩和分析，面壁十年图破壁，最终或灵光一现，顿悟隐藏于字里行间的微言大义。显然，"文本细读"确实与结构（解构）主义理论相应，但它不是语文学。德曼表面上高调呼吁语文学的回归，实际上却在为后现代主义文学理论辩护，他没有真的能够为受后现代主义困扰的传统文学研究如何走出困境指明道路，相反，他使我们更清楚地认识到了后现代主义理论和语文学之间存在的激烈的矛盾冲突。

但是,在我看来在重建构的语文学和偏爱解构的后现代主义之间并非只有矛盾冲突,它们之间也是有共同点的。我们不应该把后现代主义仅仅理解为是一种对世间万物的虚无主义立场,"解构"或是追求客观和真实的一种另类和曲折的方法。作为语文学家的傅斯年,当年曾高喊过"史料即史学"的口号,他相信史料自己能够说话,只要我们收集和整理出足够完全的史料,并对它们做细致的语境化和历史化处理,即用语文学的方法解读和诠释这些史料,那么我们所追求的那个客观的历史真实就已经跃然纸上了,再不需要文章家和道德家们妄喙一词了。而后现代主义史家也说"史料即史学",认为根本就不存在未经过道德家和文章家刻意设计和粉饰过的史料,任何史料都是一种历史写作的结果,历史本来就是建构出来的东西,根本不存在一个绝对真实和客观的历史。所以,后现代史家们热衷于解构过去的史家们精心建构起来的一切宏大的历史叙事和崇高的思想和文化传统。

这两种对待史料和历史的进路看起来水火不容,其实它们还是有一些共同点的。语文学家普遍认为文本只是一种展现出来的表象,其内核须通过语文学来鉴定和考证,语文学家对史料的处理是一个严格的去粗取精、去伪存真的过程,追求的是对其所载历史内容的准确和全面的理解,而对文本作者的个人立场、写作背景等的细致检讨等,则本来就是文本语文学之所谓"高等批评"(higher criticism)实践的最重要的内容。语文学家对历史的建构也绝不是要建构在各种意识形态、政治权力和经济利益主导下的宏大叙事,相反,他们是要用语文学研究所获取的丰富多彩的历史细节和历史真实来推翻和解构以往人们已经建构了的、并要我们相信的种种历史叙事和陈词滥调。在这一点上,语文学的历史研究和后现代主义的历史研究并没有必然的冲突。

在《何谓语文学》中,我们收录了Pollock的一篇题为《语文学的三个维度》的文章,Pollock提出对一个文本的语文学阅读,应当要有历史主义、传统主义和现代主义三个维度,即要注意这个文本对历史上的第一个读(作)者来说意味着什么,它对历史长河中的读者们意味着什么,它对此时此地的我来说意味着什么。Pollock认为这是"实证上最丰富的,认知上信息最全面的,以及伦理道德上最合理公正的语文学"。我想如果我们能够熟练掌握这种三个维度的语文学阅读方式,那么我们就能很好地解除语文学和后现代主义阅读之间的张力了。

01 语文学研究的历史、现状与未来

燕京书评：您多次提到现代学术分科在某种程度上瓦解了"语文学"研究的完整性，在大学专业分科如此清晰，各学科之间"隔行如隔山"的情况下，"回归语文学"只是一种倡议吗？会有实质性的变动吗？您供职过的人大国学院西域历史语言研究所是类似"语文学"的研究机构吗？

沈卫荣：语文学在整个世界人文学术领域的衰落是由多种原因造成的，现代人文学术严格地划分为语言、文学、历史、哲学、艺术和神学（宗教研究）等分支学科，是导致曾经是现代人文科学的代名词的语文学最终失去其学术家园的一个关键因素。除此之外，自20世纪中叶在北美大学内迅速兴起的"区域研究"也对传统语文学给予了致命的打击。"区域研究"偏重现实政治、经济和社会的研究，更多使用社会科学的理论和方法展开，与重视语文、文本的传统语文学背道而驰。而当"中国研究"取代"汉学"时，语文学也就渐渐淡出了从事中国人文学术研究者的视野。《何谓语文学》中收录的美国著名汉学家薛爱华（Edward H. Schafer, 1913—1991）先生的《何为汉学，如何汉学？》一文，即以汉学为个案，分析语文学是如何在北美大学中因受"区域研究"的压迫而走向衰落的。

德曼于1980年代初发表的那篇《回归语文学》在美国学界引起了巨大反响，此后不断有相同标题的论文发表，人文学术的各个分支学科都有知名学者站出来，阐述语文学对于自己学科之生存和发展的重要意义，号召本学科研究必须回归语文学。其中，又以从事中世纪研究和南美历史研究的学者们的呼声最为强烈，进而形成了"新语文学"学派。当然，于这一系列题为《回归语文学》的文章中，最有影响力的一篇是东方主义理论的创始人爱德华·瓦迪厄·萨义德（Edward W. Said, 1935—2003）先生于其身后发表的绝笔之作，萨义德不但呼吁人文主义学术研究，特别是被"宏大的权力架构或模糊的、带有疗愈意味的救赎性叙述"主导的比较文学研究必须回归语文学，而且还提出了以"接受"和"抵抗"为核心的一整套积极的语文学阅读方法，为广大读者过一种"语文学式的生活"（living philologically）提供了具有深刻启发意义的指导。萨义德的这篇《回归语文学》也收录进了我们的这本《何谓语文学》之中。

令人遗憾的是，尽管人文科学各个领域都有人在谈语文学的重要性，都在呼唤语文学的回归，但是却再难见到有人直接将语文学与作为整体的现代人文科学联系在一起，语文学真的只能是"现代人文科学的被遗忘了的源头"（the forgotten origin of modern humanities）。今天的语文学早已在世界人文科学机构中失去了家园，它很难再作为一个独立的学科强势重生了。世界上只有极少数像Pollock这样的学者,还如此"不合时宜"地呼吁语文学——这一门"使文本产生意义的学科"(the discipline of making sense of text)、"一个硬世界中的软科学"(a soft science in a hard world)——重新回到21世纪世界一流大学的学术中心。他的这一雄心和复兴计划可见于他的《未来语文学?一个硬世界中的软科学之命运》一文中。但是,更多的学者则仅仅是希望能让语文学作为一种最基础的学术方法回归到自己的学科之中,语文学已经不可能,也没有必要作为一门独立的学科回归,但它绝对有必要在人文学术的各个学科中得到重视,并发挥它的学术主导意义。《何谓语文学》中收录了曾经担任美国人文学术中心主任的杰佛里·格尔特·哈波芬(Geoffrey Galt Harpham, 1946—)先生的一篇题为《根源、种族与回归语文学》的文章,这绝对是一篇值得我们一读再读的好文章。哈波芬否认语文学家的劳动"最终将产生某种免于抽象化荼毒的知识,不受任何利益、欲望和不相干目的的污染",他通过近代欧洲语文学对语言、起源、种族的理论和历史的研究和构建的学术史回顾,揭示了语文学研究与民族主义、种族理论和反犹太主义等欧洲意识形态运动和帝国主义、殖民主义的关联。哈波姆说"语文学的历史就像是一面透视镜,在同一图像中结合了学术研究的最高远的志向和最黑暗的恐惧,"所以,他认为语文学于当下的任务是重现,而不是回归。

我自己是一名从事藏学和藏传佛教研究的专家型学者,曾在国内和国外接受过长期的文本语文学训练,但我只是一名狭义的文本语文学家,或者说佛教语文学家。近年来,虽然我在我的专业领域之外也很努力地倡导人文学术应该"回归语文学",但我并没有奢望我能给语文学在大学内立足带来任何实质性的变化,甚至改变当下的学术建制,这不是我能想象的事情。我只是期待我的呼吁能在中国的人文学者中间得到一点积极的回应,今后所有的人文学者都能够具备最基础的语文学意识,接受最起码的语文学训练,遵守最基本的语文学规范,否则,我们不但做不出什么一流的学问,而且从根本上来说我们所做的学问就是不入流的。

我在中国人民大学国学院创建的"西域历史语言研究所"确实是一个专业的西域(中亚)语文学研究机构,倡导的学术理念和傅斯年当年建立中央研究院历史语言研究所的宗旨是一脉相承的。大家可能已经注意到了,多年前人大国学院已经增加了一块新的牌子,叫做"中国古典学院",这表明他们全体坚守的学术理念就是我们西域历史语言研究所的建所宗旨——语文学。近年来,中国的很多大学都开始建立西方古典学学科，所谓"古典学"，实际上就是对一个古代民族的语言、文献、宗教和历史、文化的语文学研究。最近，美国加州大学已经取消了古典学的招牌，直接将原有的西方古典学机构改称"希腊学院"或者"罗马学院"等等，因为把古典学仅仅规定为是对希腊（希腊文）、罗马（拉丁文）的研究是不正确的，是欧洲中心主义的表现，其他地区和民族同样也有古典文化，对它们的研究也是古典学。所以，将"国学院"改称"古典学院"，这是一个很有智慧的举措，国学研究就是对中国古代各民族之语言、文献、思想、历史和文化的语文学研究，它就应该是一种打破文史哲壁垒的跨学科的研究。

燕京书评： 在您看来，现阶段回归"语文学"的阻力有哪些？

沈卫荣： 当德曼、萨义德和Pollock等人振臂呼吁"回归语文学"的时候，我在德国波恩大学读书时的一位同学、现任德国马堡大学印度学教授的Jürgen Hanneder（1964— ）先生曾发表文章，讽刺这几位美国的大教授们正在玩弄学术游戏，他们把理论玩腻了，又觉得语文学好玩了，三十年风水轮流转，玩的都不过是时尚而已。把梵文语文学做到了极致的Hanneder，觉得这些美国的教授都和尼采一样，都不过是半吊子的"未来语文学家",居然敢要德国的印度学家们回归语文学,老子根本就没离开过语文学,你还要我们回到哪里去?

和德国的情况完全不同,我觉得现阶段在国内学界呼吁"回归语文学"的最大阻力,无疑是我们中的大多数人还没有正确地理解什么是语文学,不知道语文学对于现代人文科学到底有何重大意义?对于很多中国学者来说,语文学是一个完全陌生的名词,闻所未闻,你现在站出来要求他们回归语文学,这当然是一件匪夷所思、异想天开的事情。这就是我为什么如此不自量力地要站出来宣传和倡导语文学,这也正是我们编译这部《何谓语文学——现代人文科学的方法和实践》的初心,衷心希望它是一部高质量的语文学教材,能够为语文学在中国的普及做出一份积极的贡献。

原刊《燕京书评》2021年8月17日,题为"沈卫荣:陈寅恪、语文学与现代人文学科",访谈人:《燕京书评》杨涛

02

语文学与现代人文科学的方法和实践
——在清华邺架轩读书沙龙的报告

在正式进入今天的讲座之前，我想先请大家来看我曾经非常熟悉的一部电影《小兵张嘎》中的一个片段，不知道大家能不能看出其中有什么语文学的奥妙在里面？希望大家从中可以看出一个很有意思的语文学的经典案例。不过，这部电影实在太老了，这是1963年拍的电影，估计这里只有我比它还老，其他人都比它年轻，看不出来也很正常。为什么我对这段记忆特别深呢？因为我小时候经常看它，记得当时我有一位好朋友长得跟这位翻译官很像，所以经常受到隔壁班同学们的嘲笑，有次他拉着我去跟人家吵架，因为人家嘲笑他说："老子下馆子都不掏钱，别说吃你这几个烂西瓜？"后来这部电影又被翻拍了好几次，这个经典段子不断地在重演，这里面有句经典的话就是——"老子在城里吃馆子都不掏钱，别说吃你几个烂西瓜。"

我们还是香格里拉的囚徒吗？

最近有人把这个段落放到微信朋友圈，实际上我们可以在那个片段里面看到，他其实并没有说"老子进城里下馆子都不掏钱"，他说的是"别说吃你几个烂西瓜，老子在城里吃馆子也不问价"。大家想想，说"吃馆子不问价"和"下馆子不掏钱"是两个完全不同的概念。前面说"老子吃馆子也不问价"，说明他很有钱，财富自由了，我有的是钱，下馆子可以不问价，我吃你几个烂西瓜凭什么还要问价？这表明他是一个土豪，其实八路军战士没必要和他去当真，碰到个土豪不挺好，本来10块钱一个瓜，现在20块钱卖给他，反正他有的是钱。但如果说他说的是"老子在城里吃馆子都不花钱，别说吃你几个烂西瓜"，那就是恶霸了，想吃霸王餐，这样就可以跟他掏枪了。从语文学的角度来讲，这两个句子完全是不同的台词，反映的完全是两个场景，反映出的是翻译官的两个不同的人品。这部电影后来的拍摄都变成是"老子进城吃馆子都不掏钱，别说吃你几个烂西瓜"。小时候隔壁的同学欺负我的好朋友的时候也都是这么说的，近来才知道原来并不是这样说的，翻译官或许并没有这么坏，他就是炫耀自己是土豪而已，他并不是一个恶霸。我举这个例子是想说，语文学无处不在。凡是有语言的，有言语的，有文本的，对任何一段话或者一段文字的解读、理解，实际上都是需要语文学在场的。不然的话，对同样一段话

02 语文学与现代人文科学的方法和实践

的理解可以是完全不一样的。这就引出我们今天要讲的这个话题：什么是语文学？

今天到场的朋友中可能有些人听说过，但大部分人可能连"语文学"这个名称都没听说过。很多年前我开始谈语文学的时候，人家问我你是不是讲小学语文、中学语文或者大学语文，我说对啊，语文学跟这些都有点关系，但又不完全是。今天很少人会知道语文学跟现代人文科学到底有什么关系。我大概从调入清华工作开始，或者更早一点，就开始在国内各种场合讲语文学。但是到现在为止，我依然不知道大家到底真的理解了语文学没有？我曾经在一篇文章中说过，语文学是一个说不尽的话题。我希望我们新出版的这本书《何谓语文学——现代人文科学的方法与实践》出来以后，大家能好好地阅读这本书，然后就能够知道什么是语文学。（图2-1）我自己还是不厌其烦地在宣传语文学，倡导语文学。但是，从根本上来说，我不是一位广义的语文学家，我是专门做西藏学研究的，更明确地说，我是一名做藏传佛教研究的专家。为什么我会对语文学如此津津乐道，会如此不知疲倦地讲语文学呢？这是因为我觉得语文学太重要了。所以，我今天想利用这个机会给大家老调重弹，再谈一下语文学，我希望今天你们听完我们的报告后就知道什么是语文学了。

我们还是香格里拉的囚徒吗?

图 2-1 《何谓语文学——现代人文科学的方法和实践》封面

02 语文学与现代人文科学的方法和实践

我想我还是从我个人对语文学的了解和学习的经历来告诉大家什么是语文学。我最早是在南京大学做蒙元史研究的,就是做蒙古史和元史的研究。大家肯定都曾听说过一位名叫伯希和(Paul Pelliot)的法国人,他在中国学界鼎鼎大名。大家知道,我们中国人特别喜欢给梁山泊英雄排座次,喜欢讨论世界汉学家谁排第一?可能说谁是第一人大家都会说:"不,还有某某人更好。"但是,你若说伯希和是世界上到现在为止最好的汉学家,大概没人会说不。就像我们现在说,陈寅恪是现代中国最好的学者,或有人会说王国维更好;若有人说王国维最好,也会有人说不一定啊,以前不还有钱大昕吗?但如果有人问世界汉学家谁是第一?你说是伯希和,那肯定没问题,没有争议。为什么呢?因为今天有人说伯希和可能是世界上唯一一个可以把中国的古籍都看懂的人。为什么?钱大昕难道不如伯希和吗?某种程度上可以说确实不如,为什么呢?因为在汉文古籍里面,其实不仅是汉语,里面有很多是非汉语文的因素,它们可能有匈奴语,可能有突厥语,可能有西藏语、蒙古语,各种各样的语言、文字——还有鲜卑等——因素,这些语言文字是我们纯粹的汉语文学家看不懂的。钱大昕先生可能是中国汉学家中最厉害的了,他或可以把汉语文都看懂,但是凡其中出现了非汉语因素的这些词汇,他就看不懂了。如果在汉代汉

我们还是香格里拉的囚徒吗？

文文献里面出现了一个梵文的字，音译过来的，或者一个匈奴语的字，一个突厥语的字，那么纯粹的汉学家是看不懂的。但伯希和除了懂汉语文以外，他还懂得很多很多种西域（中亚）的古代语文，所以他看到这些非汉语文（胡语）的词汇，他又懂得历史语言学这一套学术技巧，所以他就知道这个字、词在汉代的时候应该发作什么音，这个字可以还原成突厥语的某个字或者还原成梵文的某个字，或者还原成古藏文的某个字，这些他都能读得懂、解释清楚。所以，到今天为止，就像迈克尔·乔丹（Michael Jordan）是有史以来最好的篮球运动员一样，我们说伯希和是有史以来最好的汉学家。我的学术生涯一开始学习蒙元史，而伯希和做了很多蒙元史的研究，所以，我们当时都以为伯希和这套学问就是语文学，实际上更确切地说，他是一位历史语言学（historical linguistics）的专家，他把汉学和中亚语文学（虏学）结合起来做汉学研究。

后来，我自己又从蒙元史转到另外一个学术研究领域，就是印藏佛学研究（Indo-Tibetan Buddhist Studies）。这又是一个可以说是非常高级和精致的语文学研究，譬如说你发现一件梵文的抄本，你要给它做一个精校本（critical edition），就必须先要学梵文、藏文，给这一文本做非常细致的整理，先把文本隶定，然后再给它做翻译，做注释。中国学者老说季羡林先生是

02 语文学与现代人文科学的方法和实践

一位伟大的印度学家,但有西方印度学家问他怎么伟大呢,怎么没看出来呢?他可没做过一个梵文文本的精校本啊。季先生限于当时中国的学术条件,创立了一个十分具有中国特色的、以研究中印文化交流史为主要内容的中国印度学领域。而国际上流行的印藏佛学是世界上又一个语文学的特别高精尖、高大上的学科,很长时间内我始终以为语文学就是像印藏佛学这样的一门学问。

我自己一直努力在做一个好的语文学家。但是,这套学问确实太高精尖,太科学,某种程度上也太技术,做好太不容易。也有人不服伯希和,他们觉得伯希和这套学问虽然厉害,可是伯希和都没写过任何一部通史性的著作,没有写过一篇有思想性的、很人文的著作。他写的都是一些注释和札记性的作品,例如,他写《马可·波罗游记》的注释(*Notes on Marco Polo*),写了好几本书,都是帮人家的书做注释;他读巴托尔德(W. Barthold,俄文:Василий Владимирович Бартольд)的《蒙古入侵时期的突厥斯坦》(*Turkestan Down to the Mongol Invasion*),给它做注解,结果自己也写成了一本大书(*Notes sur le Turkestan de M. W. Barthold*,或译作《巴托尔德〈突厥斯坦〉评注》,冯承钧译作《〈蒙古侵略时代之土耳其斯坦〉评注》)。他自己从没写过一本通史性的专著,所以你怎么说他的

我们还是香格里拉的囚徒吗？

学问好呢？一般人一方面喜欢神话化像伯希和这样的语文学大师，譬如我们说陈寅恪为什么厉害？因为陈寅恪懂很多很多种语言。为什么季羡林先生厉害？说他懂很多种语言。觉得懂很多种语言这个人就很厉害。但另一方面，很多人又以为你们这些人确实是太厉害了，懂那么多语言，而我们根本学不了，我知道你们厉害，但是"臣妾做不到"，没办法来跟你们一样做语文学，于是就觉得你们这套学问实际上是没有意义的，太技术了，没有思想的火花，没有灵光。我曾经写过一篇文章，题为——"我的心在哪里？"因为我在德国时是做语文学学问的，我的博士论文在德国出版了，有一位也算是当时我的博士生考试委员会当中的老师，就是现在在中国很有名的顾彬（Wolfgang Kubin）教授，为我的论文写了一篇书评。他说这本书写得很好，按照我们德国的标准一定给它打最高分，书印得很好，语法都很正确，德语写得不错，估计可以流传很长一段时间；但他最后说，我要问一句，作者的心在哪里呢？他觉得我们语文学家都是没有心的，而现在的学术都是应该有很多理论的，要有很多思想的火花，给人启发。他们认为语文学家做的语文学研究都是早就过时了的学问。对此我当然完全不认同。我从来认为自己是个语文学家，而且一直把伯希和这一套学问，把印藏佛学这一套学问，都作为最典型的语文学学术。

我也常常用这套语文学的学术标准来衡量自己和别人的学术，所以，哪怕是陈寅恪先生的学问，有时都会觉得它们还是不够究竟的，没有好到像我们乐于想象的那么好。

这里我们遇到的一个严重的问题是，好像这套语文学的学问早已经死掉了，现在仅有很少的一部分人还在做这个学问，好像其他人做的人文学术都跟语文学没有关系。这样的想法当然是不对的。我自己是学历史出身，后来研究佛学，再后来我慢慢又从历史学更多转入语文学，以至来到了清华中文系工作。当然，我觉得语文学这门学问实际上从来没有离开过我，我做的这些研究都可以算是语文学的研究。我刚开始想，我这是不是在不断地妥协，即不断地降低语文学的要求，我们不再追求像伯希和那样好的学问，甚至我们也不再追求像陈寅恪那样的学问，我们把语文学扩大化了，放低标准了。但从另外一个角度说，很多的学科，不管是研究哲学、研究历史，还是研究文学，我们好像都在谈学科的危机。文学什么都研究反就不研究文学本身；研究哲学的人很多不满足于做一名哲学的解释学家，而坚持要做哲学家，可很多人从事西方哲学研究，很多人研究德国哲学，包括研究马克斯·韦伯（Max Weber），但他们根本就不懂德语。我自己在德国读书多年，但不要说看懂海德格尔（Martin Heidegger），就是看懂马克斯·韦伯也已经很难了。马克斯·韦伯最易懂的一本书可能是《中国的宗教：儒家与道教》(*The Religion of China: Confucianism and Taoism*)，但对我来说也不容易看懂，我不知道人家是怎么把它翻译成汉文的。我想如果一个人完全不懂德语的话，他怎么能去研究德国哲学、德国思想呢？研究历史的学者就更加困难了。我们老在说历史研究一直处在危机之中，自从我进入大学本科学历史，历史系的老师们就一直在谈历史学的危机，为什么有这么多的危机呢？后来我发现总体就是因为我们缺失语文学的训练，或者说语文学已被彻底遗忘了，从而导致我们这些学科实际上已经变得非常的不学术了。所以，后来慢慢地我开始重新考虑到底什么是语文学？除了刚才说的像伯希和所做的这一套学问，像研究印藏佛教佛学的那套学问，是不是语文学与其他的学科也是有关联的？后来，从2016年开始，我到清华开的第一门课，就叫"语文学与现代人文科学"，就是要讨论到底什么是语文学？在很长的过程中，我慢慢地对语文学形成了自己的一套想法，从刚开始我觉得我是在妥协，是把语文学的标准不断地降低，认为如果大家都必须像伯希和那样做学问的话，这就没人敢做语文学了。大家知道，我们中国人都很崇拜伯希和，但尽管崇拜他，很多人却不知道伯希和是做什么学问的。在西方也有很多人反对伯希和，他们曾经有个说法叫 Anti-Pelliot dogma，"反伯希和教条"，特别是有些英国的学者，因为他们做不到伯希和那种高精尖的学问，所以他们就讨厌你做这种学问。伯希和最喜欢写书评，你做的二流的学问，他根本没法容忍，所以对你的批评很多、很尖锐，所以，不少西方人讨厌他，说我们不要伯希和那套学问。特别是到后来，整个汉学研究变成了一个不伦不类的China Studies，成为一个区域研究，它完全脱离了原来的语文学学科，变成了一个重社会科学方法和理论的学科，变成一个重现实研究的学科，把老的一套汉学方法，把伯希和的那套学问彻底抛弃了。这就导致了整个学术标准的降低。

后来，我慢慢觉得，语文学应该有不同的层面、不同的范畴，我最后总结我对语文学的理解，指出语文学应当有六个不同的范畴。其中，第一个范畴就是它的本来意义，什么是语文学？语文学就是对言语、对文本的热爱，是love of words and text，这是《牛津英语辞典》给出的一个定义和解读。philo-是爱，这个-logy就是言语，它正好跟philosophy相对的，philosophy是对智慧的热爱。所以，这个世界上实际上只有两种学问，一种是语文学，另一种就是哲学。哲学是你热爱思想、智慧，所以你是一个思想家、哲学家。除了哲学，其他的一切学问都是对文本、对语言的爱，它们是学问，是语文学。

所以，世界上只有两种人文知识，就是语文学和哲学两种。这是第一个层面，我们讲语文学，讲philology，就是指这个。

语文学的第二个层面是指一切古典学术，从《荷马史诗》开始，到现代人文科学建立以前的这套学问，全都是语文学。现在中国人讲古典学可能不怎么重视讲《荷马史诗》，实际上西方古典学最重要的是两个阶段，一个是希腊阶段，重点是对《荷马史诗》的整理和研究，从亚历山大（Alexander the Great）东征开始在东非建了很多的亚历山大城，各个城都建立了museum，就是图书馆和博物馆，他们就开始整理、收集《荷马史诗》各种各样的版本，发展出了一套后来成为语文学的最基本的学术方法，即把各种各样的抄本收集起来，开始建目录、做索引、编critical edition，就是精校本，最后给它做翻译和注释，做这样的研究。第二个阶段是罗马时代对拉丁文经典、对《圣经》的研究。古典学研究主要集中在这两个方面，这套学问，这套古典学学术，实际上都是"古典语文学"（Classical Philology）。今天很多西方的大学，开始要把"古典学"废掉，说不应该叫"古典学"，因为"古典学"这个名称太欧洲中心主义（Eurocentrism）了，为什么希腊、罗马研究就是古典学，为什么研究中国的古典文明就不是古典学了呢，就不是classical studies了呢？所以他们现在要把这个学科去掉，直接改成希腊研究院、罗马研究院或者是中国古典研究院等等。就像中国人民大学国学院，后来改名为中国古典学院，我觉得这非常好，对古典文化的语文学研究都是古典学，这套学问整个是以语文学研究为基础的。有时候当我们读我们自己这一代学者所做的学术著作时会觉得很惭愧，觉得我们中国今天的人文学术，从学术标准来讲，甚至还达不到当时亚历山大城（Alexander City）的语文学家们所做的学术，他们当时怎么写书、怎么做索引、怎么做脚注，都有一套严格的规范，可我们今天依然不会。以前常有人揭露很多博士论文甚至连一个脚注都没有，这当然是不学术的，不是一本语文学的著作。所以，古典学全是语文学，这是第二个层面。

语文学的第三个层面是指现代人文科学。现代人文科学本来是不分文史哲的，它们都必须是一个语文学的研究和历史学的研究。为什么傅斯年先生要在中央研究院建立他认为最重要的一个研究所，并把它定名为"历史语言研究所"呢？这个"历史语言研究所"并不是历史学和语言学的研究所，更不是历史语言学研究所，而是Institute of History and Philology，是历史和语文学研究所。为什么呢？因为现代人文科学的研究，首先必须是一种historical and philological studies，它必须是一种历史学的和语文学的研究。只有这样，它才是科学的、才是理性的研究。所以，在现代人文科学这一范畴底下，不管是从事文学、哲学和历史研究，甚至即使是研究宗教的、研究神学的、经学的，他们都必须是一个语文学家，都必须是一个历史学家。今日欧美大学的神学教授们也都必须首先是一位语文学家。实际上现代人文科学的建立，最早就是神学家们用语文学的方法来解读《圣经》，即不把《圣经》作为上帝的语言、上帝的福音来理解，而是把它作为某一个作者在某一个不同的时间、不同的地点写下来的一个文本，对它做语文学的解读。所以，现在的哲学教授，他并不必须是一个像康德（Immanuel Kant）、黑格尔（Georg Wilhelm Friedrich Hegel）那样的哲学家，他更应该是一个哲学解释学家、一个哲学语文学家、一个哲学史家。同样一位文学研究者，他/她不一定是一位作家，但也必须是一位语文学家，必须以语文学的方法来解读文学文本，进行文学文本的鉴赏和批评，并从事文学历史的构建和书写。相反，随着学术和学科划分的不断精细化，一个纯粹的历史学家，就像一位纯粹的语文学家一样，反而难以寻觅了。从事文学史、哲学史和宗教史研究的学者，首先必须是研究文学、哲学和宗教的学者，例如从事佛教史研究的学者，也首先必须是一位佛教研究专家。历史学和语文学一样是整个人文学科的基础和最基本的方法，历史学和语文学二者不可分割，共同组成了人文科学研究的基础。以前常有人讨论到底我们是在做人文科学，还是人文学科，有人认为人文好像是不能够成为科学的。这是不对的。德语把人文科学叫做精神的科学（Geisteswissenschaft），它就是科学。为什么是科学？就因为它是一种语文学的研究，是一种历史学的研究。后来，我们太严格地把人文科学分成了文、史、哲和宗教研究、美学研究等，而在此之前，所有人文科学的总称就是语文学，或者说是"历史的和语文学的研究"。这个应该说是语文学的第三个层面。

语文学的第四个层面。今天，按照西方人说法，语文学已经成为一个forgotten origin of Modern Humanities，即是"现代人文科学被遗忘的源头"。大家早已忘了原来的人文科学全是语文学。在这个时候，我们就把刚才讲的伯希和研究的这套学问，或者印藏佛学研究所做的这套学问，或者把做梵语文研究的，甚至有时也把研究古汉语文本的那些学科当成是语文学研究。西方现在有一些大学里面有department of Classics，或者department of Classical Studies，即古典学系，它们研究的都是一般大学的文史哲等系科所不再包括的学术领域。这些硕果仅存的冷门绝学式的学术今天被人认为是语文学。这一方面它们的学术地位被抬得非常高，但另一方面，就像萨义德（Edward

我们还是香格里拉的囚徒吗？

W. Said）曾经说过的那样，在20世纪的大学人文学科里面，语文学是一个最不现代的，最不性感的学科。大家都觉得语文学的门槛很高很难，但是它没有什么意思，没有什么意义。非常幸运的是，我自己正好是一名从事这方面语文学研究的藏学家。

  语文学的第五个层面，我认为语文学实际上就是一种学术态度。例如，尼采先生（Friedrich Wilhelm Nietzsche）曾经总结了一个非常好的关于语文学的定义，他说什么是语文学呢？语文学就是"慢慢读的学问"，reading slowly。你必须要对一个文本专心致志，把一切的凡尘杂念统统抛弃，慢慢地、专心致志地去阅读和理解一个文本。你不能说我做一个学术研究，就马上要get it done，刚开始一项研究，就马上要想如何把这个文章写出来，马上要把这个研究成果搞出来，这是不行的，你必须仔仔细细地、反反复复地阅读文本，读书就像是一个金匠做一件金器一样，你要像金匠一样对待一个文本，这就是语文学。语文学的态度还有很多很好的说法，例如傅斯年先生所说"史料即史学"，我们应该怎么做学问，怎么做语文学呢？傅先生说要"上穷碧落下黄泉，动手动脚找东西"，这就是语文学。再比如我的祖师爷、伯希和的弟子韩儒林先生，曾经说过一句有名的话，叫做"板凳要坐十年冷，文章莫写一字空"。

这句话后来被人误传是范文澜先生讲的,实际上不是,范文澜先生曾经自己指出是韩儒林先生最早讲的。他这是跟随伯希和先生学习和实践语文学的经验之谈,这就是语文学。对于每一位从事人文科学的人来讲,我们都必须要有这种精神,你得仔仔细细去读一个文本,慢慢地去读一个文本,真正去理解一个文本。

到今天,美国哥伦比亚大学的印度学教授,名叫Sheldon Pollock,他给语文学下了一个新的定义,他说语文学是什么呢?语文学是the discipline of making sense of text,是怎么把文本解释通的一门学问,是让文本产生意义的一门学问。对任何人文科学研究领域,甚至也包括社会科学,我们都必须要有这一套语文学的方法才能够做学问。为什么尼采会得出"语文学就是慢慢读"这么好的一个语文学的定义呢?因为他自己有过非常惨痛的教训。很荣幸,我跟尼采是校友,都是从波恩大学毕业的,我是波恩大学的中亚语文学博士,他没有上博士,他二十几岁本科毕业以后就去当了教授,在瑞士的巴塞尔大学当古典语文学的教授。少年得志,这么年轻就当教授了,他写的第一本书是什么书呢?大家可能都知道,叫《悲剧的诞生》,确切地说是《悲剧从音乐精神中诞生》(Die Geburt der Tragödie aus dem Geiste der Musik)。(图2-2)这是他的第一本专著,他

我们还是香格里拉的囚徒吗?

图2-2　1872年第一版《悲剧的诞生》

自己很得意，可没想到这本书一出来却恶评如潮。他有一个比他低两届的波恩大学的同学，名叫Wilamowitz-Moellendorff，写了长篇的书评，将一篇书评写成了一本小册子，题为《未来语文学》(Zukunftsphilologie，英文翻译为 *Philology of the Future*)。什么叫未来语文学呢？我最近才发现清华有所谓"未来学者"，实际上"未来"这个词在当时德国的语境下是一个贬义词，说你是"未来学者"就是说你不是一个好学者；同样，"未来语文学"就是说你不是语文学，这最初是德国人讽刺歌剧大师瓦格纳（Richard Wagner）的，说他所做的音乐是"未来音乐"，即是说你这个音乐我们根本听不懂，不知道你在表达什么，也许未来有人会听懂你这个音乐，但现在肯定不是好的音乐。所以，尼采的这个学弟Moellendorff 就借用这个说法，将尼采的著作称为"未来语文学"，就是说你这个根本就不是语文学的著作。尼采这本书是研究古典悲剧的，可他没有引用过任何古典悲剧的原本，其中还没有一个注释，没有一个footnote，全是引用瓦格纳的歌剧，所以说他根本就不是一个语文学家，根本不配当语文学的教授。后来尼采疯掉了，从语文学教授位置上退了下来。他对语文学刚开始充满了仇恨，到晚年他是又爱又恨（Hass und Liebe），又开始回过头来讲语文学，说语文学是慢慢读的学问，慢慢读的艺术，是像金匠一样的艺术。这句话就是这么来的。

我们今天所处的这个时代，语文学显然比在尼采那个时代更重要，我们现在做学问都要求你要发表很多文章，很快要你出版专著。好在我们清华现在没这样严酷的要求了，以前博士生都要求发表两篇C刊论文才能毕业，现在不这样要求了。要求你发表很多著作的做法很不语文学，真正的语文学的研究不应该是这样的。所以，语文学的这个第五层面，即树立一种语文学的态度，对所有的人文学术来说都是很重要的。

语文学的最后一个层面，也是我近几年来一直在倡导的，也是我觉得最重要的一个层面。为什么现在我觉得我对语文学的理解不再是一种妥协，不得不把伯希和所树立的这套学术标准降低了，事实上并不是这样子的。为什么这样说呢？因为我认为语文学可以是一种世界观，是一种生活态度，我们要学会 **living philologically**，即语文学式地生活。很多人以为语文学只是在学习和研究古典文本时才需要派上用场，事实不是这样的。刚才我们看了《小兵张嘎》中的那个段落，你看到那段话用上语文学的视角，就会发现以前我们的理解是有问题的。实际上，今天你看报纸，你看"今日头条"，都应该要用语文学的态度，用语文学的方法去读。特别是现在，这非常重要。去年一年因为疫情，我被困在美国，每天经常看两个电视台的新闻，一个是CNN，一个是Fox News，看了近一年，惊讶地发现同一件事情在两个电视台的报道往往是完全不一样的。现在的新闻几乎没有现场的报道，或者说越来越少，基本上就像凤凰卫视刚出来的时候一样，窦文涛一个人可以讲上一天。现在的电视台就是几个人在那里轮流地讲，这样办电视台或许比较便宜，不需要派记者到现场采编。但是这些电视台播报的新闻，基本上都是某个人在讲某件事，说的是同一件事，却是两套完全不同的说法。如果你没有语文学家的修养，或者你仅仅看一个电视台的播报的话，你可能会觉得他们讲的完全不是一件事情。所以，我们今天所接受到的所有信息，你以为好像我们得到的都是实时的信息，事实上都是经过别人过滤了的信息。现在我们大多数人什么都不看，就看微信朋友圈，看"今日头条"，你觉得你好像什么都知道，实际上你知道的东西都是人家希望告诉你的、人家希望你接收的那些东西，都是很片面的。你看CNN，是左派的喉舌，除了在骂Trump，没有任何其他的信息，反正Trump做任何事情都是坏的。Fox News正好相反，是右派，在他们那里Trump说啥、做啥都是有道理的。还有，前不久美国撤离阿富汗和塔利班这件事，我看中国的报道、美国的报道、中国民间的评论，以及我们官方电视台的评论，发现它们说的都完全不一样。如果你今天没有一点语文学家的精神,或者没有一点语文学意识的话,那你肯定就只能接受一种说法,可能你每天觉得我现在对这个世界非常了解,我很清楚今天世界上发生了什么,实际上你所了解的都是非常片面的,是一个虚幻的、不真实的世界。这让我对语文学有了更深刻的理解。为什么我们要研究历史,傅斯年讲"史料即史学",他认为只要把史料背后的语言、社会和历史背景了解清楚,历史就已经跃然在纸上了。研究历史最重要的是要把这个文本背后的社会的、历史的、语言的背景搞清楚,把它的 context 弄清楚,历史就在那里,不需要你再多说什么了。后现代史学家也说史料即史学,但意义相反,他们认为不带观念的、不带某种意识形态影响的学术是不存在的,萨义德讲不受政治、权力和意识形态污染的一个纯粹的 representation 是不可能的,没有这样的表述,没有纯粹的史料,它都是一种历史的叙事、历史的写作。这样的话,就像过若干年以后,比如说我们研究这代人的历史,那你看同时代人对于某件事的记载,在不同的人笔下肯定都是不一样的,我们怎么来研究它?我们应该相信谁?所以,要了解今天,了解现在当时当地的社会,就是在信息这么发达的情况下,也绝对需要语文学。只有 living philologically,你才能够真正形成一个对世界的相对全面、多元或者正确的看法。不然的话,你会完全被某种带有偏见的叙事给带偏了。

02 语文学与现代人文科学的方法和实践

今天语文学对于我们读懂文本的意义与当年伯希和所面临的挑战是一样的,刚才我讲到为什么伯希和能够读懂中国古典,想想再过一百年以后有人要来研究今天我们所制造的这些汉语文本,我想仅仅懂得汉语的人肯定更读不懂它们,里面出现了很多新的词汇,有的是民间新创的词汇,有的是变相的英语或者其他语言的词汇,各种各样的奇怪的词汇都已经到了今天我们所制造的这个汉语文本里面了,只懂汉语的人怎么能够都读懂它们呢?所以,对于我们今天的人,语文学应该是我们的一种生活态度,你一定要抱着一种很开明的,对各种东西都抱有接纳、接受、宽容的一种态度去看待这个世界,去看待你所接收到的所有信息,这样才能形成相对比较全面的你对世界、对人文或者对社会的看法。

综合以上所说的这六个层面,我们才知道语文学到底是什么。最后再总结一下,这也是尼采曾经总结过的,语文学是什么?语文学是一门让你能够理解过去、理解现在和理解你自己的学问。很多人说语文学今天不需要了,以前西方人说不需要语文学,因为研究西方现代小说的人说,我们都读得懂这些现当代的文学文本,为什么还需要语文学?不需要。除了读《尤利西斯》(*Ulysses*)或还比较困难,其他现代文学文本我们都能读懂。实际上不是这样的,即使是读当代文学文本,这里面也涉及一系列的语文学困难。我喜欢讲一个故事,我们研究西藏的,都知道1987年中国有一个"先锋作家"叫马建,他发表了一篇小说题名《亮出你的舌苔或空空荡荡》,这个标题有点奇怪,以前我就很想去研究它为什么叫"亮出你的舌苔或空空荡荡"呢,这到底是什么意思呢?用后现代的想法来讲,这个标题非常有意思。"亮出你的舌苔",显得西藏人很纯朴,很自然,空空荡荡、emptiness,是空性,它是大乘佛教教义的精髓。后来我发现,马建自己曾说过,这本来是两个题目,他希望编辑给他从中挑选一个,或者叫"亮出你的舌苔",或者叫"空空荡荡",没想到编辑觉得把它们放在一起更好,所以变成了"亮出你的舌苔或空空荡荡",产生了很奇妙的效果。同样,我们当如何理解这部标题如此怪异的小说?你若要真正理解它,则需要很多的语文学的解读。就像今天我们阅读《人民日报》一样,如果你完全没有语文学的意识,你或许根本看不懂今天的报纸跟昨天的报纸有什么样的差别。当然,语文学对于理解过去是更为重要的。我们现在不知有几个人能够真正看懂汉文古籍,我每年参加系里的博士生面试,老师很喜欢问的一个问题是如果你想研究古典文学或者世界文学,那么你读过哪些中国古典的或者世界文学的经典文本呢?好像大部分人都没读过几本。我考藏学,藏族学生来参加考试,我问他们你们完整地读过任何一本藏族的经典文本吗?没有!因为他们跟我们汉族学生读书一样,这里选一段,那里选一段,唐诗选一首,宋词选一节,很多都是这样,很少有人能够完整地阅读一本经典文本。这样的话,他们到底还能够读懂多少的古典文本?所以,没有一点语文学的训练就读不懂这些古典文本,就失去了和古代那么多伟大的思想家、那么多圣贤进行精神交流的机会。你根本读不懂它,或者你以为读懂了,实际上根本就读错了,或者你仅仅读到它的某个部分,某一个点。理解现在,为何也需要语文学呢?在今天,得到信息这么容易,这么方便,而且信息来源这么多元,有如此众多的对同一件事情截然不同的描述、不同的看法和观点的时候,你怎么来理解它,你怎么来对它们做出你自己的判断,你怎么来界定你自己的看法?我曾经多次在课堂上说过,我特别讨厌专家们给人家开书单,说你一定要去看这个书、看那个书。我觉得这个大可不必,特别是我觉得很多大学者们给人家推荐这些普通的、很popular的书,其实很掉价。一个专家学者读的书应该都是普通人看不懂的、不想看的书,你何苦一定要去告诉人家你必须读这个书、读那个书呢!我说他们叫人必须读的书,我一本都没读,我不也活得好好的吗。

我们还是香格里拉的囚徒吗？

我觉得更关键、更重要的是要教人怎么读书，不应该有一本书可以把你的世界观、三观全部改掉，可以改变你的世界。如果真有这样一本书，那是很可怕的，就像希特勒的《我的奋斗》(*Mein Kampf*) 一书害了多少人，这种书是坏书。但如果你懂语文学的话，你会从字里行间理解每本书的意义，你肯定就不会盲目地接受它的影响，所以，专家们应该先教人怎么来看书。我就是从这个角度来说理解现实也需要语文学，理解你自己当然就更加需要语文学了。我们经常喜欢说佛教的"无明"观念，我们对世界的理解因我们众生的无明而受到了严重障碍，以致我们不明事实的真相，或者更喜欢虚幻的东西，不敢直面自己，所以，我们必须以语文学的态度来认识自己。总之，不管你今天做什么事情，如果你懂一点语文学的话，那你就能够更好地理解古代的圣贤，理解当下所发生的一切事情，理解你自己，和你在这个世界里面的位置。这是我一直在讲的语文学的初心。刚开始我确实以为，我在不断地做妥协，将语文学的水平不断地降低。到后来我觉得不是这样的，我是希望语文学能够成为人们的一种世界观和生活方式，所有人文学者至少要接受一定的最基础的语文学训练，有很强烈的语文学意识。所有的读书人都应该有一种基础的语文学信念和意识，不然的话你读多少书都没用。You are not what you read, you are how you read，怎么读书才是最重要的，而不是你读什么书。你只有和人家不一样地读一本书，或者只有读人家不读的书，或者读人家读不懂的书，你才会变成一个出类拔萃、与众不同的人。这是我对语文学的理解。这些年来，我确实从一个专业的语文学家转化成了一名相对大众的语文学家。按照我原来的训练，我就是一个很狭隘的语文学家，就是做藏学，做藏文的古典文本，做佛教的文本研究。这些年来，特别是从2006年我从国外回来以后，我发现中国的整个学术一方面好像发展得非常快，快到让我觉得没法想象，也没法跟上。因为我们自己在上大学的时候，我们这一辈人应该在学术上来讲是先天不足的一批人，从小没读过四书五经，也没读过外语，上了大学以后才开始恶补。但是，我们这代人特别地幸运，因为我们的上一代人比我们更加不幸，等到"文化大革命"过后才开始做学问的时候，这些人已经很老了，而且他们跟西方的接触很少，他们很快就退出了学术舞台，我们这代人很快变成学术的中坚力量，所以很多人很快就当教授了，学术地位已经达到了我们老师辈一辈子达不到的高度。但是，我们的学问真的有那么好吗？我自己在国外待了十六年，回来以后发现语文学的严重缺失是一个很大的问题。我们一直在说我们制造了那么多的学术垃圾，确实我们都见到了太多真的是学术垃圾。为什么呢？因为人文科学的研究如果没有语文学的基础即是不学术的。为什么刚才我说语文学是中国现代人文科学或者中国传统人文科学现代化的标志，这就是傅斯年先生当年建立历史语言研究所的初衷，他就是想用西方的这套人文科学的学术方法，甚至用法国以伯希和为代表的这个汉学与虏学相结合的研究方法，把它与传统汉学和儒学，与西域语文学（中亚语文学）这套学问结合起来，做成一套具有现代人文科学意义的学术传统，来改造中国的传统学术，打破了经学的权威。所以，这是中国现代人文科学形成的一个标志。但是到今天为止，我们早已经忘记了这个传统，已经根本不知道语文学为何物了。我告诉大家傅斯年说的这个历史语言研究所实际上是历史和语文学研究所，不是linguistics，不是语言学，而是语文学，而且实际上这是中国的第一个人文科学研究所。到现在以历史学（和语文学）指代人文科学的西方学术机构还有不少，例如我曾经做过年度访问学者的普林斯顿高等研究院本来只有两个研究所，一个是自然科学研究所，一个就叫历史研究所，历史指的实际上就是整个人文科学，因为任何人文科学如果不是历史学的研究，不是语文学的研究，那它就是不科学的、不学术的。但是，我们中国整个人文科学一方面好像非常活跃，成果很多，每年出很多书；另外一方面，一直到前几年还是有博士论文整本没有出现

02 语文学与现代人文科学的方法和实践

一个脚注的,甚至我们都不知道该怎么做脚注,我们不知道怎么做 index,这样的话,怎么可以避免生产大量的学术垃圾呢?1990 年代经常听到从国内到海外去的学者说,海外学人都重视日本人的研究,为什么不重视我们中国学人的研究呢?西方人很多人还看不大懂日语,可能看汉语还更好,但日本人的学术著作都做得非常的规范,严守这一套语文学的学术方法,言必有据,任何一个观点从哪里来的,他为什么要做这个研究,都会给你一个明确的语文学的交代,前人做到什么程度,我现在为什么要重新来做,我做这个的意义在哪里,等等,一目了然。而我们中国有很多的学者,随便找个题目都觉得是前无古人、后无来者的,洋洋洒洒写上一大堆,却不知道这个题目可能人家早就研究过了,或者你引用的文本根本就是一个不可靠的文本。傅斯年说以唐还唐,以汉还唐,中国学者经常用汉代的文本说先秦,把宋代的文本当成是唐代的书,这是一个非常严重的问题。特别是对青年学者而言,如果你不接受一点语文学的训练,将来你自己怎么做学问?你的老师们在讲思想、讲理论,觉得很有意思,按照这个去做,老师或已经功成名就了,而你则不行。没有一个基础的语文学训练,你怎么可以做得下去。现在很多人面临这样的困境。当然这个东西在西方也一样,为什么西方人现在也说 philology is the forgotten origin of

我们还是香格里拉的囚徒吗?

图2-3 网络连续剧《The Chair》(2021)

Modern Humanities? 从20世纪50年代开始,所有这一套东方的学问,以前不管是汉学、印度学,还是藏学、蒙古学,它们都是语文学的研究,后来全变成China Studies, Tibetan Studies,或者Buddhism Studies。所以,它们完全可以抛开任何的语言、文本这样的研究,学术水平越来越下降。最近很火的一部连续剧叫《The Chair》,讲美国某一个常春藤大学的英语系教授们的故事,这里面讲有很多研究古典文学的、讲中世纪文学的、讲莎士比亚的、讲乔叟的,没人愿意听,学生们也都不去了,老师讲得也越来越没劲了。(图2-3)然后讲Sexy Novel的,这个课就爆满,大学中的课程都要设计得非常sexy。这一套的学术出现很多问题。有天天爱讲理论并擅长于理论的人,爱讽刺我们这些语文学家,说你们all dressed up, but nowhere to go,意思是说"你们每天打扮得整整齐齐,却没有任何地方可去"。毫无疑问,今天这些做理论的,特别是做后现代理论的,非常地吃香。但从1980年代初开始,美国不少的大牌学者就倡导说要return to philology,发现只搞理论那一套搞不下去了。早年德里达(Jacques Derrida)他们这些欧洲思想家在美国影响非常大,大家都言必称福柯(Michel Foucault),言必称哈贝马斯(Jürgen Habermas)等等,然后研究文学的,研究英语文学的,特别是做古典、经典文本研究的,不行了,没人来听了。

我们还是香格里拉的囚徒吗?

耶鲁的后现代学派甚至都说世界上没有什么真的是经典,经典全部可以打倒。此外,文学的经典里面无所不包,什么都有,你研究哲学也行,研究宗教也行,研究历史也行,研究伦理也行,这样文本本身不重要了,文学本身也不重要了。所以,从1983年保罗·德曼(Paul de Man)开始,一直到2003年萨义德(Edward Said)为止,他们都是提倡要return to philology,要回归语文学。(图2-4、2-5)这些人都是搞理论的人,说如果再不回归语文学,我们这个学术就没法做了。当然很多人批判萨义德,说他们这些讲理论的人根本读不懂这些文本,萨义德常常代表阿拉伯人、巴勒斯坦人说话,但他的阿拉伯语却不行。到生命的最后阶段,他终于意识到这个理解文本很重要,必须要回归语文学。所以,西方学界到后来各个学科都在号召要回归语文学。我自己受他们启发,觉得我们在中国一定要宣传语文学,一定要倡导语文学。当然,这在我们中国更加困难。西方人,特别是德国人,他们从来没完全脱离过语文学。我在德国波恩大学时有一个同学,现在是德国马堡大学很有名的印度学家、语文学家,他很反感保罗·德曼、萨义德他们号召回归语文学,他说老子从来没离开过语文学,你叫我回到哪里去?以前你们批判我们德国的语文学家都是"纳粹分子",说我们制造了印欧语系、制造了雅利安人种,是纳粹的

02 语文学与现代人文科学的方法和实践

图 2-4 保罗·德曼（Paul de Man, 1919—1983）

图 2-5 萨义德（Edward W. Said, 1935—2003）

帮凶,现在你们又叫我们回归语文学,我要回归到哪里去?回到哪个语文学?德国的东方学家们从来都把语文学做得非常精致,而对于我们中国的学人来说,尽管我们有过傅斯年创立的这个传统——实际上就是语文学的传统,但我们早早地把它遗忘了。现在很多人在谈兰克(Leopold von Ranke)史学,实际上兰克史学对中国的影响很小,傅斯年接受的更多是这套西方语文学的传统,它曾经很彻底改变了中国的学术。大家看20世纪30年代、40年代中央研究院历史语言研究所的集刊,用于印制的纸张和印刷的条件之差,今天不可想象,但它们所表现出来的那个学术水平之高,可以说跟当时罗马东方学丛书没有什么差别,达到了同样的学术水平,可是,到今天我们全已经忘掉了。这就是我为什么要在清华大学等校开设"语文学与现代人文科学"这门课的动机,希望我们大家都能够接受一点基本的语文学的训练。我并没有幻想让语文学再回到清华大学人文科学的中心位置,取代文学、哲学和历史的研究,这是不可能的,也没有必要。但是,我想任何人文科学学者,不管是研究语言的、历史的、文学的、哲学的,一定都必须接受最基本的语文学的训练,一定要有基本的语文学的意识,有一点语文学的态度,甚至把语文学当作你的一种生活方式。我觉得只有这样的话,你才是一名合格的人文科学学者。相反,任何完全没有语文学基础的人文学术，将都是不学术的。

本文系2021年9月29日沈卫荣教授于清华大学国家大学生文化素质教育基地主办的邺架轩读书沙龙第26期上所做的报告

03

陈寅恪与语文学

一

20世纪80年代初,当我刚刚进入蒙元史学术领域时,老师们就吩咐我要多读王国维(1877—1927)、陈垣(1880—1971)和陈寅恪(1890—1969)等先生们的著作。当时囫囵吞枣、一知半解,但从此对他们的文章和学问有了很深刻的印象,对学术研究也有了敬畏之心,虽不能至,心向往之。

其实,王国维、陈寅恪二位先生的学问在那时候就已经是曲高和寡,几成绝唱了。不曾料想到的是,他们竟然很快就坐上了中国现代学术的头一二把交椅,成了全民膜拜的明星学术偶像。渐渐地,他们变成了一个符号、一种象征,人们开始把对一位理想型的伟大学术人物的所有希望和期待都寄托在他们两个人的身上,他们是民族、国家、学术、传统、气节和情怀的象征,是中国文化的托命之人。

今天,人们对王国维、陈寅恪的崇拜愈演愈烈,陈寅恪倡导的"独立之精神和自由之思想",成了当代学人梦寐以求的学术理想和坚持不懈的精神追求。比较而言,人们对他们的学问和学术本身却并没有深刻的认识和体会,坊间流传着他们许多的掌故,却较少有人专业地讨论他们的学术及其得失。或有谈学术的,但说得最多的总是王国维的《人间词话》和陈寅恪的《柳如是别传》。记得很多年前,蔡美彪(1928—2021)先生曾经说过:王国维的《人间词话》是他还没有真正开始其辉煌的学术生涯前的试笔之作,而陈寅恪的《柳如是别传》则是在他年老目盲、无法自主地进行学术研究之后的述怀之作,或即如其自谦的"留命任教加白眼,著书唯剩颂红妆"。它们各有各的优秀,但都不能算是他们最具代表性意义的学术作品。

我生也晚,先学蒙元史,后习藏学、佛教学,从学几十年间一直仰望着王国维、陈寅恪二位先生,对他们天赋异禀的学术才华和无与伦比的学术成就推崇备至。自己有幸亦曾有很长的留学欧美的经历,对陈寅恪留学的两个主要学术机构,即哈佛大学的印度和梵文研究系和柏林大学,也比较熟悉。陈寅恪在这两个地方主要接受的是梵文、巴利文和印度学的训练,同时也学习了藏文、蒙文、突厥(古回鹘)文、西夏文、满文、波斯文等，受到了很全面的中亚语文学（Central Asian Philology, Sprach- und Kulturwissenschaft Zentralasiens）学术训练，这与我在德国求学的经历有一些交集，故我对陈先生的学术成长历程有一份特殊的亲切感，对他早年的学术理路也能有比较直接的体会。陈寅恪归国后的前十年间，长期和流亡中的爱沙尼亚男爵钢和泰先生（Baron Alexander von Staël-Holstein, 1877—1937）一起研读梵文佛教文本，做梵、藏、汉文本佛典《大宝积经》《妙法莲华经》的对勘和比较研究，而这也正是我归国十余年来积极倡导和从事的一个学术领域。为此，我时常重读陈寅恪的一些学术文章，吸收他的学术成果，对他的学术方法和学术成就有过一些总结和反思。于此，斗胆略陈管见，以就教于方家。（图3-1）

二

从他最初的学术志向、训练和成就来看，我认为陈寅恪首先是一位十分杰出的语文学家，确切地说，他是一位典型的东方语文学家（oriental philologist）。或有人会问什么是语文学？什么样的人又可称为语文学家？在这个语文学已惨遭遗忘的时代，要回答这两个问题恐怕不是三言两语的事情。语文学本来就有不同的范畴和维度，它于不同的时期有不同的含义。于陈

03 陈寅恪与语文学

图3-1 陈寅恪

我们还是香格里拉的囚徒吗?

寅恪之学术养成的那个年代,即1920和1930年代,世界学术承整个19世纪欧洲学术之流风余绪,俨然还是一个语文学的黄金时代。那个时代的人文科学学术研究以语文学为主流,或者说语文学就是那个时代的科学的人文学术研究的一个总称或者代名词。它是所有人文科学研究的基本手段和学术方法,具有至高无上的学术地位。那个时代的人文科学研究还没有严格地细分为历史、文学、哲学等分支学科,所有的人文学者,不管从事哪个具体的学术领域,你都必须是一位语文学家。换句话说,一名人文学者,若强调从语言和文本入手进行人文科学研究,通过学习这个民族/地区/国家之语言,整理和解读他们的文献,进而尝试研究和建构这个民族/地区/国家之历史、思想、宗教、文化和社会,那么,他/她就是一名称职的语文学家。毋庸置疑,陈寅恪就是那个时代的一名杰出的语文学家和人文学者。

今天,人们习惯于将语文学与哲学、思想和理论对立起来,以为语文学家是一个与思想家、哲学家对立的学术人类,他们是一些整日躲在象牙塔内,专注于做琐碎的、技术的考据之学的冬烘先生。这是对语文学和语文学家们的深刻误解。语文学家从来就不是一些没有思想、没有情怀的书呆子,他们不过是一群更理性、更科学、更独立、更自由和更坚信学术崇高和信守学术规范的人文科学学者。即使陈寅恪的家世、经历、学术和学识,都足以使他成长为一位十分有思想、有情怀的优秀人文学者,但从学术史的角度来看,他无疑是一位语文学家,而不是一位思想家或者哲学家。

或值得一提的是,今人感同身受、孜孜以求的"独立之精神和自由之思想"于陈寅恪这里原本说的就是语文学赋予现代人文科学学者的一种根本的学术态度和学术品格。现代人文科学研究的基础和主要特征就是它必须是 historical and philological studies,即必须是历史的和语文学的研究,同时还要求研究者必须具备最基本的学术批判精神。换言之,只有当人文科学研究是一种历史的、语文学的和批判性的研究,它才能脱离中世纪神学、经学的束缚,脱离现实政治和宗教神权的影响,所以,它才是现代的、理性的和科学的学术研究,否则人文科学,即与自然科学相对应的"精神科学"(Geisteswissenschaft),就难以称得上是科学,人文学者也就不可能具有"独立之精神"和"自由之思想"。

陈寅恪早年于海外所学涉及梵文/印度学、佛教学、藏学、蒙古学、突厥学(古回鹘研究)、西夏学和满学等众多学术领域,它们或都可归入东方学或者东方语文学(oriental philology)的学术范畴。而那个时代所有属于东方学范畴的学

我们还是香格里拉的囚徒吗？

科从事的都是一种语文学的研究，即从研究这些民族、地区和国家的语言、文献入手，进而建构它们的历史、社会、哲学、思想和宗教文化，这是一种"民族语文学"（national philology）的研究。这样的学术格局的改变肇始于人文科学逐渐被划分成众多不同的分支学科，且被不断地精细化。至20世纪下半叶，北美的"区域研究"（area studies）异军突起，从此语文学的主导地位被彻底打破。"民族语文学"式的东方学研究逐渐被改变成为一种以多学科、跨学科，或者用社会科学的方法来研究一个地区、民族和国家的历史、社会、文化、政治和现实的学问。就如在传统汉学被现代的"中国研究"取代之后，语文学也就随之退出了学术的前台。有幸的是，即使是在作为现代人文科学之源头和代名词的语文学几乎被人遗忘了的今天，陈寅恪当年主修的那些东方文本语文学（oriental textual philology）学术领域依然被人当作是狭义的语文学的典型代表，它们中的一些专业正顽强地坚守着语文学最后的学术阵地。

三

以往人们习惯于从近世思想史的角度对陈寅恪自许平生所从事的"不古不今、不中不西之学"提出了很多哲学的和思想的解释，其中难免掺进了不少想象和拔高的成分，或有过度诠释之嫌。其实，我们不妨把陈寅恪的这种说法简单地理解为是他对他自己的治学方法的一种表白，表现出的是他于学术上的一种自信，甚至自负。他将自己的学问定位为"不古不今、不中不西之学"，绝不是要给他自己所从事的学术研究做出一个明确的时空界定，即把他的学术研究的范围限定为对"中古史"的研究，而是要树立起一种打破古今、中西的崇高的学术观念和理想。所以，我们或更应把它看成是陈寅恪对自己的学术实践和方法做出了一个非常高调的statement，这是一种很有气魄的学术宣言。"不古不今、不中不西"的实际意义是"亦古亦今、亦中亦西"，此即是说，他要在世界的东方学研究领域内做出一种贯通和超越古今、中西的学问，这精准地表达出了他崇高的学术理想和抱负。

陈寅恪无疑是世间百年难遇的一位天才型学者，他曾于诸多不同的学术领域内纵横驰骋，皆能发前人之所未发，且自成一家之言。今人总结他为学术的一生，常把他对中国中古史的研究看成是他最高的学术成就，这显然失之偏颇。他之所以能在没有学位、没有发表一篇学术论文的情况下就被聘为清华国学院的四大导师之一，他之所以今后能在中古史和中古文学研究领域取得超越同时代中西方学者的巨大成就，这都无不与他所从事的"不中不西、不古不今之学"有重大的关联。尽管从

我们还是香格里拉的囚徒吗？

表面看来，他对中国中古史和中古文学的研究与他最初的学术经历、志向关联不大，他在哈佛和柏林留学时用力最多、最用心的是接受西方梵文/印度学和中亚语文学的训练。但正是因为他在海外接受了优秀的中亚（西域）语文学的训练，才使他后来所做的汉学研究呈现出了亦古亦今、亦中亦西的特色，并因此而独步于当时的汉学世界。陈寅恪在中亚语文学领域有过具有开创性意义的世界一流作品，他是现代中国之梵文/印度学、西藏学、蒙古学和西夏研究等许多学术领域的开创者之一，这使他同时也成为一名超越了以乾嘉学派为代表的传统汉学的中国"民族语文学"（新汉学/中国学）的奠基人和杰出代表。

陈寅恪留学期间学过梵文、巴利文、藏文，以及蒙古文、满文、古回鹘文、西夏文、波斯文等东方和中亚（西域）语文，据称他也曾学过拉丁文、希腊文等欧洲古代语文，当然他还通英、法、德、日等现代语文。仅从他掌握这么多东西方语文的能力来说，陈寅恪无疑是一位难得的优秀东方语文学家。过去常见有人讨论陈寅恪的西学水准，想知道这位已经成为传奇的学术明星的西学功底到底有多深厚？其实，回答这个问题的关键是看人如何定义西学。如果将西学定义为纯粹的西方人文学术，或者西方古典学，那么，除了传说他通希腊文、拉丁文外，陈寅恪在这方面不但没有专门著述，而且也没有留下很多线索，后人很难予以客观评价。如果我们可以把语文学，特别是把西方以语文学为主流的东方学研究，也认作西学的一个重要组成部分的话，那么，他亦当称得上是一位西学大家。今天我们若要说陈寅恪学贯中西，其中的西学指的只能是西方的东方学，更确切地说，是西方的东方语文学。

读陈寅恪的学术著作，特别是他前期的学术论文，不难看出他所做的学术研究都是用语文学方法，在批判性地吸收了中、西方最新研究成果之后，充分利用新发现的和前人没有能力利用和解读的多语种文献资料，对中国各民族的历史、宗教和文化所做出的前沿性的研究成果。由于陈寅恪对西方的中亚（西域）语文学研究有非常好的了解，使他对中国，特别是中国之西域的研究，超越了以清乾嘉学术为代表的中国传统汉学研究的成就，把被西方学者称为"中国语文学"的乾嘉考据之学推上了一个新的台阶。与此同时，由于陈寅恪对中国传统学术的精深了解，和他对中国和日本相关学术成果的掌握和吸收具有得天独厚的优势，故在很多与汉学和中亚语文学相关的具体课题的研究上，他也做出了比同时代的西方汉学家和中亚语文学家们更渊博、更精深的学问，充分反映出了他所期许的这种"不古不今、不中不西之学"的典型特征和学术高度。

我们还是香格里拉的囚徒吗？

傅斯年先生（1896—1950）曾将中国旧式学者自己所做的这一套研究中国古代文史的传统学问称为"汉学"，同时把西方学者利用西方历史语言学和中亚（西域）语文学的知识和方法，来解读和解释汉文文献中的非汉语词汇及其历史和文化含义，以及研究古代中国周边诸非汉民族的历史和文化传统的那一套学问称为"虏学"，而理想中的世界最一流的、现代的汉学（更确切地说是中国学、中国"民族语文学"）研究应该就是"汉学"与"虏学"的完美结合。傅先生倡议建立"中央研究院历史语言研究所"的宗旨就是要通过将西方以"虏学"为特色的汉学/中国学研究传统引入中国，以此为榜样来建构和实践中国的"民族语文学"，并由此而实现对中国传统人文学术的现代化，在中国建立起一个科学、理性和学术的现代人文科学研究机构和传统。

就当时世界汉学研究的总体而言，中国学者精于"汉学"，西方学者专擅"虏学"。职是之故，要把世界汉学研究的中心从巴黎夺回北京的难点和重点不在于"汉学"，而在于"虏学"，在于中国学者如何在"虏学"上能够赶超西方的汉学大家。而陈寅恪的"不中不西、不古不今之学"恰好就是"汉学"与"虏学"的完美结合，他本人既精通"汉学"，也长于"虏学"，所以，尽管他在西方从没有主修过汉学，可他的学术能力却可以媲美当时世界最一流的汉学家。中国传统汉学的训练对他来说几乎是俱生成就，无师自通，而他的留学经历又全部是"虏学"训练的记录。于哈佛、柏林多年潜心于学习梵文/印度学和中亚语文学的经历，并没有让他日后成为一名专业的梵文/印度学家和中亚语文学家，然而，他学到的这一套语文学方法和他所接受的多种西域胡语的学习和训练，却既保证他成为一名可与西方优秀东方学大家比肩的"虏学家"，同时也使他成就为一名超越了传统中国学问大家的无与伦比的现代汉学大家。

过去人们习以为陈寅恪归国后的前十余年间主要致力于从事中亚语文学或者"虏学"的研究，到1930年代末，因战乱而不得不"转移于滇池洱海之区"，"乞食于西南天地之间"，从此便放弃了西域胡语和西北史地研究，开始专注于中国中古史的研究。事实上，陈寅恪毕生的学术研究都是以研究汉文文献和中国的历史、宗教、文化为出发点的，他早年在西方所受到的"虏学"训练和学术技能，绝大部分都被他用来帮助他解读那些从纯粹的传统汉学的角度无法解读或者被误读了的汉文文献，进而揭示这些文献中隐含的那些不属于汉族传统的历史和文化内容。他从来没有专注于纯粹的梵文/印度学、藏学、蒙古学、突厥学等专业学术领域的研究，而更多的是将他在这方面的学术训练和造诣用于帮助他更好地从事汉学研究，即如云"尝取唐代突厥、回纥、吐蕃石刻补正史事"者，他的学术关注点始终是汉语语文学，汉语文献（文学）与中国历史、宗教和文化从来都是他所作学术研究的起点和重点。

自1926年开始陈寅恪执教于清华国学院，他于最初几年间发表的学术文章以对汉译佛经的语文学研究为主，教授的课程也以"佛经翻译文学""西人之东方学之目录学""梵文文法"和"蒙古源流研究"为主题。但随后几年发表的作品中，即已多见《元代汉人译名考》《三国志曹冲华佗传与印度故事》和《西游记玄奘弟子故事之演变》等非典型的佛经研究类的汉语语文学研究文章。自1931年始任清华大学中文系、历史系合聘教授后，除了继续开设"佛经文学"课程外，他也教授"世说新语研究""唐诗校释""魏晋南北朝史专题研究"和"隋唐五代史专题研究"等课程。虽然，他研究中国中古史的两部力作《隋唐制度渊源略论稿》和《唐代政治史述论稿》分别发表于1939年和1941年，但是，他对李唐氏族的研究最早见于1931年，而于整个1930年代他发表的著作中已多见他对隋唐家族、制度和唐代宗教、政治史的研究文章，它们与他对佛经文学、敦煌文献和西藏、蒙古文献、历史的研究并行不悖。由此可见，他的学术兴趣自始至终以汉语佛教经文、汉语文学和中国中古史、中古佛教史研究为主,并没有在前后十年之间发生断裂式的改变。

四

如前所述,陈寅恪具有的杰出的中亚(西域)语文学造诣,不但使他超越了传统的中国汉学家和中国学术,而且同时也使他成就为一名西方学术语境中的优秀的东方学家。但是,他之所以既能于中国被推上现代学者的头把交椅,人称清华园内"教授中的教授",同时又能受到西方学界的高度推崇,英国牛津大学曾两次请他入掌汉学教席,这大概既不是因为他的中亚语文学造诣高于西方学人,也不在于他于传统汉学的造诣超过了他同时代的其他中国学术大家,而在于他兼擅"汉学"与"虏学",而且于二者都有很深的造诣,故超越了同时代的中西学术大家。

于此,我们或可将陈寅恪与20世纪世界汉学拿摩温、法国学者伯希和先生(Paul Pelliot, 1878—1945)做一个简单的比较。同样,伯希和既是一名杰出的汉学家,也是一名伟大的中亚语文学家,他虽然主修汉学,并有非常卓越的造诣,但他对汉语文以外诸多胡语及其文献也有十分全面和深入的了解和研究,尤其擅长对它们进行比较研究。他于国际汉学的学术

我们还是香格里拉的囚徒吗？

地位之所以崇高到令人至今无法望其项背，即正在于他能够将汉学和中亚语文学研究熔于一炉，令二者相辅相成，相得益彰。伯、陈二位先生的学问原则上取径一致，但各有千秋。显然，在中亚语文学方面，特别是在历史语言学和审音勘同这个领域，伯氏远胜于陈氏；但若论对汉学的精熟，陈氏则远胜于伯氏，不可想象伯希和也能写出像《论再生缘》或者《柳如是别传》这样的作品，甚至他也不可能写出像《隋唐制度渊源略论稿》和《唐代政治史述论稿》这样的历史著作。作为人文科学研究之基本学术方法的语文学本身具有两个不同的维度，一是它的实证的、科学的和技术性的维度，一是它的人文的、推测性的维度（speculative dimension），前一维度以后发展成为语言学研究，后一维度则演化为文学研究，特别是比较文学研究。同为语文学家的伯希和与陈寅恪显然于这两个维度中各擅其一，于科学性、语言学伯胜于陈，于推测性、文学研究陈胜于伯。

值得一提的是，伯、陈二人的治学和著作风格亦颇为类似，既都有别人难以企及和复制的渊博、精致，同时也都有与众不同的独立和自由的学术品质。伯希和虽一生著述宏富，但基本没有专著性质的煌煌巨著传世，其大部分作品都是对一部古代文本或者今人研究成果的解读和评注，著述从来信马由缰、随心所欲，虽多以不厌其烦的考据为主，脚注常较正文内容更加丰富，然下笔万言，无一句戏论，都是常人闻所未闻或者捉摸不透的知识和学问。同样，陈寅恪早年的学术论文很大一部分也都是为他人著作所作的序、跋、（读）书后（记）、补正和笺证之类的作品，文章形式不拘一格，大都很短小，要言不烦，但学问之甚深、广大，令人叹服。读者虽或一时不解其重心和要害之所在，却不难瞥见其汪洋恣肆、博大精深。如果按傅斯年对"汉学"和"虏学"的划分标准来评价，伯氏和早期的陈氏所做的学问都更侧重于"虏学"，都是以"虏学"助攻汉学。然而，后期的陈寅恪则专注于汉学，特别是进入晚年之后，他又主要专注于解读和研究诗文类的汉语文学作品，以诗证史，而较少涉及中亚语文学研究。而伯希和的研究则自始至终多以中亚语文学为侧重点，并因此而独步世界汉学，为汉学研究的进步做出了无与伦比的特殊贡献。

坊间盛传日本学者白鸟库吉（1865—1942）先生曾于1934年以中亚史问题向德、奥诸国学者请教，未得圆满解决，时有柏林大学的学者建议他向陈寅恪教授请教。最终白鸟在陈寅恪给他的回信中得到了满意的答案，于是对陈寅恪敬服得五体投地。这个故事或只是一个美丽的传说，迄今并无实证可据，没有人亲眼见到过白鸟与陈寅恪之间的来往信函。然而，陈寅恪

我们还是香格里拉的囚徒吗？

对白鸟库吉之学问的评价却有案可稽，他在1936年给中研院史语所的年轻历史学者陈玉书（即辽史专家陈述，1911—1992）的一封信中有这样一段话，曰"白鸟之著作，一日人当时受西洋东方学影响必然之结果，其所据之原料、解释，已缘时代学术进步发生问题。且日人于此数种语言，尚无专门权威者，不过随西人之后，稍采中国材料以补之而已。公今日著论，白鸟说若误，可稍稍言及，不必多费力也。"显然，在对中、西学术都有足够自信的陈寅恪看来，白鸟库吉当时受了"西洋东方学影响"而"稍采中国材料"做成的学问并不很值得推崇。白鸟在日本倡导西域和满蒙研究确实就是因为受到西方东方学研究成就的刺激和影响，但他对西方和中国的了解，和他于汉学和"虏学"两个方面的造诣显然都不及陈寅恪，是故，年长于陈寅恪二十五年的白鸟库吉佩服这位中国晚辈学术同行的学问也不是完全没有可能的。

五

人们常常被陈寅恪精通二十余种语文的传奇所慑服，闻者无不心悦诚服、欢喜赞叹。不得不说，这只不过是人们神话化建构学术偶像时惯用的一种善巧方便。其实，要想成为一名出色的语文学家，甚至语言学家，并不是只要发奋多学几种语言,就可以即身成就,功德圆满的。也不是说谁懂的语言越多,谁的学问就一定更大、更好,语文学家和语言学家都不是非得懂上几十种外语不可。就如懂汉语文或者懂藏语文,并不表明你就是一名出色的汉学家或者藏学家一样,它只是能成为汉学家和藏学家的一个必要条件,但还远不是充分条件,除此之外,你还需要接受其他一系列精致和复杂的语文学学术训练。况且,学术语言还分为目标语言和工作语言,如梵文、藏文、蒙文、满文、回鹘文、西夏文等,都是目标语言,它们是需要学者们以毕生的精力投入进去的专业研究的对象。而英、法、德、俄、汉、日文等,则是学术研究的工作语言,对工作语言的掌握并不像对目标语言的掌握那么严格、艰难和有学术意义。

语文学家与专业的语言学家不同,他们不专门研究语言及其形式本身,而是要通过对语言的学习和研究更好地解读文本,以揭示文本中所蕴含的历史真相和文化意义。尽可能多地掌握多种语言当然是从事语文学研究,特别是文本语文学(textual philology)和比较语文学(comparative philology)研究的一个重要条件,但衡量一名学者是不是优秀语文学家的标准,并不只是他/她懂得多少种语言,除此之外,他还需要接受更多种与语言、文字、文本、历史、宗教和文化研究相关的专业学术训练。例如，如果你是一位印藏佛教语文学家，那么，你必须通梵文和藏文，假如你还能兼通巴利文、汉文、蒙古文等语文，则无疑更好，但你并不需要学通所有与佛教相关的语言。与此同时，你还必须接受与佛学相关的其他诸如历史学、哲学和宗教学领域的多种专业学术训练，否则你就难以成为一名杰出的印藏佛教语文学家。

显然，陈寅恪并无意于成为一名职业的语言学家，虽然很长时间内语言研究，特别是历史语言学曾被人当作语文学的代名词，但他并不特别擅长于做"审音勘同"一类的历史语言学的学术研究。例如，他曾试图重新构拟汉译元帝师八思巴（1235—1280）造《彰所知论》（*Shes bya rab gsal*）中出现的"多音国"一词的藏文原文，却犯了很不语文学的错误，受到后人诟病。在语言学和历史语言学这个领域，与他同时代或稍后的赵元任（1892—1982）、李方桂（1902—1987）和韩儒林（1903—1983）等中国学者，都比他更专业、更优秀。陈寅恪无疑更乐意于把他过人的语文能力和知识积累，应用于多语种文本的比较研究上，即用于通过广泛地阅读和比较多语种的宗教、文学和历史文献，来研究和解释诸民族和宗教的历史，特别是研究不同民族、宗教和文化之间互动和交流的历史，并通过对不同语种文本之间的传承和嬗变关系的梳理，来理清某些

03 陈寅恪与语文学

特定的词汇、叙事、观念、习俗和制度、文化在不同民族之间的流传和变革的历史。不言而喻,这同样是一种十分典型的从语言到文本,再到历史和文化的语文学研究路径。

当陈寅恪于1926年秋赴任清华大学国学院导师,讲授"佛经翻译文学"和"梵文文法"时,他或是当时全中国唯一一位懂梵文的大学教授。(图3-2)比他更早在中国大学开梵文课的是钢和泰,自1921年开始他就曾受邀在北京大学做印度学、佛学和梵文讲座,当时贵为北大文科学长的胡适先生(1891—1962)还曾亲自担任口译。可是,当年的北大竟然穷到要连续拖欠钢和泰特聘教授薪水长达两年之久的地步,迫使他不得不中断了梵文课的教授。陈寅恪的梵文水准应当具有相当的高度,对此钢和泰在他当年给哈佛燕京学社提交的年度报告书,以及他给胡适、商务印书馆的多封信函中都有提及,称陈寅恪的梵、藏文水准都不在他本人之下。(图3-3)有意思的是,钢和泰在向哈佛燕京学社介绍陈寅恪时称他是北京知名的作家、学者,后来还曾替《哈佛亚洲研究杂志》(*Harvard Journal of Asiatic Studies*)邀请他为杂志撰写汉学研究专稿。陈寅恪是钢和泰在北京所建立的汉印研究所(Institute of Sino-Indian Studies)中首屈一指的研究员,其他参与这个研究所工作的中国学者,如于道泉(1901—1992)、林藜光(1902—1945)等,都是钢和

我们还是香格里拉的囚徒吗?

图3-2 陈寅恪,1947年摄于清华大学新林院52号

图3-3 陈寅恪藏文笔记

泰的入室弟子，只有陈寅恪才是可与这位德国哈勒（Halle）大学的印度学博士并驾齐驱的同事和学术知己，他们先后都曾师从德国印度学家"路得施教授（Prof. Heinrich Lüders）"学习梵文，所以很多年间，陈寅恪每周六都要进城去东交民巷钢和泰寓所和他一起阅读，比勘梵、藏、汉文版《大宝积经》《妙法莲华经》等。

陈寅恪曾评价钢和泰"学问不博，然而甚精"。平心而论，比较他们二人的学问，论博雅陈远胜于钢，然论专精他或比钢逊色，这是因为他们二人有完全不同的学术定位。钢和泰是地道的印度学家、佛学家或者中亚语文学家，他的学术研究专注于梵、藏、汉文佛教文本的对勘，而且更用心于语言的研究，除了对《大宝积经》的对勘研究于国际佛教学界独树一帜外，他亦对吐火罗语研究的进步有所贡献，还发表过《音译梵书与中国古音》一文，有意通过汉译佛经与梵文原典的对勘来研究汉语古音韵。而陈寅恪尽管主修梵文/印度学多年，却最终并没有成为一位职业的梵文/印度学家，他也不能被算作是一位专业的藏学家或者蒙古学家、突厥学家、西夏学家等等。他的学术著作涉及了以上所有领域，却但开风气不为师，都是点到为止，并没有专注和深入于其中任何一个特殊的专业领域。

于1920和1930年代，一位职业的印度学家或者藏学家、

我们还是香格里拉的囚徒吗？

突厥学家、蒙古学家、西夏学家等东方语文学家，通常都会专注于对一个古代的梵文、藏文、回鹘文、蒙文、西夏文的文本研究，先设法收集到这个文本的所有不同的抄（版）本，对它们进行比较和对勘，据此制造出一个十分精致和可靠的精校本（critical edition），然后对它进行翻译和注释。于今，人们常将这种传统的东方文本语文学研究狭义地界定为语文学，似乎只有这样的专业文本研究才是语文学的正宗。这种类型的文本语文学研究在过去的几十年里发展得越来越精致，学术门槛和要求越来越高，而今日能牢固坚守这种传统的学术领域却越来越少，其中最杰出的代表学科当推印藏佛学研究（Indo-Tibetan Buddhist Studies）。遗憾的是，与此同时语文学却越来越被边缘化，最终沦为一门拾遗补缺的、流亡中的学问。好像只有当它的研究对象在时空上离研究者越遥远、语言越冷门、文本越破碎的时候，语文学才需要最大程度地到场，否则，根本就没有它的用武之地。正因为如此，语文学今天才会被人讥讽为"妆扮整齐，却无处可去"（all dressed up, but nowhere to go），远不如高谈理论、阔论范式、喜作宏大叙事的那一类学术吃香。

陈寅恪留学欧美时受到了专业的印藏佛教语文学训练，回国后又和钢和泰一起对勘梵、藏、汉文版《大宝积经》，十年间继续实践这种学术传统。可是，他从来没有发表过此类纯粹的印藏（汉藏）佛教文本语文学研究作品。与他同时代的中国学者在这一领域内做出过重大贡献的唯有钢和泰的弟子林藜光先生。他在二战前后旅居法都巴黎十又二年，专门从事对《诸法集要经》的梵、藏、汉文文本的厘定、对勘和翻译、研究，用法文出版了一系列的研究成果，它们至今依然是这个国际性学术领域内的经典之作。而陈寅恪甚至也没有做过任何中亚（西域）胡语的文本语文学研究，没有发表过对任何一个胡语文本（残本）做收集、对勘和译注等文本语文学研究的作品。他所受东方古文字学或者东方文本语文学的训练基本都用于他对汉语佛教文本，特别是它们与梵、藏、西夏等相应文本的比较研究上。值得一提的是，陈寅恪的学生、于他之后曾留德十年、比他接受了更好、更全面的印度学学术训练的季羡林（1911—2009）先生，回国后也没有做过制作梵文文本精校本一类的典型的东方文本语文学的研究工作，而更多地从事了中印文化交流史的研究。所以，不管是陈寅恪，还是季羡林，虽然他们都是当代中国杰出的学术大师，但是，他们于国际梵文/印度学、中亚（西域）语文学界的学术影响力却远没有我们乐意相信和想象的那么伟大。

显而易见，像文本语文学这样的西方学术传统与中国的传统学术习惯相距甚远，长期以来很难得到中国学界的广泛接受。1926年，钢和泰在上海商务印书馆出版了英文著作《大宝积经大迦叶品梵藏汉六种合刊》，它的出版得到了梁启超（1873—1929）和胡适等当时中国学界最有影响力的学者们的大力支持，可称是世界佛学研究史和中国学术出版史上具有里程碑意义的一件大事。但是，这样高品质的西文文本语文学学术著作出现于1920年代的上海，实在是中国出版行业的一个奇迹，也是绝唱。即使在百年后的今天，这种类型的文本语文学研究著作依然得不到中国学术界的广泛认可，这类学术成果也很难被现今中国的顶级学术刊物所接受和发表。

六

1923年，还在欧洲留学中的陈寅恪给他妹妹写信说："西藏文大藏经，多龙树马鸣著作而中国未译者。即已译者，亦可对勘异同。我今学藏文甚有兴趣，因藏文与中文，系同一系文字。如梵文之与希腊拉丁及英俄德法等同属一系。以此之故，音韵训诂上，大有发明。因藏文数千年已用梵音字母拼写，其变迁源流，较中文为明显。如以西洋语言科学之法，为中藏文比较之学，则成效当较乾嘉诸老，更上一层。然此非我注意也。我所注意者有二，一历史，唐史西夏西藏即吐蕃，藏文之关系不待言。一佛教，大乘经典，印度极少，新疆出土者亦零碎。及小乘律之类,与佛教史有关者多。中国所译,又颇难解。我偶取金刚经对勘一过,其注解自晋唐起至俞曲园止,其间数十百家,误解不知其数。我以为除印度西域外国人外,中国人则晋朝唐朝和尚能通梵文,当能得正确之解,其余都是望文生义,不足道也。"

这封史无前例的《与妹书》或可以算作是陈寅恪发表的最早的学术作品,于此他不但对梵、藏、汉文佛教语文学研究的学术意义表达了超越时代的远见卓识,而且也对他自己今后的学术兴趣做了相当明确的定位。于1920年代,治梵文和佛教学的学者们都已深知藏语文和藏文佛教文献对于梵文和印度佛教研究的重要意义,至今主导世界佛学研究的印藏佛学研究(Indo-Tibetan Buddhist Studies)传统正在形成和发展之中;但是,当时还没有很多人注意到梵、藏语文和梵、藏文佛教文本对于汉藏语言的比较研究、汉藏语系的构建和汉传佛教研究同样具有十分重要的意义,也还很少有人进行梵、藏、汉文三种佛教文本的比较研究,以此来探索大乘佛典形成的历史,并纠正汉译佛典中出现的种种误解和错误,以达到正确理解汉文佛教文献的目的。作为一名在欧美接受印藏佛教研究训练,且十分熟悉汉传佛典的中国学者,陈寅恪率先注意到了对梵、藏、汉佛教文本进行比较研究的重要学术意义,并设计了一条非常有创意的梵藏/汉藏佛教语文学的学术道路。所以，我们不难理解为何在回国之后的很多年间，他一直热心于参与钢和泰主持的对梵、藏、汉文本《大宝积经》的校读和对勘工作，他们二人于开创梵/藏、汉文佛教语文学这条道路上可谓殊途同归、不谋而合。

但是，严格说来，陈寅恪自己并没有在这条学术道路上继续前行，他没有具体地从事梵、藏、汉文佛教文本的对勘和比较研究。他和钢和泰开创的这个梵藏/汉佛教语文学传统并没有在中国开花结果。最好地实践，并发展和实现了陈寅恪将近一百年前提出的这个学术理想的是不久前英年早逝的当代最优秀的佛教语文学家（文献学家）之一、日本创价大学教授辛嶋静志先生（1957—2019），辛嶋先生为佛教语文学学术的一生的最大成就就是通过对见于梵、汉、藏文佛教经典中的大量佛教语词的逐字逐句的对勘和比照研究，构建大乘佛典从印度、经西域到中国的形成和发展的历史，并对汉传佛教经典的语言、概念和传统的确定和演变的历史过程提出了很多具有颠覆性的真知灼见。或可以说，只有辛嶋静志才是陈寅恪最梯己的学术知音和最具格的衣钵传人，他们之间的学术血脉关系超越时空。

陈寅恪在《与妹书》中自称他并非特别注意"成效当较乾

嘉诸老更上一层"的汉藏语言比较研究，而主要对历史和佛教研究更感兴趣。然而，从他早年的研究作品来看，他的研究也从未脱离印藏佛教学者擅长的文本语文学方法，对语言（术语）和文本的比较研究始终是他的学术研究的最大特色，凸显其作为语文学家的学术本色。陈寅恪于归国最初几年发表的学术论文基本上都是关于佛教文本的，特别是敦煌新出土的汉文佛教文本的研究，其中有《大乘稻芊经听疏跋》（1927）、《有相夫人生天因缘曲跋》（1927）、《童受喻鬘论梵文残本跋》（1927）、《忏悔灭罪金光明经冥报传跋》（1298）、《须达起精舍因缘曲跋》（1928）、《敦煌本十诵比丘尼波罗提木叉跋》（1929）、《大乘义章书后》（1930）、《敦煌本维摩诘经文殊师利问疾品演义跋》（1930）、《敦煌本唐翻对字般若波罗蜜多心经跋》（1930）、《莲花色尼出家因缘跋》（1932）、《西夏文佛母大孔雀明王经考释序》（1932）、《斯坦因 Khara-Khoto 所获西夏文大般若经残卷跋》（1932）等等。由此可见，他最早发表的这些学术文章都是佛教语文学研究的作品。

上列这些文章大部分很短小，都是对当年新见的敦煌和黑水城出土汉文和西夏文佛教文本的简单介绍和说明。内容大致有以下三个类型，一是同定这些新见的、残缺的敦煌佛教文本，通过发现与这一文本相应的梵、藏文本及海外学者对它们所作的最新的整理和研究成果，来辨明它们的来历、传承和内容。其学术意义即在于通过对多语种文本的比较研究、对文本之形成背景的分析（语境化和历史化），来构建佛教传承的历史；二是通过对某些特殊"词汇""概念"之翻译、流播过程的追溯，来观察思想、观念和习俗的流变。例如，他在《大乘义章书后》一文中分析汉文佛典中如何对"悉檀""菩提"等词汇产生误解，以及汉文中的"道""法""末伽"等词与梵文的 Marga 一词的渊源关系等；又在《斯坦因 Khara-Khoto 所获西夏文大般若经残卷跋》一文中讨论西夏文语词"有情""众生"和"无上"等词汇的来历，辨明它们与梵、藏、汉文相应词汇的关系，试图从考察一个词语（术语）的形成和流播出发构建一段思想和观念的历史；三是对佛家经典文本对于汉语文学作品的影响有特别独到的研究，如他在《敦煌本维摩诘经文殊师利问疾品演义跋》一文中以《维摩诘经文殊师利问疾品演义》中的具体事例来解释"由佛经演变之文学"的过程，即将"此篇与鸠摩罗什译维摩诘所说经原文互勘之，益可推见演义小说文体原始之形式，及其嬗变之流别，故为中国文学史绝佳资料"。陈寅恪对佛教文献中的故事、母题和叙事的形成和传播，和它们对中国文学作品从体裁到内容的影响有许多十分精到的发现和研究，如他对《贤愚经》之成书的分析、对《西游记》之孙行者、猪八戒、沙僧三个人物之原型的溯源、对华佗的故事的探究等等。

1920年代初，Walter Benjamin先生（1892—1940）曾经这样说过："我不将语文学定义为语言的科学或者历史，在它最深的层面，语文学是术语的历史（Geschichte der Terminologie）。"他认为语文学的一个最独到的本领就是能从多种视角、多个层面，即从多种语言、文本、文化传统出发，来看待过去和历史。在这一点上，与其同时代的陈寅恪无疑是Benjamin最好的学术知音，他的前期学术作品都是从多语种文本、多元文化的视角出发，通过对一些佛教词汇（术语）、概念、叙事的比较研究，来构建不同民族、宗教和文化之间互动和交流的历史。

尽管陈寅恪并没有做过一个梵文或者藏文佛教文本的精校本一类的狭义语文学作品，但他十分重视他所研究的汉语文本的版本和流传的历史，花费了大量的时间对它们进行校读，他将梵文/印度学传统中的精校文本的学术方法运用到了汉学研究领域，并把东方文本语文学的文本精校和文本批评（textual criticism）方法和中国传统的训诂、对勘和考据等方法结合在了一起。按其弟子蒋天枢先生的说法，陈寅恪"先生自归国任教清华后，逐渐开展对中译本佛经之研究，尤其在迁居清华西院三十六号后，用力尤勤。惜所校订有关佛经之书，今仅存

《高僧传》一至四集及《弘明集》《广弘明集》各书而已"。"先生治学方法,用思之细密极于毫芒。虽沿袭清人治经途术,实汇中西治学方法而一之。""先生于此书,时用密点、圈以识其要。书眉、行间,批注几满,细字密行,字细小处,几难辨识。就字迹、墨色观之,先后校读非只一二次,具见其用力之勤劬。而行间、书眉所注者,间杂有巴利文、梵文、藏文等,以参证古代译语,皆枢所不识,不敢赞一辞也。"

由此可见,陈寅恪校订文书所作的工作甚至超过了西方文本语文学中的"精校本"的制作,除了文本的厘定和语文、词语的订正外,还加入大量注疏、史事考订和他自己的研究心得等内容,可惜这些经他校订过后的汉语佛教文本从未得到整理出版,或早已遗失,这是中国佛教语文学学术的重大损失。显然,精校文本是陈寅恪治学之根本,他不但不遗余力地校订汉语佛教文献,而且对他研究的文学和历史文献同样也是如此,据说他也曾对《世说新语》做过非常精细的校读和批注,特别是对其中与佛教相关的内容做过很认真的文本研究。他还批注过《新五代史》,然这些手稿所在的两箱书籍都于1938年转道去昆明时被窃,再未复得。于颠沛流离于南方之际,他还曾三度精校《新唐书》(1939.9、1940.12、1942.4),他对唐史的精湛研究无疑是建立在他对《新唐书》等文本的精心校读的基础之上的。史料即史学，历史研究的基础首先是对史料进行语境化和历史化的处理，语文学家同时也就是历史学家。

七

陈寅恪在柏林曾随Friedrich W. K. Müller（1863—1930）和Erich Haenisch（1880—1966）等学者学习过古回鹘文、蒙古文和满文，也能够便利地利用当时新出土的和已被解读了的敦煌出土古藏文历史文书、吐蕃金石碑铭，和新疆吐鲁番出土的梵文、古回鹘语文资料，以及新近被欧洲东方学家翻译、研究过的藏文和蒙古文历史文献等，再结合他所熟悉的汉文历史资料，来研究古代突厥、吐蕃、回鹘、蒙古、满族等"塞表殊族之史事"。回国前他急切地要求她妹妹为他购买"总价约万金"的图书资料，其中"最要者即西藏文正续藏两部"，"又蒙古满洲回文书，我皆欲得，"可见，除了佛教研究之外，他对西域语文和历史研究，特别是西藏和蒙古的历史和宗教研究都曾有过很大的热情。在他归国的头几年，西域语文和历史显然也曾是他研究工作的重心之一。1930年起，他担任中央研究院历史语言研究所历史组的组长，参与部署所内之西域史地的研究规划；1931年，他"又兼任故宫博物院理事、清代档案委员会委员。得遍阅故宫满文老档"。陈寅恪为在中国开创藏学、蒙古学、突厥学、西夏学和满学等学术领域所作出的巨大贡献是不可磨灭的。

自1927年至1931年间,除了前述佛教语文学研究作品外,他还发表了多篇研究西域语文和历史的学术文章,它们是《元代汉人译名考》(1929)、《灵州宁夏榆林三城译名考》(蒙古源流研究之一,1930)、《吐蕃彝泰赞普名号年代考》(蒙古源流研究之二,1930)、《彰所知论与蒙古源流》(蒙古源流研究之三,1931)、《蒙古源流作者世系考》(蒙古源流研究之四,1931)、《几何原本满文译本跋》(1931)等。上列这寥寥可数的几篇论文几乎就是迄今所见陈寅恪学术生涯中发表的研究中亚(西域)语文学的全部学术作品,但它们却是中国最早的、具有国际一流水准的现代西藏学和蒙古学(蒙元史)研究的优秀成果,它们开创了中国西域研究的新风气。

严格说来,陈寅恪并不是一名专业的藏学家或者蒙古学家。在他那个年代,一名专业的藏学家会从事梵、藏文佛教文献研究,会做敦煌、吐鲁番出土古藏文文献和吐蕃金石碑刻、简牍的翻译和解读工作;而蒙古学家则会专注于对诸如《元朝秘史》《蒙古源流》等古代蒙古文历史文献的收集、整理、翻译和研究工作。而陈寅恪没有直接做藏、蒙文本译注的文本语文学研究工作,他所乐于从事的更多是属于语文学中的"文本批评"类的研究,确切地说是对这些文本的来历、成书和传播过程进行细致的考据,并通过多语种文本的比较来弄清文本中出现的各种名物制度的语言和历史含义,以构建历史(history through textual criticism)。

表面看来,陈寅恪的研究无非是对多语种文本记载中的人名、氏族名、地名、职官名和年代,及它们之间的嬗变关系的考证,可正是这样的研究使他超越了乾嘉诸老等传统中国学术大家于西域史地这个领域内所取得的学术成就,并使中国学者摆脱了因不通"虏学"而于西北舆地之学研究上所遭遇的巨大困境。陈寅恪将他于欧美所受的中亚语文学训练十分完美地运用到了他对藏学和蒙古学的研究之中,为中国的西北舆地之学开创了兼通中西的现代学术新风。

近日,刘迎胜先生称"蒙元[史]研究是历史学家陈寅恪先生所开创,吸纳了欧洲东方学元素,学人群起而相从的现代中国史学研究领域之一",这当是他在重读陈寅恪发表于1929年的《元史汉人译名考》一文之后得出的深刻体会。陈寅恪这篇文章讨论的是元末笔记陶宗仪(1329—1410)《辍耕录》中所载"汉人八种"之名目。此前,钱大昕(1728—1804)、箭内亘(1875—1926)等中外知名学者都曾怀疑此中既不见"汉人",也没有"南人"的所谓"汉人八种",当属伪舛,而陈寅恪却认为其中必有待发之覆，故"今为考证当日汉人之名，其译语本为何字，兼采近年外国成说，覆以蒙古旧史之文，以其界说之变迁及含义之广狭，立一假定之说，以解释之"。他通过对《元史》、《华夷译语》、《元朝秘史》、《蒙古源流》、《拉施德书》（《史集》）、《史贯》等当时代最重要的汉、蒙、波斯文历史文献中出现的各种与汉、汉人、汉军相关的名称进行细致的排查、比较和分析，大致弄清了"汉人八种"之名目的来历和含义，从而为人们认识宋、辽、金、元时代中国北方错综复杂的民族关系、理解当时之民族认同的复杂性质提供了巨大的帮助。正如他自己所总结的那样，"盖一时代之名词，有一时代之界说。其含义之广狭，随政治社会之变迁而不同，往往巨大之纠纷伪谬，即因兹细故而起，此尤为治史学者所宜审慎也。"

陈寅恪的另一篇与蒙元史研究相关的论文《灵州宁夏榆林三城译名考》同样是中亚语文学研究的一篇经典之作。地名，即地理位置和地理环境，对于历史和历史研究的重要意义自不待言，但"历史上往往有地名因其距离不远，事实相关，复经数种民族之语言辗转迻译，以致名称淆混，虽治史学之专家，亦不能不为其所误者，如蒙古源流之灵州宁夏榆林等地名，是其一例"。《蒙古源流》中出现了Turmegei、Temegetu和Irghai

03 陈寅恪与语文学

等三个地理位置相近的地名,它们不但在《蒙古源流》的蒙、满、汉三种语言版本的对译中就已出现混乱,而且,在《元朝秘史》《拉施德书》《圣武亲征录》《马可波罗游记》和《元史》等当时代各种文字的历史文献中,它们以不同语言和不同形式的名称出现,前辈学人如《蒙古源流》的德文译者施密德(Isaac Jacob Schmidt, 1779—1847)、《圣武亲征录》的校注者王国维、《马可波罗游记》的编注者亨利玉儿(Sir Henry Yule, 1820—1889),还有《蒙兀儿史记》的作者屠寄(1856—1921)、《多桑蒙古史》的作者多桑(Abraham Constantin Mouradgea d'Ohsson, 1779—1851)等人对这些地名的认知各有各的说法,也各有各的错误。在那个年代,往往汉学家不懂蒙古文、波斯文,而蒙古学家则不懂汉文,故对这些名称的译写和确认都不得要领。陈寅恪通过对以上这些文本中出现的这些地名及与它们相关的历史事件的仔细比照和考证,最后考定其各种不同的译名,确认Turgegei即灵州、Irgai为宁夏、Termegetu是榆林。

需要强调说明的是,像解释《辍耕录》中出现的含有多个非汉语名称的"汉人八种"之名目,和确定有蒙、满、汉三种语言文本的《蒙古源流》中出现的这三个地名之确切地望一类的问题,若以乾嘉旧学的方法是没有办法解决的,它不能仅仅依赖汉文文献,而必须借助蒙元时代的蒙古语和波斯文文献,并用比较语言学的方法,对这些不同语种的文本中出现的相关名称进行细致的对比研究,方才能够使它们一一名从主人。而每一个名称之演变的背后,都有着一段曲折的历史,若能把这些名称放回到它们实际所处的那个时代的历史中去考察,对其变化中的历史含义做出符合时代的界说,则将有助于揭露这一段政治和社会发展的历史。傅斯年主张历史研究要"上穷碧落下黄泉、动手动脚找东西",还要"以汉还汉、以唐还唐",这种语文学家和历史学家必须具备的学术精神在陈寅恪这篇文章中得到了完美的体现。

能将一个研究"汉人"的问题,和研究元代与西夏相关的几个地名的研究,放在如此广阔的多民族、多语种的历史背景中来考察,能把一个汉学和蒙古学的问题放进一个如此国际化的多元和高端的学术环境中来进行对话,这在近百年之后的今天依然还是我们努力的一个学术方向,所以,说陈寅恪先生是现代中国蒙元史研究的学术开创者是恰如其分的。他既熟悉东西方蒙古学、蒙古史研究的最新成就,又能直接利用蒙古文、波斯文文献来研究蒙元史,远远超越了洪钧(1839—1893,《元史译文证补》)、柯劭忞(1848—1933,《新元史》)、屠寄(《蒙兀儿史记》)、王国维(《圣武亲征录校注》)等前辈中国学者于这一领域的研究成就。

八

尽管陈寅恪不能算是一位专业的藏学家,但他同样应该被认为是现代中国藏学研究的开创者。通常我们将于道泉先生(1901—1992)誉为现代中国藏学研究的开创者,与陈寅恪相比,于道泉或是一位更专业的藏学家,他为新中国藏学研究的形成和发展做出了巨大贡献。但是,当陈寅恪发表《大乘稻芊经随听疏跋》《吐蕃彝泰赞普名号年代考》《彰所知论与蒙古源流》等学术文章时,于道泉还正在雍和宫跟随喇嘛们学习藏文。于道泉也可算是陈寅恪的弟子,他曾随钢和泰、陈寅恪一起学习梵语文、对勘《大宝积经》,后来他也是在陈寅恪的推荐下进入中央研究院历史语言研究所担任助理研究员,并在他指导下专门从事藏学研究的。

《大乘稻芊经随听疏跋》应该是陈寅恪正式发表的第一篇学术论文,当时他已经三十七岁。这篇论文不但标志着他厚积薄发的学术著述生涯的开始,而且它在藏学研究史上也具有里程碑的意义。当时敦煌出土古藏文佛教文献研究尚处于草创阶段,陈寅恪在伯希和、羽田亨(1882—1955)和石滨纯太郎(1888—1968)等人前期研究的基础上,确认了不见于汉地佛教载记的吐蕃译师法成的身份、活动年代及其主要译著,还在《西藏文大藏经》中进一步确认了法成所译的唐玄奘弟子圆测造《解深密经疏》之藏文译本,并探究了法成造《大乘稻芉经随听疏》于藏文佛典中的可能的文本源头,提出"今日所见中文经论注疏凡号为法成所撰集者,实皆译自藏文"的观点。陈寅恪最后指出"夫成公之于吐蕃,亦犹慈恩之于震旦","同为沟通东西学术,一代文化所托命之人"。这样精彩的断语,今天听来依然振聋发聩,而近百年来世界敦煌古藏文佛教文献研究的成果充分证明陈寅恪当年言之有理,他的远见卓识迄今依然令人钦佩。

陈寅恪另外与藏学研究相关的论著是他专门研究《蒙古源流》系列论文中的二篇。《蒙古源流》自清代被译成满文和汉文后,一直是研究蒙古历史,特别是蒙藏关系史的重要文献。但是,对于不能同时利用其蒙、满、汉三种语文版本的学者来说,要读懂和利用这部历史资料还是有很大的困难的,因为《蒙古源流》多采藏文历史著作中的资料,经过多种文字的传译之后,其中出现的各种名称都有许多讹误,难以辨明和解读。陈寅恪显然曾经有一个将蒙文《蒙古源流》与清代的满文、汉文译本进行比较研究的远大规划,他要对读这三种文字的文本,并参照当时施密德的蒙文校译本和德文译本,并借助藏文历史文本的译著本，来订正《蒙古源流》各种文本出现的"千年旧史之误书，异地译音之伪读"，以还其历史的本来面目。

陈寅恪研究《蒙古源流》率先做的一个题目是对书中所见吐蕃赞普名号和年代记载的订正。由于《蒙古源流》对于吐蕃赞普之名号、年代和历史的记载都辗转传自吐蕃古史，本来多有舛误，待翻译成满文、汉文时，则又增加更多的错误，是故"综校诸书所载名号年代既多伪误，又复互相违异，无所适从"，于是，陈寅恪便将它们与新、旧《唐书》等汉文史籍中所载吐蕃赞普资料进行比照，复引当时已经德国佛教和西藏学者Emil Schlagintweit（1835—1904）刊布和翻译的《吐蕃王统记》，即所谓"藏文嘉喇卜经Rgyal rabs者"中有关吐蕃赞普王统的记载，来理清吐蕃赞普之名号和年代，依次校正蒙、满、汉文本《蒙古源流》之各种错漏。尤其可贵的是，陈寅恪利用了北大所藏缪氏艺风堂"拉萨长庆唐蕃会盟碑"拓本，于其碑阴吐蕃文（藏文）列赞普名号中找见了与汉文古籍中所称"吐蕃彝泰赞普"相应的吐蕃赞普的藏文名号Khri gtsug lde brtsan，即《唐书》中的"可黎可足"，与其年号"彝泰"相应的藏文为skyid rtag，于是，由于古今不同语种文本辗转传译而造成的有关吐蕃赞普名号和年代的种种违误和争议便迎刃而解了，

我们还是香格里拉的囚徒吗？

《蒙古源流》所载吐蕃赞普的历史从此变成了有确切名号和年代依据的信史。

陈寅恪《彰所知论与蒙古源流》一文，则以元帝师八思巴造《彰所知论》"与蒙古民族以历史之新观念及方法，其影响至深且久"为出发点，认定《蒙古源流》"其书之基本观念及编制体裁，实取之于《彰所知论》"。他的这篇文章即通过对以《蒙古源流》为代表的蒙古旧史，如何受到《彰所知论》的影响，遂于蒙古族族源"与其本来近于夫余鲜卑等民族之感生说，及其所受于高车突厥诸民族之神话"之上，"更增建天竺吐蕃二重新建筑，采取并行独立之材料，列为直贯一系之事迹。换言之，即糅合数民族之神话，以为一民族之历史"。陈寅恪通过对《彰所知论》和《蒙古源流》的比较研究，考察了西藏历史叙事传统对蒙古著史传统所产生的深刻影响，成功地理清了蒙古人如何层累地建构其祖先和民族历史的过程。与此同时，他还借助藏文《吐蕃王统记》的记载，对《彰所知论》（汉译本）和《蒙古源流》中所列吐蕃赞普及蒙古王族之名号一一做了校正，对《吐蕃彝泰赞普名号年代考》一文做了更进一步的补充。

像这样类型和水准的藏学研究在当时的中国学界无疑是绝无仅有的，这种能将汉、藏、蒙、满语文宗教和历史文本研究熔于一炉、以小见大的藏学、蒙古学研究,于当时的中国恐怕只有陈寅恪一个人才能够做得到,而这正是可以代表现代藏学、蒙古学研究的国际水准。当然,陈寅恪所做的这种类型的藏学、蒙古学研究或更应该归类于中亚语文学的范畴,它对学者的语文学水准比专业的藏学或者蒙古学家们有更高的要求。对于蒙古学研究而言,波斯文、阿拉伯文文献非常重要,而中国的前辈学者"为时代所限,对穆斯林史料不甚熟悉,本人又不能直接阅读西人论述,所用外国材料全是从欧洲译本重译的穆斯林史料。早期欧洲蒙古史学家,多不懂汉文,不能互相比勘,译音用字规律不严,人名地名随意音译,根据这种水平不高的西方译本请人译成汉文,自然是错上加错,结果贻误了我们的老前辈。"而这样的研究在海外汉学家中也只有像伯希和这样兼通多种中亚(西域)语文的学者才能把它做好,而陈寅恪是少数几位可以和伯希和比肩的兼擅汉学和中亚语文学的伟大学者。

中国学者中直接继承和发展了前述陈寅恪的蒙古学(蒙元史)、藏学研究传统的是韩儒林先生(1903—1983)。韩先生是伯希和的入室弟子,随伯希和接受了中亚语文学的训练,1936年归国后即成为继陈寅恪之后中国现代蒙元史研究最重要的开创者,他将以"审音勘同"为特色的历史语言学研究运用于对

我们还是香格里拉的囚徒吗？

中国西北民族史地的研究，他于这一领域的成就超越了陈寅恪。他发表于1940年的《成吉思汗十三翼考》和《蒙古氏族札记二则》等文章从学术选题到史学方法都与陈寅恪的《元代汉人译名考》和《灵州宁夏榆林三城译名考》等文章有明显的共性。同时，在藏学研究领域他同样继承和发扬了陈寅恪所开创的学术风气，他的《吐蕃之王族与宦族》一文与陈寅恪研究吐蕃赞普名号的方法一脉相承，是陈寅恪《吐蕃彝泰赞普名号年代考》发表十年之后，最能代表中国藏学研究成就的优秀作品。

令人遗憾的是，陈寅恪似乎很快就不再涉足中亚语文学的研究了，特别是进入1940年代后，他很少再做西域诸民族史地的研究，自称"凡塞表殊族之史事，不复敢上下议论于其间"。其原因或有很多，其中之一当如其所谓："寅恪平生治学，不敢逐队随人，而为牛后。"他当年从事中亚语文学研究时的学术参照和对话对象，都是当时世界最一流的学术人物和他们的一流研究成果，如荷兰蒙古学家、藏学家Isaac Jacob Schmidt，德国藏学家、佛教学者Emil Schlagintweit，德国古回鹘语文研究专家Friedrich W. K. Müller，日本西域、满蒙研究专家白鸟库吉，俄国突厥学、蒙古学家Vasily Barthold（1869—1930），德国梵文、印度学家Heinrich Lüders（1869—1943），日本蒙古学家箭内亘,法国汉学、中亚语文学家伯希和等人。陈寅恪所撰写的有关多语种佛教文献和西域史地的研究文章很多都与回应、补充或者订正前列这些世界一流学者们的相关著述有关。而这样的学术条件,在他归国多年之后已不复存在,他不但再难及时获得西方最新发布的学术资料和学术著作,就连原来在欧洲时购集的西文学术著作也或者已经丢失或者被迫出售了,故从来不甘为牛后的陈寅恪只好放弃对敦煌出土多语种佛教文献和西域史地的研究。幸运的是,他所开创的蒙元史、西藏史研究于中国已经后继有人,韩儒林先生出色地继承和发展了他所开创的现代蒙古学和藏学研究传统。

九

一千个人眼中有一千个陈寅恪,以上我只是试图从语文学的角度出发,来理解和解读陈寅恪的学术和人生。当我将陈寅恪早年的学术训练、学术经历和学术著作,摆放在1920和1930年代欧美人文科学研究的语文学传统之中,把它们放在民国中国建设中的"民族语文学"学术语境之中进行观照时,我深信陈寅恪首先是一名优秀的东方语文学家,是一名坚持从语言、文本入手做语文、历史和文化研究的杰出人文学者。他所倡导的"独立之精神和自由之思想"非常准确地表达了人文科学研究必须坚持的科学和理性的语文学态度和立场。他所追求的"不古不今、不中不西之学"是一种打破古今、中西的崇高的学术观念和理想，是他对自己的学术实践和方法做出的一个高调的总结。兼擅"汉学"和"虏学"的陈寅恪是现代中国人文学术最杰出的代表之一，他是现代中国佛教语文学和中亚语文学，特别是蒙古学和西藏学研究传统的开创者。作为一名能从国际最前沿的学术出发，对多语种文本、多民族文化做出一流研究的杰出语文学家，陈寅恪今天依然是我们这一代中国学者的学术楷模和精神领袖，对他的学术人生的怀念和颂扬则时时提醒我们：当下中国的人文科学学术研究应该回归语文学。

原刊于《北京大学学报》（哲学社会科学版）2020年第4期，此为该文修订版

04

人文科学和作为职业的科学

常见到有人对现代人文科学(Modern Humanities)的科学性提出质疑,说人文科学不应该称科学,而只能称学科。他们的理由是,人文和科学是对应甚至对立的关系,故人文学术不可能成为科学,而只能是学科(discipline)。此外,人们对人文科学和社会科学的区别也常常认识不清,很多人以为社会科学是可以涵盖人文科学的。例如,中国社会科学院是综合了人文科学和社会学科两大学术领域的国家级人文和社会科学研究机构。还有人以为人文学术应该社会科学化,只有当人文学术发展成为社会科学,即用科学的方法,在理论的指导下,开展人文学术研究,这才是对人文、社会的科学研究,所以,社会科学终究可以涵盖和取代人文科学。上述这些说法显然多有偏颇,现代人文科学从一开始就是一种历史的和语文学的研究,本来就是一种理性的和科学的研究,社会科学的很多学科,如人类学等，都是从人文科学中发展变化而来的，特别是随着20世纪五六十年代北美大学中的"区域研究"的迅速兴起，传统的人文学科很多渐渐演化成为更注重现实和理论研究的社会科学研究。如以语言文化研究为主体的传统汉学研究转向为更加重视现实政治、经济和社会研究的中国研究。但是，社会科学或者理论研究并不见得一定比人文科学更加科学，社会科学的科学性和人文科学一样长期受到质疑，杰出的科学家费曼曾经公开声称"社会科学是个伪命题"。

其实，与人文对应的不应该是科学，而是自然。而自然不等于就是科学，人文也不等于就是不科学。人文科学是否和自然科学一样是科学，或者说它是否能够成为像自然科学一样的科学，更多是看我们如何认识和理解"科学"？人文科学这一称呼原先来自德语的"Geisteswissenschaft"，意为"精神科学""思想科学"，它与"自然科学"（Naturwissenschaft）相对应。无疑，在德语语境中，人文科学也是科学。至少在我留学德国时的1990年代，德国人夸奖某位人文学科的研究员或者教授的学问做得好时常常会说：他/她是一名非常好的科学家（Er ist ein sehr guter Wissenschaftler）。"科学家"并不是一个专属于自然科学家的名称。

那么，到底什么是科学？近年来，我们对韦伯《作为职

04 人文科学和作为职业的科学

业的科学》这篇经典性的讲演又有了太多的讨论,但通常被我们忽略的一个事实是,韦伯的这个讲演是在慕尼黑巴伐利亚州自由学生联合会巴州协会组织的一个"作为职业的精神工作"(Geistige Arbeit als Beruf)的讲座系列中所做的一场报告,显然,韦伯于此并没有对自然科学和人文科学作出区分,而是不言而喻地把"精神科学"或者说人文科学认定为科学的。那么,什么样的人文的、精神的学术研究才能被认为是"精神的工作",或者人文科学呢?这恰恰就是韦伯这篇讲演所要重点说明的问题。而我们一直没有能够深刻领悟到的一个重要观点是,"作为职业的科学"其实就是韦伯对科学下的一个定义!科学是一种职业,它不但是一种专业的技能,而且更是一种职业精神。作为职业的科学要求科学家必须通过长期的、系统的专业训练和实践,并毕生把科学作为一种职业的运作,从这种职业的实践中取得专业的成就,实现自己的人生价值。科学的成就是专家的/职业的成就,它不能以个人和世俗的利益为目的,而只能以专业的/职业的发现和成就作为衡量是否为人类社会作出了贡献的标准。把科学当职业的科学家,既不是先知、预言家,也不是政治煽动家,科学应该脱离政治和意识形态的左右,不能让先入为主的观念来影响自己对研究对象的科学判断。于此,作为社会学或者社会科学奠基人的韦伯,不但没有对人文科学和社会科学作出明确的区分,甚至他对广义的人文科学和自然科学也没有做任何明确的区分,作为一种专业和职业的实践,它们都是科学。

显然,在韦伯看来,作为职业的科学,它是一种专业的技能和职业的精神,不管是研究自然,还是研究人文、社会,作为职业的科学,它们的方法和精神都应该是一致的。进一步说,若不把科学当做职业的,或者说没有专业和职业精神的科学,那么它们都是不科学的,不管它是人文科学,还是自然科学研究。判断一项学术成果的好坏,首先就是看它职业不职业,科学不科学,于此,我们或可以发生在1870年代的尼采的"未来语文学公案"为例,来说明科学的职业性和专业性对于人文学术的成败是何等的重要。尼采是近代西方最激进、最无畏的思想家,他的虚无主义哲学思想和他在文学、美学和艺术等多个领域的成就至今依然在世界范围内有着巨大的影响。但是,很多人不知道的是,尼采曾经首先是一名职业的古典语文学家,他是欧洲大学历史上最年轻的教授。不幸的是,尼采的职业语文学家生涯不但短暂,而且非常失败,他的第一部学术专著——《悲剧的诞生》一出版就被同时代古典语文学界的学术同行们群起而攻之,特别是他的同学、后辈维拉莫维茨对它进行了最激烈的批评和攻击,认为《悲剧的诞生》是一部完全

04 人文科学和作为职业的科学

不符合古典语文学基本学术水准、缺乏求真求实的科学精神的作品，尼采做的是一种不伦不类的"未来语文学"。总之，尼采的研究不够语文学，他的学术做法很不职业、很不科学，所以，他不是一位合格的人文科学家，所以不应该继续留在大学里误人子弟，必须尽快走下古典语文学教授的讲坛。

可见，即使是尼采这样伟大的思想家、哲学家，他也必须为他的学术的不职业、不科学而付出惨痛的代价，作为一名大学的古典语文学教授，他首先必须是一名职业的人文科学家，而不应该是"一名不是宗教的宗教先知，和不是哲学的哲学先知"。有人以为尼采和维拉莫维茨的"未来语文学公案"是发生在历史主义和人文主义之间的争论，这显然不是事实，它首先是一场有关科学不科学、职业不职业的争议。尼采《悲剧的诞生》的不科学和不职业，导致了他作为一名古典语文学家的职业生涯的失败。值得强调的是，现代人文科学本来必须是一种历史的和语文学的研究，它必须是理性的、科学的，所以，它曾与生物学、地质学等自然科学学科一样，具有非常精致的和崇高的科学性。可是，不专业、不职业的人文科学学术研究，于现代人文科学学术史上从来就没有断绝过，特别是当代人文科学学术受到各种政治和意识形态潮流的影响，以及人文科学之基础的语文学学术训练的缺乏，给众多"天才和激情的票友们"提供了施展身手的广阔舞台,使得人文科学学术出现了很多的学术垃圾。但这样的局面的出现并不能作为否定人文科学应该是一种职业的科学的理由,事实上,就是自然科学领域也从来不乏利欲熏心、沽名钓誉之徒,他们习惯于弄虚作假,同样制造了很多骗人的和害人的所谓科学成果。现代人文科学要保持其理性和科学的品质,要求我们每位从事人文科学研究的科学家始终把自己的学术当作一种职业的科学!

原载《中华读书报》2022年10月26日第13版

05

"人文语义学"与现代人文科学传统的回归

刚才听了张宝明教授关于"人文语义学"的报告，很受启发和鼓舞。张先生所率领的河南大学学术团队，回应国家"新文科"建设规划，对新时代人文科学研究的发展和进步提出了很有建设性意义的主张，可喜可贺。他们指出人文科学研究，首先要重视对语言中的意义的研究和解释，强调对专有人文术语和概念性词汇之微言大义的历史性的研究，这为当下中国人文科学研究的进一步繁荣和发展指出了一条极具建设性意义的主张。其实，张宝明教授刚才所描述的"人文语义学"远远超越了"语义学"（semantics）在西方学术传统中的本来意义，传统上"语义学"是指对语言中的意义的研究，即对语言、语词、符号、形式、短语和句子的能指和所指意义的研究。狭义地说，于今天的西方学术传统中，"语义学"常常被认为是专门处理语言的学问，属于语言学研究的一个分支学科；但广义地看,"语义学"可以是一门研究引文、意义和真理的学问,涉及人文科学的各大学科,属于哲学和思想研究的范畴。由此看来,建设中的河南大学"人文语义学"学科,理应是结合了狭义的和广义的二种"语义学",将朴学和理学熔于一炉,创造出了人文科学研究的一种新范式。

从上述"人文语义学"的构想,我自然地联想起了近年来我一直在积极倡导的语文学(Philology),语义学和语文学二者之间显然有很多共通的地方。语文学是对语言、语词和文本的历史性的研究,通过还原文本的语言的和历史的语境,进而对它的意义作出正确的解读。而作为对语词(words)于语言中的意义的研究的"语义学",其目的无非是要正确理解语词的意义,它与语文学完全一致。是故,语义学可以被认为是语文学的一个不可分割的组成部分,而二者的理论依据则都是诠释学(hermeneutics),都是一门对语言、语词、文本、概念和意义的理解的学问。

对语义学和语文学的这种十分紧密的相关性,我们或可以本雅明对语文学所作的一个定义来加以说明。本雅明曾经把语文学定义为对专有名词、术语之历史(Geschicht der Terminologie)的研究,此即是说,对专有名词和术语的历史性的研究是语文学,乃至整个人文科学研究的核心。正是从这

05 "人文语义学"与现代人文科学传统的回归

个角度来理解语文学,才有了"对一个专有名词的解释就是写一部文化史"的说法,而福柯的名著《名与物》也被认为是一部精彩的语文学著作。近年来国际学界流行的"概念史研究",做的其实也就是本雅明所主张的这种语文学研究,即把历史学家深刻的洞察力用来探索和研究一个概念和专有名词的历史发展过程,从而达成对历史的一种全新的理解。我们可以把这种"概念史"式的研究看成是对语词和文本意义做历史研究的传统语文学的一个发展,传统语文学重视的是对一个语词、词汇的历史性的研究,达成对文本意义的准确解读,其表现形式与眼下时新的"概念史"研究不同,后者显然是一种更加宏阔的历史的、社会的和思想的研究。

传统语文学所做的词汇和语义研究,我们或可以《牛津英语词典》的编纂和伯希和的汉学研究成就为例而略作说明。《牛津英语词典》的编纂被认为是19世纪英国"民族语文学"的重大工程之一,它的编纂过程严格遵循了传统语文学的学术规则。编纂者对在词典中出现的从A至Z的每个语词的解读,都必须从其词源的探寻开始,梳理它在自古至今之读音、用法和意义之变化和发展的历史过程。虽然最后在词典中出现的语词解读的义项简明扼要,但其编纂过程却极其复杂和精致,它要求编纂者搜集每个词汇在不同时代、不同作家所写文本中出

我们还是香格里拉的囚徒吗?

现的引文、用例,以观察、归纳和总结这个语词之音读和意义的变化、发展过程。如果把为撰写某一个专门词汇、术语所搜集和准备的这些语文资料充分地利用起来,对它们做精致的语言、概念和历史的研究,则学者们或可以写出一部又一部精彩的人文/文化史来。这样的工作,在现代数字人文技术发展和推广以前,无疑是一项十分艰巨、烦琐、复杂和辛苦的工作,所以,《牛津英语词典》的编纂历时久远,凝聚了好几代学者一辈子的投入和艰苦劳动,足证语文学研究是一种十分费时、费力的脑力和体力结合的劳动。

语文学与词语、语义学研究的密切关联,我们还可以法国汉学家伯希和的学术成就来予以说明。被公认为世界汉学第一人的伯希和其实更是一位杰出的中亚语文学家,他最杰出的学术成就之一就是利用他卓越的语言能力和语文学技能,即凭借他对汉语之外的大量西域语文的熟练掌握,利用科学的历史比较语言学的学术方法,解开了古代汉语文献中出现的大量非汉语词汇的音读和意义的理解问题,特别是解决了对中国古代汉文历史文献中出现的大量非汉语人名、地名和其他各种各样的名物制度名称的释读问题,因此,不但伯希和自己被认为是比钱大昕更能读懂古汉语文献的汉学家,而且,他以这种独具一格的语文学学术实践,以"虏学"助攻汉学,把中国古代历史研究的水准提升到了一个贯通整个亚洲，甚至贯通欧亚和世界历史的层面之上，同时又使汉学跃升为一门具有世界性学术意义的人文科学学科。

作为新文科之发展方向的"人文语义学"，特别是它对"概念史研究"的强调，倡导的是一种跨学科的人文研究，即要打破现有的文、史、哲学科的分野，建立一个兼容这些人文学术领域的"交叉学科"，这或是促进当下人文科学发展和进步的一个势在必行的改革方向。人文科学被严格地划分为文、史、哲等学科，这是西方工业化文明带给人文学术的不良影响，是分工细致的工业化的直接结果。而自20世纪中叶兴起的区域研究，以及与之相应的社会科学的强势介入，又使人文科学研究的人文性质受到了很大的冲击。在文、史、哲等学科之间设立森严的学科壁垒，且为每个学科人为地制定各种不合理的专业的学术范式，创造出了一套专业的学术行话、规则，这无疑肢解了文史哲原本一体的人文科学学术传统，它为从事人文科学研究的学者们加上了一件又一件的紧身衣，使他们的研究只能固守各自学科领域的一城一池，而无法综合、贯通文史哲，以攻克人文学术的整个堡垒，这与中国古代文史一家的人文学术传统背道而驰，严重阻碍了现代人文科学研究的发展。

我们还是香格里拉的囚徒吗？

令人遗憾的是，在当下世界人文学术体系中，文、史、哲等学科的明确分割早已是铁板钉钉，是难以撼动的既定学术体制。但是，如果我们不努力打破这种学术体制，新文科的建立就难以实现。这种人文学术体制造成的学科性问题是显而易见的，只是我们对此习以为常，视而不见了。以历史学为例，如何规划它的学科性，其实是一个很大的问题。我们不断地在讨论什么是历史这样的问题，而我们更应该讨论的问题是"历史学是什么？"我学历史出身，现在却在中文系供职，这给我思考历史学的学科性提供了一个独特的视角。大家知道文学研究的两大领域是文学批评和文学史的写作，而我不由得要思考"文学史"到底应该由研究文学的，还是研究历史的学者来写呢？同样，一部哲学史、佛教史、思想史、经济史、军事史、法律史等等，到底应该由研究哲学、佛教、思想、经济、军事和法律的专家们，还是必须由训练有素的专业的历史学家们来写呢？我想对这个问题的回答通常应该非常明确，它们当然必须由专门研究文学、哲学、佛教、思想、经济、军事和法律的专家们来写，可接下来的问题是，如果它们都必须由各个领域的专家们来写，那么我们这些专业的历史学家研究的是什么，写的又是怎样的历史呢？难道我们只需要关注僵硬的历史框架，只研究没有具体专业领域的历史吗？这显然不是能让我们

05 "人文语义学"与现代人文科学传统的回归

历史学家满意的学术分工。当历史学家不满足于只写编年史或者政治史,而要将我们的触角深入人文、社会等各个微观领域的时候,我们就会发现自己或是在完成一项不可完成的使命,因为我们于历史专业所接受的学术训练,无法让我们变得无所不知、无所不能,可以专业地从事所有领域的历史研究。

与此相应,对于专业从事文学、哲学和宗教研究的学者来说,他们显然都没有受到足够的历史学的基础学术训练,甚至在他们从事文学、哲学和宗教研究时常常缺乏必要的历史意识,所以,他们写出的文学史、哲学史和宗教史往往无法让专业的历史学家们满意。例如,从整个国际人文学界来看,我们很难找到一部令人满意的佛教史,因为研究历史的专家通常不懂佛学,而专业的佛教学家或则根本不在乎历史。所以,我们见到的大部分佛教史著作,要么都是些干巴巴的历史建构(骨架),而根本见不到鲜活的佛教内容(血肉);或者通篇都是佛学义理和哲学阐释,却基本没有反映出其历史变化和发展的脉络。不得不说,这是现代人文科学严格的学科分割给现代人文学术研究带来的一个明显的弊端。在如此严酷的学科壁垒中,我们是没有办法做好人文学术研究,写出出色的人文学术著作的。譬如,我们仅从一个学科领域出发,或者说仅仅遵从某一学术领域的学术方法和规范,那我们就没法从事像"概念史研究"这样的学术研究活动,因为它要求我们从对概念的语义的起源和变化发展,以及它与社会、政治、文化的各种关联中,来构建与这个概念相关的各个阶段、各个地区、民族和文化的历史。它必须是一种打破了文史哲学科界限的综合研究。

我很高兴地听到河南大学建设"人文语义学"的目标就是要建立一个贯通文史哲等人文学科的交叉学科,在我看来,这既是一种新文科建设的创新,同时也是对现代人文科学传统的回归。现代人文科学本来就必须是一个历史学的和语文学的学科,而不是一种哲学的和神学(经学)的研究。因为只有这样,人文科学才是一种科学的、理性的现代人文学术研究,而不是一种缺乏独立之精神、自由之思想和批判的态度的、屈服于神学、经学和世俗权威的前现代文史研究。在现代人文科学的框架下,即使是哲学、神学研究也必须首先是一种历史学的和语文学的研究。大家都对傅斯年先生创立的中央研究院历史语言研究所,以及它对中国现代人文科学的建立所做出的巨大贡献耳熟能详,但我们很多人不知道傅先生所说的"历史语言研究"指的是历史和语文学研究,它标志的是傅先生以引入西方的历史学和语文学研究传统而对中国传统的文史研究进行的现代化的改造,"历史语言研究所"在傅先生当年的历史语境中指的就是现代人文科学研究所,于此历史学和语文学是不可分的，二者的紧密结合就是现代人文科学。

现代人文科学的学科分割一方面使得本来涵盖整个人文科学研究的历史学失去了其专业的学术研究对象，虽然表面看来它无所不包，然而若缺乏对文学、哲学、思想、宗教、社会和经济等领域的专业的了解和学术训练，他们就很难做好这类专门的历史研究。另一方面它也使得文学、哲学和宗教研究等其他人文学科领域，完全脱离了历史学的学术视角，舍弃了语文学的基础学术训练，极大地削弱了其学科必须具备的科学性和学术性。如果只专注于思想和理论的诠释，而不重视对文本、语词和专门术语、概念之意义的历史学的和语文学的解读，任何文学、哲学、思想和宗教研究都将是不科学、不理性、不现代的。我期待以张宝明教授为首的河南大学"人文语义学"学术团队，能够通过他们的积极倡导和亲身实践，将"人文语义学"建设成为一个打破现有人文科学既定的学科分野，并将文史哲研究一体化的新的交叉学科。这不是一个空洞的跨学科的口号，而是对现代人文科学传统的回归。

原载《探索与争鸣》2023年第3期

06

尼采更愿当教授还是上帝?

近日翻读一本题为《作为古典学者的尼采》(*Nietzsche as a Scholar of Antiquity*, Bloomsbury, 2014)的论文集,见其扉页上赫然写着尼采的一句话:"实际上,我更愿是一名巴塞尔的教授而不是上帝"(Actually I'd much rather have been a Basel Professor than God),这让我有点吃惊。尼采(1844—1900)曾经是瑞士巴塞尔大学的古典语文学教授,但不到十年他就很无奈地退职了(1869—1879),这显然是他人生中一段失败的经历,何以他依然还说自己宁愿是教授而不是上帝呢?今天,作为一位古典语文学教授的尼采早已被人遗忘,但作为一位伟大的哲学家、思想家、文学家、艺术家的尼采,却依然还是上帝一样的存在!

出于习惯,我马上上网动手去寻找这句话的出处。因为这里注明了是"1889年1月6日致雅各布·布克哈特(Jacob

06 尼采更愿当教授还是上帝？

Burckhardt, 1818—1897）的信"，所以，很容易就找到了这封信的全文。一遍读来，我更加吃惊了：一，这是尼采生平所写的最后一封信，收信人布克哈特先生是尼采在巴塞尔大学亦师亦友的同事，是欧洲文艺复兴研究的开创者，杰出的艺术史家和人文主义学者。有记载说，尼采于1889年1月3日精神失常，随后几天内，他给他亲近的朋友们，如瓦格纳太太Cosima和布克哈特等人，发出了多封书信，人称"狂人书札"（Wahnzettel, Wahnbriefe）。其中最后第二封是给Cosima的，就一句话："我爱你"，署名"酒神"。而最后一封就是前引这封发给布克哈特的信。二，在这封信中，尼采所要表达意思的重点其实不是他更愿意当教授而不愿当上帝，而是要强调因为他必须承担创造世界的使命，所以不得不牺牲自己的私利，最终当的是上帝而不是教授。《作为古典学者的尼采》一书的编者只引了这封信开头一段的前半句，而省略了更重要的后半句，看似有点断章取义了。

这封信的原话是这样说的："亲爱的教授先生，归根到底我更乐意是巴塞尔的教授而不是上帝；但是，我并没有敢这样冒险，完全让我个人的利己主义放任自流，乃至因此而放弃世界的创造。您看，不管人如何生活，在哪里生活，你都必须作出牺牲（Lieber Herr Professor, zuletzt wäre ich sehr viel lieber

Basler Professor als Gott; aber ich habe es nicht gewagt, meinen Privat-Egoismus so weit zu treiben, um seinetwegen die Schaffung der Welt zu unterlassen. Sie sehen, man muß Opfer bringen, wie und wo man lebt)"。不难看出，尼采的原意更应该是：虽然我私心更乐意当一名教授，可我的使命是创造世界，所以，我不得不作出自我牺牲，担当起做上帝的职责。

这封被贴上了"狂人书札"标签的信，其实一点也不疯狂，相反它很真实地表明了尼采对自己学术人生的真切感受。尼采很早就立志要当一名职业的古典语文学家，并把成为一名大学教授作为人生的理想选择。而且，尼采凭借他出色的古典语文学的天才和成就，于1869年受任巴塞尔大学古典语文学教授，年仅二十四岁，至今保持了欧洲大学史上最年轻教授的纪录。获得这样的机遇和殊荣，对尼采而言，绝对不是偶然或者运气，只是他竟然那么快就梦想成真，实现了自己的人生理想，这是连他自己也没有料想到的事情。

于此前一年，尼采曾在给他的同窗、好友埃尔温·罗德（Erwin Rohde, 1845—1898）先生的一封信中这样说过："此外，我亲爱的朋友，我诚恳地请求你，把你的眼睛紧紧地盯住一个有朝一日将要开启的学术生涯上，对此，你总归要在某一天作出抉择。""作为未来的大学骑士，我们必须付出很多让自己成

06 尼采更愿当教授还是上帝?

名,要时不时地让自己的名字出现在杂志上,而且还要弄出一些轶事进入巴黎来的那个世界。在一年半到二年之后,我们将在柏林或者其他地方通过教授升等论文,并从这段蒸馏过的无望的时间中幸存下来。而作为私人讲师的那段时间,我们必须循规蹈矩、一步步地一起向前行走。总之,不带特别夸张的希望,我俩都将遭遇这一学术生涯。在教授的位置上,我们首先可以有相当多的闲暇时间用于我们自己的研究,其次,还可以拥有一个十分有用的影响力范围,再次,还能得到和维持一种可能的独立的政治和社会地位。"无疑,还是大学生的尼采,他的理想就是当一名大学教授。

当然,为了能够获得这样一个古典语文学教授的职位,尼采已经付出了足够多的努力,做好了充分的准备。从他在佛尔塔(Schulpforta)中学开始,到他在波恩和莱比锡大学读书,尼采都潜心于古典语文学的学术训练和专题研究,很早就显露出了一位杰出的语文学家的卓越才华和天赋。他认定语文学是一种清醒、逻辑和内在统一的科学,故立志要把它作为他终生的职业,为此甚至甘愿放弃他自小挚爱的音乐和艺术创作。无疑,尼采曾经是一个现象级的古典语文学天才,他在中学读书时期,就已经完成了九篇古典语文学研究论文的写作,其中五篇还是直接用拉丁文撰写的。在大学读书不足四年的时间内,

我们还是香格里拉的囚徒吗？

除了在波恩的第一个学期选修过神学和哲学课程以外，其他时间全部投入了古典语文学的研究，他是当时德国最有名的语文学权威奥托·杨（Otto Jahn, 1813—1869）和弗里德里希·里奇尔（Friedrich Ritschl, 1806—1876）教授的弟子，曾是里奇尔近四十年古典语文学教学生涯中最得意的门生。大学期间，尼采写作了二十篇古典语文学学术论文，并创办了莱比锡"语文学协会"，被公认为是莱比锡古典语文学界的领袖。尼采发表的对古希腊诗人塞奥格尼斯和传记作家戴奥真尼斯·拉厄耳忒斯文本的语文学研究著作，是古希腊文本语文学研究的典范之作。总之，当时的尼采已是德国古典语文学界令人瞩目、受人崇拜的明日之星，所以只有尼采才能够在还没有获得博士学位，更不用说提交教授升等论文的前提下，顺利获得巴塞尔大学古典语文学教授的职位。

而在任巴塞尔大学古典语文学教授初期，尼采的科研和教学也都表现得中规中矩，他最初受聘的是特任教授（Extraordinarius），而第二年就升级为专任教授（Ordinarius）。他教授过的课程有早期希腊哲学、柏拉图对话录、亚里士多德的修辞、希腊音乐剧、宗教制度、抒情诗、拉丁语语法、文学史、埃斯库罗斯、荷马、赫西奥德等等，并留下了大量的教学讲义。从这些讲义和他当时用拉丁文和德文发表的多篇论文中

06 尼采更愿当教授还是上帝？

可以看出，尼采确实是一位非常杰出的古典语文学家，他不但对古典时代的哲学、诗学、修辞、宗教、悲剧和音乐等都有很广泛的涉猎，而且他在手稿分析（manuscript analysis）、文本精校本（critico-lingustic philology）、文本源流（史料）研究（Quellenforschung）等古典语文学基本技能方面的训练和成绩也非常出色，他所做的古典语文学研究不但完全符合精细的语文学学术标准，而且还非常有创意，独树一帜，其成就可圈可点。总之，年轻的尼采于当时是一位完全合格的古典语文学教授。

《作为古典学者的尼采》一书的编者在其导论中说："如果我们计算一下尼采发表论文的数量和杂志影响（因子）的排名的话，那么，尼采在今天的大学中或许能够挣得的是一份永久的教职（tenure），但不是一个教授的职位。但如果我们可以考虑他的悲剧理论的影响范围的话，那么，尼采的名字应该可以排在温克尔曼（Johann Joachim Winckelmann, 1717—1768）和蒙森（Theodor Mommsen, 1817—1903）的前面。"而温克尔曼是德国考古学的奠基者、杰出的艺术史家，蒙森则被公认为是19世纪德国最伟大的古典学家之一。《作为古典学者的尼采》收集了十三篇分别由当今著名的古典学家和尼采研究专家撰写的学术文章，它们都以尼采早期古典语文学研究著作为研究对象，不仅要证明尼采不但不是像长期以来被人认为的那样是一位半吊子的语文学家（a scholarly dilettante），相反他是一位在古典语文学史上有特殊地位和贡献的优秀语文学家，而且还希望通过对尼采优秀的古典语文学成就的认识，让我们可以不仅更好地理解尼采，还更好地理解古典语文学本身。

尼采作为古典语文学教授学术生涯的失败，开始于1872年他出版第一部学术专著——《悲剧自音乐精神的诞生》。这部今天依然脍炙人口的作品一出版，尼采曾经的老师、波恩大学古典语文学教授乌瑟纳（Herman Usener, 1835—1905）先生就直接宣布："任何写出这样的东西的人，以科学（学术）而言，他已经死了。"而尼采的晚辈维拉莫维茨（Ulrich von Wilamowitz-Moellendorff, 1848—1931），则发表了一篇题为《未来语文学》的长篇书评，对尼采冷嘲热讽，激烈地批判他对古典学学术的无知和背叛，指责他缺乏对真理的热爱，仅仅凭借他个人对音乐精神和古典神话的激情，带着强烈的现实关怀，从个人内心体验出发，以哲学推理为方法，对古希腊悲剧做了完全非理性、非学术的演绎。《悲剧的诞生》完全不符合古典语文学学术规范，它既不引用一手的古希腊悲剧原著，也不征引二手的前人研究成果，甚至没有做任何脚注，完全忽略古希腊悲剧的文本以及其原初的语言和历史语境，以很大的篇幅讨论瓦格纳

06 尼采更愿当教授还是上帝?

(Richard Wagner, 1813—1883)的音乐和德国的悲剧精神,热切地呼唤寓意生命本能的酒神和日神精神的复活,将瓦格纳的音乐看作是古希腊悲剧精神在德国复活的希望。维拉莫维茨认为尼采不具备古典语文学家应有的专业学术水准,更缺乏理性、科学的职业精神,强烈要求他走下古典语文学教授的神圣讲坛,以免误人子弟。

自此之后,尼采作为古典语文学家已声名狼藉,注册来上他古典语文学课的学生竟也少到了无人的地步,长期孤立无助,身心俱惫,不得不以健康为理由于1879年申请提早退休,结束了近十年的职业生涯,时年仅三十五岁。作为一位现象级的古典语文学天才,尼采何以会写作和出版《悲剧的诞生》这样一部完全不语文学,甚至是反语文学的著作呢?对此,后人众说纷纭,有人说是因为尼采太急于成名,要尽快向世人兑现他的天纵之才,故有意写出这样一部标新立异、惊世骇俗的作品;有人说是因为尼采本来对古典语文学心存贰心,他倡导的是一种带有自由的观点和新鲜的驱动力的语文学,而不是那种烦琐考据、钻进故纸堆里和文字眼里出不来的语文学;还有人说尼采的《悲剧的诞生》是对古典语文学研究的改革和创新,他将以文本对勘(批评)和史料研究为主的历史主义的和实证主义的语文学,引向了有自由意志和自我决定精神的人文主义的语文学。还有人认为尼采本质上是一位哲学家、思想家，他早期的古典语文学学术训练，不过是为他后来的哲学家、思想家生涯所做的必要准备。在我看来，这些说法或都无法解释尼采何以从一个具有典范意义的古典语文学家，纵身一跃而成了一名完全不语文学的哲学家、思想家？自然，十分出色和完备的古典语文学的学术训练，使尼采有能力从事希腊古典时代的语言、文学（诗学）、哲学、历史和宗教等任何学科的研究，但这些研究都必须在古典语文学的学术体系和严格的学术规范中进行。尼采的《悲剧的诞生》的失败并不是因为他脱离了语文学而进入了哲学研究的范畴，而是因为在当时的学术环境中，它根本就是不学术和不科学的。

其实，尽管尼采写作《悲剧的诞生》的时候，并不自觉他这是对古典语文学的背叛，故他无法接受维拉莫维茨等同行们对他所作的尖锐批评，并一直期待他的恩师里奇尔教授能够发声给他以支持，可事实上，这时候的尼采或已经不自觉地将自己的位置从一位古典语文学的教授转变成了一名先知型的哲学家、思想家，换言之，他开始要担负创造世界的使命，要做先知了。虽然，他曾经是一名古典语文学的天才，成为教授也曾是他理想的人生选择，但他的本性（Eigenschaft）和他的激情（Leidenschaft），决定了他最终更应该是一名先知和预言家。尼采无疑是一名真实意义上的"自由思想家"（freier Denker），但作为一名"以科学为职业"的人文学者，尼采却不应该是先知和预言家，是故只有失去了这个身份，脱离了人文学术体制加给他的种种有形的和无形的束缚，尼采才能够做回自己的上帝，成为一名先知型的思想家、哲学家。正如维拉莫维茨所说，当尼采"按照他的要求放弃了教职和科学之后，成了一位非宗教的宗教先知和不是哲学的哲学先知（Prophet für eine irreligiöse Religion und eine unphilosophische Philosophie）。他的魔鬼给了他这个权利，他也有当先知的精神和力量。"随着职业生涯的失败而来的是尼采的灿烂人生，虽然作为科学的、学术的尼采已经死了，但作为先知和上帝的尼采则获得了重生。此后的十年是尼采随性地生活、读书和写作的人生黄金期。至1889年彻底失智为止，尼采接二连三地发表了他一生最为重要的著作，如《查拉图斯特拉如是说》《人性、太人性的》《善恶的彼岸》《道德谱系学》《朝霞：关于道德偏见的思考》《快乐的科学》《偶像的黄昏》和《反基督》等等。显然，正是在摆脱了与他个人性情和志趣很不相应的职业身份，脱掉了套在他身上的那件不合身的紧身衣之后，尼采才于哲学、文学、艺术和宗教领域内取得了一系列创造性的成就。尼采的伟大主要在于他是一位先知和预言家，而不在于他曾经是一名职业的语文学家。尼采留下的于1889年1月4日写的三封"狂人书札"中，他都署名"被钉在十字架上的"（Der Gekreuzigte），这或也表明他归根到底更愿意是"先知耶稣"，而不是巴塞尔的教授。

1990年代，我有幸在德国波恩大学留学八年，虽然我主修专业名称"中亚语文学"（Sprach- und Kulturwissenschaft Zentralasiens），辅修专业是比较宗教学和汉学，它们都属于广义的语文学范畴，但是，当时我竟然完全不知道波恩大学曾经是19世纪德国古典语文学的第一重镇，波恩古典语文学学派名闻遐迩。尼采和他一生的敌人维拉莫维茨都曾经是波恩大学的学生，尼采的老师奥托·杨和里奇尔都是波恩大学古典语文学学派的领军人物，他们之间还发生过一场著名的"波恩语文学家战争"（Bonner Philologenkrieg），致使里奇尔不得不远走莱比锡，并带走了他最得意的门生尼采。而尼采的另一名老师，同时也是维拉莫维茨的主要导师、里奇尔的继承人乌瑟纳先生，则不但继续了波恩大学古典语文学传统的辉煌，而且还于此发展出了一门新的学科——比较宗教学，他是德国比较宗教学的奠基人。值得一提的是，作为语文学家的里奇尔和乌瑟纳，他们都曾担任过波恩大学的校长，而维拉莫维茨也曾担任过哥廷根大学的副校长和柏林大学的校长，这充分说明古典语文学在当时德国大学学术体制内具有十分崇高的地位。

06 尼采更愿当教授还是上帝？

对波恩大学如此辉煌的古典语文学学术史，孤陋寡闻如我者，当时竟然一无所知，今天想来实在有点汗颜。有趣的是，当时我常听到有人在一起议论为何尼采之后德国不再出现如此伟大的哲学家、思想家了？记得当时说啥的都有，如曾听有人说那或就是因为德国纳粹法西斯把那些聪明的犹太人都杀掉了、赶走了，所以德国就不再有聪明的头脑了，如此等等，不一而足。有一次，我记得是在《法兰克福汇报》(*Frankfurter Allgemeine Zeitung*)上看到这样一则讨论，给我留下了极其深刻的印象，至今难忘。它说德国现在之所以出不了伟大的哲学家、思想家，都是因为德国大学四周的小酒馆(*Kneipe*)太多，小酒馆文化过于发达。德国大学的教授和学生们都喜欢在晚上结伴去泡酒馆，晚上八九点钟，他们呼朋唤友一起走进酒馆，喝着世界上最好喝又便宜的啤酒，开始海阔天空不着边际地神聊，进行着十分激烈和深刻的思想交锋。一般来说，到了晚上十一点左右，这种交锋渐渐达到了高潮，思想的火花每每喷涌而发，要是这样的高峰时刻能于此时停留下来，那么，可以预料德国伟大的哲学家和思想家将成群结队地出现。遗憾的是，这时的教授和弟子们依然兴致盎然，放不下手中的酒杯，继续一杯又一杯地喝着、聊着，直到午夜过后，他们都于昏沉中踽踽着离开酒馆，一切思想和智慧的火花都在烟雾缭绕中散逸而去。这样的日子日复一日、年复一年,谁能够期待德国还会出现什么伟大的哲学家、思想家呢?

这则刊登在大报副刊上的小文章,当时读来只觉得非常有趣、好玩,它对德国大学周围的小酒馆文化的描述确实非常逼真,但说它就是德国不再出现伟大的哲学家、思想家的重要理由,则恐怕就得另当别论了。今天,当我私自揣摩尼采真心到底想当教授还是上帝时,无意间便想起了这段难忘的往事。如今我倒是更加明确地觉得一定不是大学四周众多的小酒馆,而或就是被众多小酒馆围绕中的大学本身,阻碍了像尼采这样的伟大的哲学家和思想家的出现,或正是大学的学术体制,特别是现代人文科学的学术理念和规范,限制了像尼采这样天性更愿意当上帝和先知的哲学家和思想家的自由发挥,科学、理性的人文科学研究及其一整套严酷的学术规范,对于尼采这样的伟大的头脑来说,无疑是一件束缚它自由自在、随性飞翔的紧身衣,而现代人文科学各个学科的严格划分,即使是对一位普通的人文科学学者来说,同样也是给他们加上了一件又一件的紧身衣,极大地限定了他们的学术空间和学术自由,最终使他们只能因循守旧地做一些琐碎和无关痛痒的研究,失去了扩展学术范围、推动学术研究进步的雄心和活力。不得不说,对尼采学术生涯之得失、成败的考察,让我第一次对人文科学研究最基本的原则和方法,即历史学和语文学,产生了一些动摇。我深信,作为学术的现代人文科学,即使是其中的哲学和神学研究,依然都必须是科学和理性的历史学的和语文学的研究。但是,在此之外,我们或当乐见更多像尼采这样的伟大和自由的灵魂的出现,鼓励和支持他们脱离现代人文科学的束缚,让他们在哲学、思想、文学、艺术、音乐等领域自由自在地去发明、去创造,去当先知、去做领袖,以引领和推动我们这个时代的人文精神的进步、发展和繁荣。

原载《文汇报》2022年11月26日

07

在藏文文献中发现蒙元历史
——沈卫荣教授访谈录

一

问：起初您投入陈得芝先生门下学习蒙元史，后来跟随王尧先生学习藏语，并由蒙元史转入藏学研究领域，而最近这些年您也做元代藏传佛教和西藏历史的研究。请谈谈您是如何确立研究方向，然后又逐步转向的，以及在此之中各位老师对您的影响。

沈：我是恢复高考以后的第三届大学生，实际上恢复第一年我就开始考了。我高中毕业的时候只有15岁，当时在乡下，也不知道是否能够考上大学，所以我第一次报考的是中专。据说我是那年我们县考得最好的，但是最后省统考我没考上，究竟是因为什么没考上我一直也没搞清楚，传说跟我家的家庭成分有点关系。后来别人告诉我考大学不受家庭成分限制，我就

07 在藏文文献中发现蒙元历史

开始准备考大学。1978年我差几分没考上，1979年终于考上了，而且成绩非常好。那时候我比较想上中文系，因为平时就喜欢写作文，但我们乡下中学的校长说我的成绩考不上中文系，语文要考90分才能上中文系，而我的语文只考了70多分，所以我就放弃了中文系，报了历史系。后来上了大学才知道，我的语文成绩报南京大学中文系完全没有问题，很多总分比我低、语文成绩比我差的人都上中文系了。

大学四年我都算是好学生，各科成绩都不错，但是一直到毕业的时候也没搞清楚自己到底想要干什么。出去工作，我觉得我太年轻了，没有什么社会经验；继续读书，也不知道该读什么方向的研究生。当时有位78级的同学对我说，他们班的同学古汉语好的去研究古代史，外语好的去研究世界史，什么都不行的就研究近现代史。我好像什么都还行，也什么都不行，没有什么特别喜欢的方向，但考啥估计通过考试都没问题。后来我决定考韩儒林先生的研究生，只是因为觉得他在历史系名气最大、学问最好，就想考到他门下读书。不幸的是，我考上研究生的那一年，韩先生就去世了。我就转到韩先生的大弟子——陈得芝老师的门下继续读书，我也是他的第一个研究生，但是后来发现我对蒙元史根本不入门，感觉学得很累。在我比较迷茫的时候，陈得芝老师让我到北京去，跟着王尧老师学习藏文,因为在藏文文献里面有不少对研究蒙元史很有用的资料和文本。待我去北京学了藏文以后,发现西藏学领域什么都是新的,有很多空白,做研究会比较容易,就开始想改变方向研究藏学了。

最初我还是做政治制度史方面的研究,就是研究西藏地方和元朝中央政府的关系史,后来才慢慢开始做元代藏传佛教的研究。应该这样说,在学术上对我影响最大的老师,到现在为止还是陈得芝老师。我在今天杭州文史小讲堂讲的"全球史视野中的'大元史'与'新清史'",还有马上要在上海古籍出版社出版的《大元史与新清史》这本书中,都能看到陈得芝老师对我的影响。我觉得是陈老师带领我进入了这个学术领域,他是我的启蒙老师,也是我学术生涯里对我来说最重要的一位老师,陈老师的道德文章在学界是有口皆碑的。在以前的很多访谈中我也讲过,作为一个学者,陈老师是非常优秀、非常杰出的,但是他今天的名声没有很显赫,这是其他非学术的原因造成的,至今我都替他打抱不平。(图7-1、7-2)

刚开始我对学术确实是很懵懂的,后来学了藏文,开始做西藏历史研究,出国以后对藏传佛教慢慢越来越有兴趣,就转入宗教研究。在我看来,只做历史研究的人根本没法清楚地回答"藏传佛教到底是什么"这个问题,因为他们可能不太懂佛

07 在藏文文献中发现蒙元历史

图7-1 陈得芝教授

图7-2 王尧先生（1928—2015）

教。而我所做的一些研究，是从懂得藏传佛教开始来研究历史的，正好弥补了这一缺陷，应该说对元代历史研究的进步是有意义、有贡献的。

问：1990年代初，您选择出国留学，后来在德国、美国、日本等国从事历史研究长达16年。您当时出国留学是基于怎样的考虑，在国外主要从事哪些研究？

沈：20世纪80年代后期，名牌大学中出国留学已经成为一种风潮，我们学校很多人都想出国留学，一方面是学术原因，另外一方面可能是现实原因，比如出于经济方面的考虑等等，那时候读硕士一个月可以拿四十几块钱，但据说出国读博士生一个月可有一千多美金收入，这个差距还是非常大的。就我自己来说，我觉得当时国内研究元史的条件还是非常好的，出不出国都无所谓。而且当时觉得如果读博士也不一定要出国留学，在国内跟着陈老师读也是一个非常好的选择，所以一开始我是不想出国的。但是后来因为改学藏学，跟国外有了一些联系，想法就慢慢改变了。再加上其他的因素，让我也开始考虑出国留学了。我们那时候做学问的条件跟现在比差远了，以前没有太多的书，资料也很匮乏，可能你做研究做到一半，需要查阅一篇相关的外文文章，但是就是找不到，这样一来研究就没法进行下去了。现在如果遇到同样的问题，你可以上网查询，找到这篇文章的作者，给他写信，他马上就可以把文章寄给你。而且很多书现在都有电子版，查阅起来非常方便。这在当时是根本无法想象的。

我学藏学以后，跟西方学者有了些联系，也通过王尧老师认识了后来我在德国波恩大学中亚语言文化学系的导师Klaus Sagaster教授。正好在1989年，我们国家开始有了跟国外联合培养的项目，要挑选一批中国的博士生，派到国外去学习一两年。因为我已经认识了Sagaster教授，而且德国波恩大学当时是中亚史研究做得最好的地方。所以招募第一批外派博士生的时候我就去申请了，没想到居然还申请上了，而且我是那年唯一的一个文科生。但临行之前，因为某些原因，这件事情被搁浅了。到了1990年2月才又重新启动，那年3月，我去了德国。出去了之后，我发现国内国外各方面条件相差太大了。我曾经开玩笑说，离开南京大学的时候，我是讲师，一个月工资100块人民币，大概可以买40瓶啤酒，而我在德国的导师是教授，一个月工资1万多马克，可以买1万多瓶啤酒。在德国的时候，我拿的德国科研协会（DFG）的奖学金有2 000马克。这和国内的条件一比，差距实在太大了。当时是打算只去一年的，但是出去以后慢慢觉得当时国内的学术环境不大好，不如待在国外继续学习，然后就开始在德国申请攻读博士学位。我读博士花了很长时间，其中很大一个原因是觉得前途渺茫，而且当时回国工作并不是一个好的选择。

当然出国之后出现了很多意想不到的问题。原来我以为出国以后什么问题都能解决了，其实不是，应该是出国以后问题就开始了，比如语言不通、文化隔阂、未来道路的选择等等。如果没有出国，我继续留在南大历史系做老师，顺风顺水，就像我当年在南大的那些同学和同事一样，但出国以后这些就成为问题了，当时去德国留学时，没有考虑太多未来就业的问题，后来有点不知所措，不知道自己今后想干嘛、能干嘛了。当时，一个外国人要留在德国做研究当教授，是很困难的事情。如果在德国留学后再去其他国家，比如美国，又会有语言障碍，这些都是我在去德国之前没有考虑到的。但是我不想放弃学术，尽管问题很多，还是咬牙坚持了下来。我在德国念了很长时间的博士，博士毕业后还继续留在国外工作，四处漂泊。刚开始是在德国做研究项目、代理教授，后来又到了美国、日本学习和工作了很多年，一直没有中断过，因为我希望自己能够继续做这方面的研究。

二

问：2006年，您受冯其庸先生的邀请回到中国人民大学国学院西域历史语言研究所主持工作,据说当时是荣新江教授当的说客。请您谈谈这段往事。

沈:90年代电脑刚开始红火起来,很多人劝我放弃学术研究,随便去哪个学校上一年学,学点IT技术,这样就很容易能找到工作,养家糊口完全没问题了。但是我觉得正是因为我一直喜欢这个研究领域,所以从德国到美国、到日本,一直流浪,从博士后做到助理教授、代理教授、客座教授等等,如果真的改行,那我前30年感觉就白活了。当然我也希望能够找到一份固定的工作,所以一直在申请国外一些学校的教授职位。记得回国前我最后一个申请的是多伦多大学的佛教史教授职位,我是最后的三个候选人之一。正好在这个时候,我收到了荣新江教授的来信,他说中国人民大学要建立国学院,冯其庸先生当院长,国学院要成立一个西域历史语言研究所,希望我能够回国参与筹建这个研究所。

我回国之后才知道,当时是冯其庸先生和季羡林先生一起给国家最高领导人写了信,建议成立一个西域历史语言研究所。国家最高领导人看了他们的信后马上批示同意建这个研究所。两位老先生认为既然国家大力支持,那一定要赶快成立起来,但一时间找不到合适的人选来主持这项工作。后来听说当时他们确实找了很多候选人,荣新江教授本人应该就是第一候选人，但是他不可能离开北京大学，后来姚大力教授等一批学者也都被他们考虑过。再后来，冯先生跟荣新江教授一起去新疆考察的时候，再次讨论起人选问题，好像觉得我合适，冯先生就让荣新江教授写信邀请我。我收到他的信后就决定回来了，很快就去见了冯先生。

问：您之前和冯先生认识吗？

沈：完全不认识，因为他是研究红学的，跟我不是一个领域。但我跟荣新江教授很早就认识了，我在读书的时候就跟他有学术上的联系，也见过好几次。1995年，我博士差不多毕业的时候，他还劝我到北大去读博士后，后来我们在日本也见过好几次，所以他对我有印象，觉得我可以来主持西域历史语言研究所的工作。正好当时我申请的多伦多大学的工作最后没成，所以我就决定回来了。后来我觉得这个工作还是挺合适我的。

问：据了解您在研究所里面做了大量工作。

沈：可以说西域历史语言研究所是我一手建立起来的。

我回国以后，就开始组织筹建西域历史语言研究所，先后聘请了很多这一学科的学者，比如，做蒙古史、满学研究的乌云毕力格教授，做吐火罗语研究的荻原裕敏教授，做西夏语研究的索罗宁教授等等，还有毕业于德国慕尼黑大学、专门做梵文研究的张丽香老师,还聘请了毕业于北京大学的毕波,专门派她去英国学粟特文。另外还聘请新疆考古研究所原所长王炳华老师。西域历史语言研究所建立了一个基本上以研究多语种文献、历史为主的团队,并且很快在世界上具备了一定的影响力。当时其他研究这一领域的地方,比如波恩大学、印第安纳大学都开始衰落了,而中国人民大学一下子集中了这么多各个领域的优秀学者,当时国内外学术界都是比较看好我们的。

前年是西域历史语言研究所成立十周年,我们开了一个小小的庆祝会。会上我也发了言,当时我说在我到中国人民大学以前,没听说过中国人民大学有人研究西域史,现在十年过去了,中国人民大学的西域研究在全世界已经是数一数二的了。当然中间出了一些问题,有一些反复,比如荻原裕敏教授后来回日本了,做梵文研究的张丽香老师也离开了,但我们也一直在不断地发展和完善。去年西域历史语言研究所又有二位分别研究察哈台语和汉藏佛学研究的青年学者加盟,今年又聘请了一位从慕尼黑大学印度学专业博士毕业,专门做印度学、艺术史和梵文研究的学者。吐火罗语现在虽然暂时还没有专门的研究人员,但是接下来还是会继续招聘相关的人才。

我们还是香格里拉的囚徒吗？

在差不多十年的时间里，中国人民大学从来没有人研究西域，到国学院的西域历史语言研究所在全世界都排得上号，大家确实付出了很多。我觉得西域历史语言研究所现在是一个非常好的研究机构。尽管我现在已经离开中国人民大学了，但是我还继续在西域所兼职，还一如既往地关注着西域历史语言研究所的进步和发展，关注着西域历史研究领域。

问：2008年，您还在人大发起成立了世界上第一个汉藏佛学研究中心，当时成立这一机构的初衷是什么？这些年来，中国在汉藏佛学研究方面取得了哪些进展？

沈：我觉得这是我自己到目前为止学术生涯中做的最有意义的一件事情。以前我是研究蒙古史的，后来研究西藏的历史和佛教，后来我发现汉藏佛教研究是一个被忽略、但非常重要的学科。世界上的佛教研究现在基本上被分成三个领域，一个是南传佛教或者叫小乘佛教研究，以研究巴利文佛典为主；另一个是印藏佛教研究，主要是研究印度佛教和藏传佛教；第三就是东亚佛教研究，实际上就是汉传佛教研究，其中也包括日本、韩国等这些国家的佛教研究。这三个领域互相之间是分割开的。印藏佛教研究是用语文学的方法来研究佛教的思想、义理、文本等，在国际佛教研究领域里一直是最强势的。印藏佛学研究做的是Buddhological Studies，意思是佛学研究，而汉传佛教或者东亚佛教研究做的是Buddhist Studies，二者是两回事。Buddhist Studies涵盖宗教社会、宗教伦理、宗教思想、宗教哲学，它不完全是从佛教义理角度出发，而是更注重从思想史、哲学史这个角度来研究。但是印藏佛学则基本上是从佛教义理、佛学本身出发来研究的。这两个领域完全隔阂，一般认为汉、藏佛教是没什么关系的。

实际上这种认知有很大的问题。我觉得，第一，汉传佛教本身对藏传佛教的形成起了很大的作用。最初藏传佛教的来源之一是汉传佛教，汉地的禅宗、佛教在藏传佛教中的影响是很大的，藏传佛教并不只是受印度佛教的影响。后来藏传佛教对汉传佛教的影响也很大。所以，从历史上讲两者是不可分的。第二，现在研究佛教必须同时利用汉文文献和藏文文献，因为梵文佛教文献保留至今的并不多，而且现在留下的梵文手稿大部分都是11世纪以后的。汉传佛教的翻译在7、8世纪就完成了，那些文本比现在做研究用的梵文文献要早得多，藏文的翻译大部分也是11、12世纪以前就完成了，翻译的质量很高，数量、内容都比梵文的本子多得多。所以要研究佛教的话，藏文和汉文文本是最重要的文献，而且汉、藏两种文字的佛教文献有很多可以互补的东西。因为汉文文献虽然出现年代很早,但翻译质量不够好,也不够全面;而藏文文献尽管出现时间比较晚,但翻译的质量非常好、非常全面。当然,无论它们有多好,因为年代久远,两种文献在传承当中都会产生一些纰漏,所以不管是汉文佛经还是藏文佛经,有很多文本大家根本读不懂。然而通过汉、藏文献的对勘,可以解决很多问题,让佛教研究更好、更全面地发展。

另外从语言研究的角度来说,现在有些研究古汉语的人专门研究佛经。佛经是一种很特别的古汉语文本,有些文字是从梵文转译过来的,如果不懂梵文,根本看不懂,不知道怎么发音,有的语法也很奇怪,不研究佛教的话,可能根本读不懂这些东西。现在日本很多做汉文佛经研究的学者,会通过梵文、藏文佛经来解读、研究汉文佛教文献。所以从这些角度来看,汉藏佛学应该跟印藏佛学一样,是一个重要的学科。我当时回国的一个初衷就是想倡导这一学科的建立,并在这个领域里做出些成果。当时正好我在黑水城文书里发现了大量汉文翻译的藏传佛教仪轨文本,我回国以后也在各地找到了大量西夏、元代和明代翻译的同类文本,这些新的发现一下子就让我们的眼界开阔了很多。所以后来除了建立西域历史语言研究所,我在中国人民大学的研究和教学工作,基本上都是围绕着汉藏佛学研究展开的，我的学生大部分也都是做汉藏佛学研究的。这些年来，我们写了一些文章，出了一些书，有些佛教团体、教派也找到我们，希望我们可以帮他们把藏文佛经翻译成汉文等等。现在汉藏佛学研究还在不断发展，国家相关机构开始承认这个学术领域，去年中国中央社会主义学院还专门组织了一个学术课题，请了很多学者做汉藏佛教的比较研究。我觉得汉藏佛学研究最后应该会变成一个在国际学界得到承认的学科。这算是我个人的一点学术野心，也是到现在为止我觉得做得最成功的一件事。

问：近些年来内亚史研究成为国内学术界的一个热门领域，已有不少研究论著问世。它最初是如何受到国内学者关注的，之后对中国史研究产生了怎样的影响？请您谈谈对内亚史研究的看法。

沈：其实对内亚史进行定义本身是一件很困难的事情。什么叫内亚？以前我们通常只说东亚、西亚和中亚。目前国际上研究中亚史的，主要是德国波恩大学的中亚语言文化研究所、美国印第安纳大学的中央欧亚研究中心（原名为阿尔泰乌拉尔研究中心，后来几次更名，先改为内亚研究中心，后来改为欧亚研究中心，目前定为中央欧亚研究中心），但其研究内容基本上是一致的，主要是西藏、蒙古、新疆这些区域的历史，也

我们还是香格里拉的囚徒吗?

就是我们常常所说的中亚史,有时候还包括满洲地区。内亚这个概念的提出跟美国的欧文·拉铁摩尔有关。拉铁摩尔不是一个学院派的学者,他最开始是一名外交官,后来才到美国霍普金斯大学从事学术研究。他曾在中国很多地方旅行,写了很多游记,是他发展了"内亚"这个概念,可能是通过他的一些活动,慢慢把所谓的"中亚"变成了"内亚",或者有的说法叫"最内亚"(Innermost Asia)。

把内亚史作为一个学科来研究的,应该是印第安纳大学的中央欧亚研究中心,学术创始人是丹尼斯·塞诺(Denis Sinor)。他编过一本内亚历史研究杂志(*Journal of Inner Asia History*),写过一篇文章叫《什么叫内亚》。在国际上,内亚史并不是一个热门的领域。欧洲学术界很少用"内亚"这个说法,美国的印第安纳大学虽然在做这方面的研究但也不叫"内亚"。眼下直接用"内亚"这个说法的是哈佛,它有一个内亚研究委员会,欧立德、范德康等学者都是这个委员会的成员。

"内亚"这个概念现在大概是因为"新清史"的流行变得越来越热门了。提倡"新清史"的人觉得清代有两个中国,一个是汉地的中国,一个是内亚的中国,他们把西藏、蒙古、新疆这三个地方称为内亚,有的人把满洲也算在内。但实际上用这样的地理划分是没有办法真正来定义"内亚"的。西藏在中国的西南边，满洲在中国的东北边，新疆跟满洲离得那么远，把这几个内部差异非常大、没有一体性的地方拉在一起，怎么来定义内亚？所以这个提法是存在问题的，不管是地域上，还是文化、民族和宗教特性上，都没有办法做一个完整的定义。

我觉得"新清史"这样划分一个中国的帝国、一个内亚的帝国是不科学的，它们并不能截然分开，而且把满洲变成内亚帝国的一部分也是不妥当的。而且"新清史"所认为的内亚地区，从来就不是一个单一民族统治的地区。这大致就是我对内亚史研究的粗浅看法。

问：元朝和清朝都是少数民族入主中原的王朝，两者有诸多相似性。然而，在元史研究领域，国内学术界似乎没有遇到像"新清史"那样的挑战。您如何看待这一现象。

沈：实际上也是有的。就是我之前说的"大元史"，而且从政治上来讲，这个挑战更加严峻。我跟很多学者讨论过中国的民族、边疆问题，他们认为蒙古是不会有问题的。但我认为，如果以后还会出现什么民族问题，蒙古地区也不见得能幸免。为什么呢？今天说到民族问题，大家就觉得很重要、很严重，实际上中国大部分民族并没有问题。56个民族中，绝大

我们还是香格里拉的囚徒吗？

多数已经融为一体了。所以，关心中国边疆和民族的西方人也不关注这些民族，因为它们不存在问题。所以老说民族问题，我觉得这是对众多少数民族的不公平。今天新疆、西藏等地区，确实出现一些问题，这些问题并不是单纯的传统意义上的所谓民族问题，其背后有更加复杂的政治、地域、民族和宗教背景，也与当下国际社会的政治、宗教和外交局势相关。

其实元史研究的挑战就是我们怎么来讲述这段蒙古的历史，怎么真正让全中国人都自觉承认我们是一个多民族的国家，让大家心服口服地承认我们也是你的一部分。在美国，人们会说自己是非洲裔的美国人、欧洲裔的美国人、亚裔的美国人等等，首先他们都承认自己是美国人，但在中国，情况却并不这样简单。如何让大家心服口服地认同自己中国人的身份，这是我们当下面临的一个挑战。而反映到学术研究之中，就成为元史和清史研究中的一个话题和难题。中国的元史研究本身在做实证研究、做课题研究等方面做得都非常好，但是在建立我们自己关于元朝历史的一套叙事方面则相对做得比较差。我们自己怎么讲述蒙元史，怎么解释何为中国，我觉得这是一个非常值得大家考虑的问题。

三

问：历史上杭州佛教十分兴盛，与藏传佛教也有过不少交流往来。它们彼此产生过哪些影响？另外，在您看来，应该如何推进杭州的佛教史研究？

沈：说起杭州的藏传佛教，肯定会讲到一个人——杨琏真迦。杨琏真迦是杭州人特别痛恨的一个人，不光杭州人痛恨他，整个江南地区的人民都对他很痛恨。因为他做了很多伤天害理的事情，他把南宋皇帝、皇后的陵寝都挖掘出来，让他们曝尸野外，把里边的金银财宝都抢走，把很多汉传佛教的寺庙、道教的寺庙都改成藏传佛教的寺庙。他还造塔来征服南方，要把汉人的气镇住。但是藏文文献里，把杨琏真迦说得很好，说他把藏传佛教传到汉地了，剃度了很多藏传佛教徒，把藏传佛教造像建到飞来峰上去，建了很多寺庙，完全是一个正面的形象。（图7-3）杨琏真迦后来的下场是很惨的，他的后台桑哥宰相倒了以后，杨琏真迦也被抄家，但是杨琏真迦的家族并没倒，他的儿子杨暗普曾做过宣政院的院使，地位非常高。

杨琏真迦当时是江南释教都总统，掌管整个江南的佛教，当时杭州也设了一个行宣政院，相当于中央统战部在地方的一

我们还是香格里拉的囚徒吗?

图7-3 杭州飞来峰造像

个派出机构，所以杭州的地位是非常重要的。后来元朝还有一个叫管主巴的人，在杭州印了很多多语种的佛经。在宗教史上，杭州也是一个影响很大的地方。但是因为杨琏真迦本人的所作所为，这些东西遭到了很多汉人的排斥。现在尽管有不少人研究元朝藏传佛教在杭州的传播，但我觉得还不够透彻。因为杨琏真迦被妖魔化了，大家可能会带着一种民族仇视的眼光去看他，但实际上抛除这些固有的观念，再进一步好好地研究，可能就会发现并不是这样。美国西北大学艺术史教授罗伯特·林瑞宾研究飞来峰的造像后发现，飞来峰的造像里边大量的还是汉式的、显教的造像，并不完全是密教造像。所以，关于杭州的藏传佛教，从艺术史、从文本、从佛教教法来说，实际上还有很多东西可以研究，比如杨琏真迦的事迹、管主巴印的佛经以及当时的传播情况等等，都还值得做进一步的研究；写《庚申外史》的权衡好像也生活在杭州，藏传佛教仪轨很多都在杭州实行过；元朝、明朝时杭州古玩市场卖金铜佛像等藏传佛教法物也很盛行。我觉得这些东西都应该做一个相对全面的研究。

另外就是关于宋恭帝的传说。当时传说蒙古人之所以能把杭州攻打下来，是大黑天神帮了忙的，大黑天神是蒙古人的护法。所以当时文献中有记载宋恭帝一行被押解到北京的时候，

我们还是香格里拉的囚徒吗？

在北京郊区涿州的大黑天庙里看到了大黑天。宋恭帝等人被俘后，最初忽必烈对他们还是比较厚待的，后来把他送到了今天西藏的萨迦寺，让他去学法。萨迦寺是八思巴帝师的主寺，是元朝皇帝特别喜欢、特别重视的一个寺庙。以前我们发现的只是宋恭帝翻译的有关佛教因明一类的东西，把他当成一个显教徒。而藏文文献记载，宋恭帝后来在西藏有了很多跟随者，元朝皇帝觉得有威胁，就把他杀了，而西藏人民对他很同情，觉得他是冤枉的，说他被杀时流出来的不是血，而是奶。现在我们又发现了他翻译的密教文本，说不定还有更多待发掘。宋恭帝的这段历史可以说是汉藏交流的一段佳话。一个末代皇帝被送到西藏的寺庙，居然变成了藏传佛教大师，这是很值得研究的一段历史。

当然，我们也希望能够通过对一些当地文人的笔记、文本的研究，来看看在杭州所传播的藏传佛教的仪轨是什么样的。

问：在佛教史上，汉传佛教和藏传佛教之间应该有很多相互影响的地方，但是总的来看，好像藏传佛教在汉地的影响要大于汉传佛教在藏地的影响？

沈：在西藏历史上，藏传佛教分成两个时期，一个是前弘期，就是朗达玛灭佛以前那段时间；一个是后弘期，就是新译密咒，密教开始流行的时期。在前弘期，汉传佛教在西藏非常流行，影响非常大，但后来就出现问题了。传说当时因为汉地的佛教太流行了，禅宗太受欢迎了，引起了其他信奉印度佛教、信奉渐悟的人的反对，所以这两派人就开始争吵斗争了。后来西藏赞普于桑耶寺组织了一场宗教辩论，史称"吐蕃僧诤"。一派是汉地的和尚摩诃衍领衔的禅宗教派，宣扬顿悟，认为不需要天天坐禅、布施、供养，只要不思不想不作意，马上就会成佛。另一派是印度僧莲花戒，主张渐悟，强调要做很多修行，要修六波罗蜜，要布施、持戒、精进等等，才可以成佛。辩论的结果是和尚输了，从此藏传佛教就把汉传佛教的因素排除在外了，到了后弘期基本上都是密教在流行。所以，看起来好像在藏传佛教里边没有汉传佛教的影响。

我是研究这段历史的，后来发现整个关于"吐蕃僧诤"的故事是12世纪西藏人编造出来的，在12世纪以前并没有这样的说法，而且西藏人对汉传禅宗佛教的顿悟说的等级排定是高于印度佛教中的渐悟说的。曾经有本藏文古书叫《禅定目炬》，它里边讲成佛有四种不同途径：第一种是渐悟，就是慢慢觉悟；第二种是顿悟，它从见、修、行、果四个方面都高于渐悟；第三种是大瑜伽；第四种是大圆满。所以到10世纪的时候，明显是汉传佛教的禅宗高于印度传过来的渐悟说。到了

我们还是香格里拉的囚徒吗？

12世纪以后，关于"吐蕃僧诤"的这一段历史叙事形成了，就开始不断地把和尚妖魔化，把禅宗妖魔化，后来藏传佛教就完全排斥汉传佛教。这其中的一个原因就是，藏传佛教从12世纪开始建立自己"佛教中国"，即佛教中心和正宗的地位，在此以前，大家都称印度是"圣地中国"，即认为它是"佛教的中国（中心）"。到12世纪开始，西藏人觉得佛教的中心是西藏，而不是印度了，因为印度已经衰落了，西藏要取代它。在取代印度成为佛教中心的过程中，西藏进行了一场佛教清算运动，把所有不是印度佛教传统的东西全部清算出去。于是，本教被认为是异端，因为本教与西藏本土的联系太深；宁玛派也不行，因为宁玛派不完全是印度佛教的翻译，所以也把它的旧译密咒排除在藏文大藏经以外；第三个是汉地的禅宗，他们认为汉地的禅宗是不清净的，也不是印度的，所以要把它变成一个异端、一个他者，要把它排除出去。但是实际上汉传佛教的影响并没有被完全消除。现在西藏最有名的一些教法，比如大手印法、大圆满法，包括觉囊派的他空见等等，这些都跟汉地的禅宗佛教有很深的关系。虽然西藏人认为这些宗教是和尚的教派，都不正宗，但是这正反映出了这些教派之间相互是有影响的。

而另外一方面从藏传密教对汉地的影响来说，虽然在留下的正宗的汉传佛教的文献当中对它很排斥，元、明、清三代很多人都骂藏传佛教，说它怎么不好、怎么不正宗，但是元、明、清三代的皇帝没有几个不信藏传佛教。明代只有一个皇帝不信，就是明世宗，他是信道教的。而且在宫廷或者民间都留下了大量的汉文翻译的藏传密教的文献。所以藏传密教对汉地的影响是很大的，只是我们以前不知道。

问：是在不同的阶层对藏传佛教的看法不同吗？

沈：一方面主要是汉族士大夫不大喜欢藏传佛教，但是皇帝们喜欢，民间也有人修，所以修藏传佛教的一些传统实际上一直留到今天。民国时候有很多大人物都修藏传佛教。现在，粗略估计信仰藏传佛教的汉人人数可能很快超过藏人了。有人说，北京朝阳区有十万甚至二三十万仁波切，这肯定是造谣，但是仁波切很多，信仰藏传佛教的人很多，这是毫无疑问的。

四

问：目前杭州政协正在筹建政协文史馆，要将其打造成集文史研究、文献整理、学术交流、文化展示等功能于一体的城市文化智库和杭州对外文化交流的重要平台，并且要突出体现国际特色。关于如何做好国际视野下的杭州史研究，收集整理国内外杭州历史文献,开展国际学术交流以及向其他国家展示杭州历史文化,您能否我们提供一些建议?

沈:我之前跟南京大学刘迎胜教授说起过这件事情,他认为杭州文史研究会是一个非常有眼光、非常国际化的学术研究组织。尽管它是一个地方性的组织,但它很有学术性、很有国际研究眼光。我觉得这很难得,也很重要,因为这反映了一个城市的文化高度和文化水准。很多城市可能经济很发达,但在文化和学术方面做得还远远不够。

我在西方留学的时候非常受启发的是,西方很多城市,甚至很多社区,经常会有各种学术和文化活动。有的地方经常做一些关于西藏的讲座、播放一些关于西藏的电影之类,虽然是很小众的东西,但每次来看的人还挺多,我觉得这反映了一个城市各方面的文化需求。杭州市政协文史馆作为一个政协直属机构,可以打造成一个反映杭州市文化水准的重要展示平台,发挥积极的引导作用。现在杭州市政协文史馆在做的文史研究、文献整理、学术交流、文化展示等这些工作都是非常重要的,也是非常有意义的,说明整个城市的文化档次在提高,这是非常好的。

江南是一个有很深的文化底蕴的地方,要把这种得天独厚的文化传承下去,就需要一些这样的东西。具体到杭州,杭州

07 在藏文文献中发现蒙元历史

自身的地方史也好、文化传统也好都是很值得研究的,能够在这方面做出特色是很重要的,但也需要一个国际化视野和比较长远的战略眼光,不能只局限于杭州,还要跟世界各地的一流的学者建立联系,与国内国外的一流学者开展各种各样、各个领域的学术交流。我个人希望以后如果还有机会,能够继续来跟你们做交流。

问:要给西方人讲述杭州的历史,您觉得可以从哪些方面来讲?毕竟是东西方话语是存在一些差异的。

沈:以前都是讲西湖的自然美景,现在杭州能够展示给大家的东西多了很多,也是非常多元的,比如杭州的经济发展、杭州整个城市的规划设计。过去说杭州是上海的后花园,现在杭州比上海也差不了多少了。杭州周边地区也都发展得特别好,对国内外游客的吸引力也不输上海。至于谈文化的话,怎么能够处处显现出杭州跟其他城市比与众不同的地方,这是有一定难度的,但也是可以做到的。比如杭州举办了各种展览,建了很多历史博物馆、艺术馆等等。今年3月底,我去了一趟纽约,当时我在想,如果纽约没有大都会,没有现代艺术博物馆,没有百老汇的话,纽约真的可以不去了。纽约的城市建筑显得越来越老旧,市容跟中国的许多城市比不知道差多少,中国很多三线城市都比纽约造得好,更不用说杭州这样的大城市了。但是纽约有它的特点,大都会、现代艺术博物馆、百老汇,这些东西没有地方可以跟它比。纽约还有好多特别好的大学,还有其他一些小的博物馆,或者有特色的东西,正是这些东西形成了纽约的独特魅力。所以,我觉得以后中国或者说杭州在这一方面应该有所发展。这样,除了自然风景,还会有很多人文的、更具地方特色的东西可以展示出来。

原载《杭州文史》2019年第2期

08

元代宫廷所修"演揲儿"不是俗世的情色与淫戏

最近,我们看到中华书局推出了沈卫荣、安海燕著作的一本新书《从演揲儿法中拯救历史:元代宫廷藏传密教史研究》,标题比较别致,内容也很深奥,本记者读后颇多收获,同时也有不少疑问,为此专门采访了二位作者,请他们就下列问题做了进一步的阐述,于此分享给对这本好书有兴趣的读者们。

一:因为很多读者对于演揲儿法比较陌生,能不能从幻轮作为切入点介绍一下?

所谓"演揲儿法",元末野史《庚申外史》说为"能使人身之气或消或胀,或伸或缩"的"运气之术",实际指的是藏传密教中的幻轮修法。"演揲儿"是梵文词Yantra之回鹘(畏兀儿)语形式Yantïr的音译,与之对应的藏文作 'khrul 'khor 或 'phrul 'khor,可直译为"幻轮""机轮""旋轮"和"乱轮"

等。幻轮是一种类似于古代汉地"导引法"的瑜伽修习法，西方人称之为Magic Movement，为藏传佛教各派所修习。幻轮修法有两类，一类是调节身脉的幻轮，即通过一系列的肢体动作，间或配合简单的呼吸法或经过练习的瓶式呼吸法，使得身脉保持活力，为进一步的修习打好基础。另一类是调节气息的幻轮，通过打开体内各处脉结，维持脉管中气息的畅通，借此配合气、脉、明点的修习，达到更高的证悟。关于幻轮修法的效用，可参照马尔巴译师所造《胜乐耳传金刚句偈》开篇的段文字来理解："解开脉结除障妙肯綮，消除身体疾病无遗漏，认明心识智慧之自性。施予神通功德无保留，只为变成大乐明点身。"

二：汉人确实在对演揲儿法的理解中加入了过多的色情想象，包括马可波罗也将这种印象带到了西方世界，唐寅在《僧尼孽海》中也将"秘密大喜乐法"与《素女经》结合在一起演绎，如何理解这种交错的文化现象？

对于这种跨文化的误解现象，可以用意大利波罗那大学教授艾柯（Umberto Eco）提出的"背景书"理论来理解。艾柯认为，人类总是带着一些"背景书"来游历和探索这个世界的，即我们总是带着来自我们自己的文化传统的、先入为主的世界观去探索这个世界；在我们游历这个世界之前，我们已经

08　元代官廷所修"演揲儿"不是俗世的情色与淫戏

知道我们要发现什么，见到什么。元朝士人以及唐寅之所以大肆渲染藏传佛教的色情成分，主要是基于他们根深蒂固的儒家伦理和对异族的抵抗心理，后者对元朝士人的影响尤甚。元朝士人处于外族统治之下，而其蒙古皇帝在个人文化心理层面并没有接受汉族士人用以安身立命的儒家文化，反而更加喜欢西藏喇嘛所传的佛法；元朝还出了一个江南释教总统河西僧人杨琏真迦，他曾发南宋皇帝陵寝，甚而把宋理宗的头盖骨做成藏传佛教的法器。这些都让汉族士人对西藏喇嘛充满了痛恨，自然对西藏喇嘛所传的佛法没有好感。元人对元顺帝修"双修法""秘密大喜乐法"的色情化记载成了唐寅认识藏传佛教的背景书，而为了说明藏传佛教的荒淫，他又必须借助汉人的房中术经典来比附，则房中术又成了他理解藏传佛教的另一背景书。马可波罗等人游记中对西藏的污名化成了此后乃至今日众多西方人理解西藏的背景知识，而他关于西藏妇女不守贞操，以能取悦于众多的男人为荣，以及西藏人残忍、狡诈等等的说法，也是带着此前一些从欧洲来到蒙古宫廷的方济各会传教士留下的背景书。

三：宗教仪轨有其特定的思想基础和文本依据，而幻轮修法因其传播过程中更多的图像而流传更广，这让人想到基督教的新教改革，是否对于所有的宗教来说，都含有这么一种困

境，即表面简单化、世俗的易于理解的部分容易传播，而大众对于内核的理解耐心不大，导致最后宗教教旨遇到了被歪曲的风险？

首先，与非图像类的宗教文本相比，不论是在藏地还是汉地，幻轮修法并未因为其有更多的图像因素而流传更广，流传最广，数量最大的依然是文字类文本。在汉地，目前我们所见西夏、元、明、清时期翻译、汇集的汉文的藏传密教的文字文本占了绝大多数，除了唐卡、绘画等佛教艺术作品，带有图像的修习文本仅有明代成书、清代重新写绘的《宫廷瑜伽》(《究竟定》)一种。其次，就大众的理解而言，确如你所言，大众更倾向于从各自所属社会的伦理道德、文化传统，甚至是世俗权力来认识某一种宗教，而不关心、探究其教义是否符合真理。受这种认知模式和环境的影响，即便是中国土生土长的道教，也发展出了被民众接受，被官方认可的"正道"以及被他们批判、排斥的"妖道"两种分野。而对来自异域的宗教，除了世俗的伦理道德和权力，民众更从儒家文化本位出发，持着对"非我族类"的天然反感，对其充满了种种误解和歪曲。早期的佛教，后来传入的藏传佛教和天主教都曾被称为"妖道""邪道"，其仪式被叫做"妖术""邪术"。

08 元代宫廷所修"演揲儿"不是俗世的情色与淫戏

四：中国一直是一个无严格意义的宗教的国家，所以有读者不能很好的理解国师/上师的角色，那么国师在西夏和元代朝廷中的地位和作用有何异同？

不能说中国是一个无严格意义的宗教的国家，宗教，特别是佛教，在中国历史上有很重要的地位和作用。从西夏开始，历元、明、清三代，藏传佛教一直是于朝廷占主导地位的佛教传统，藏传佛教僧人不但在宗教领域，而且也在政治和社会生活领域内扮演了重要的角色。事实上，不是国师，而是帝师，在元代的宗教和政治生活中有着特别重要的意义。元代的帝师由萨思迦款氏家族的上师世袭担任，帝师制度开始于首任帝师八思巴上师（1235—1280），他是藏传佛教萨思迦派的第五世祖，自小随其叔父萨思迦班智达于凉州朝觐蒙古王子阔端，后成为元世祖忽必烈汗的灌顶上师，待元朝建立之后，他先后被封为国师、帝师，成为元代地位最高的宗教领袖。元代的帝师不只是一个纯粹的宗教职务，他也是一个拥有巨大世俗权力的政治人物。作为元朝仅次于中书省、枢密院和御史台的中央行政机构宣政院的院使，帝师秩副一品，是统领西番和全国释教的最高中央长官。作为宗教和精神领袖，帝师也具有非常重大的影响力，元朝曾在全国各行省设帝师庙，供人供奉和祭祀，确立了帝师及其他所代表的藏传佛教于元全国之宗教文化生活中至高无上的地位。一直到20世纪80年代，人们普遍以为元朝的帝师制度是中国历史上的一个特例，然后随着西夏佛教史研究的不断深入，人们发现西夏时代就已经有了多位帝师的存在，而且他们也都是来自西番的藏传佛教高僧。但是，由于缺乏更加具体的历史文献资料，我们对西夏的帝师制度的了解仅局限于知道几位帝师的名字和他们的来历，但无法更深地了解他们究竟于西夏的政治和宗教事务中扮演了什么样的角色，显然他们既不像元代帝师一样出自同一个教派和同一个家族，也没有担任宗教以外的其他政治职责，所以很难说元代的帝师制度是对西夏旧制的继承。值得一提的是，明代前期藏传佛教在中央朝廷和内地的传播甚至比元朝时更加广泛，明朝皇帝，特别是永乐皇帝，曾授封大量番僧以法王、教王和国师等称号，后者的宗教和社会影响力也很大，特别是对乌斯藏地方贵族政治的瓦解给予了强有力的推动，但法王和国师等称号都不包括在明朝正规的官僚制度之内，不像元朝的帝师是十分显赫的朝廷命官。

五：无上瑜伽部的修持对象分粗色身和微细身两种，并且粗细的两种语词有对应之处，身微化于脉，语微化为风，意微化为明点，圆满次第修持的对象和基础即是由脉、风、明点组

08 元代宫廷所修"演揲儿"不是俗世的情色与淫戏

成。这属不属于身体观的描述？

可以将其理解为无上瑜伽密对身的理解，但它们主要是从观想的角度建立，不同于医学上的身体。佛教将人的行为和意志总摄为身、语、意三者，此即为粗色身。密教依此三者而说修行，即指将凡夫的身、语、意三业净化成证悟境界的身、语、意三密。身、语、意是依身而存在的，故就广义而言，身、语、意的修法都可以看成是身的修习。以修身或曰炼身作为证悟的途径，是密教的特色。修粗色身，修身即持特定的身姿和手印，修语便是颂咒，修意是观想本尊及其坛城；修细微身，就是修脉、风（气）、明点，此为无上瑜伽部所独有，有一系列非常细致入微的修习方法，"演揲儿法"或"幻轮"修法即属这一范畴。密教以身的净化作为修行的依凭，其理论基础是"风心无二"（心气无二，风识无二）的观点，即风息和心识功能相同，只是显示为两种相。密教续典和论师常这样说明"风心无二"之理："心识如有眼的瘸子，气息如瞎眼的骏马，凡夫如跛脚的人骑着瞎马，风息驱动心识，遂出现迷乱，若能把握气息，即能守持心识，由此生起无分别智。"这里所说的无分别智，即证悟的境界。

六：《庄子》中的养生最早实际所指的是修养整个人生，含义包括较广，有个人、自然世界甚至政治也包括在里面，只是

我们还是香格里拉的囚徒吗?

后来政治的实践不太顺利,现在大家所了解的道家的养生实际上只是养形,那么我们看到在藏传密教中,这个过程是不是相反的,或者说是更全面的实现了养生?为什么两者会产生这种区别?

《庄子》中修养人生的观念和佛家的宗旨有根本不同,无论是你说的全面养生,还是养形,都不是佛教关注的重点。佛法以超越二元对立的世俗界,从生死体系的束缚中解脱,达到涅槃界为旨归,而养生仍然属于二元对立的层面。藏传密教中的调身瑜伽,确实可以活化人的身脉,祛除一些身体的疾患,但是所有的调身瑜伽都是以证悟和解脱为出发点的。如上一题所回答的,依凭于身的修习,是藏传密教证悟的重要途径,而非只是养生。因此,若问为什么两者会产生这种区别,可以说二者的根本区别在于旨趣的不同。

七:清代文献中有《宫廷瑜伽》,那么这部分对于"演揲儿"的介绍是要比民间小说更靠近本来演揲儿法的形态的,但是在中文化的传播过程中,是否存在一些讹误,主要讹误体现在哪里?

前面我们提到有两类"演揲儿"或幻轮修法,一类是调节身脉的"演揲儿",另一类是调节气息的"演揲儿",清代《宫廷瑜伽》属于前者,即调节身脉的"演揲儿"。《宫廷瑜伽》原

08 元代宫廷所修"演揲儿"不是俗世的情色与淫戏

本是明廷中供皇帝修习使用的瑜伽修习图册,清朝帝王入居紫禁城,将前朝写绘的《宫廷瑜伽》图册进行了重新写绘和装裱,成了乾隆帝的御用宝典。《宫廷瑜伽》的主体是藏传佛教萨迦派祖师写的修习调身"演揲儿"法文本的翻译和配图,最终以藏汉对照和图示的形式呈现,从译文来看,它忠实地反映了藏文文本的原意,基本不存在你说的"在中文化的传播过程中"产生讹误的情况。

《元史》以及民间小说中出现的"演揲儿"法是对第二类"演揲儿"法,即调节气息的"演揲儿"的误读和演绎,即将"演揲儿"法看做男女之间的淫戏。"演揲儿"法可以单独修习,也可以带入拙火道和手印道的修习中,以身体动作配合呼吸法调节脉、风、明点来发挥其功能,但"演揲儿"法本身不等同于拙火道和手印道。手印道即俗称的双修法,而这种双修不一定是实际的修习,也可以通过观想而修,依真实手印(明妃)的修习是必须经过严格的、熟练的脉、风、明点修习之后才能进行。如前所说,藏传密教的修习主要是依凭于身的修习,拙火道和手印道的修习也是如此,它们无非是令行者净治、调习形体、风息,令左脉和右脉之风息融入中脉,生起俱生大喜乐,入空乐不二之理,于现生证得大手印成就。密教的双修,和其他密教的修习如睡梦瑜伽、幻身瑜伽一样,不过是一种在人的基本生理功能的基础上通过炼身达到解脱的方便道。大众从世俗伦理道德的角度出发，不愿意了解和深究其中的奥义，只能将其理解为淫戏了。元顺帝双修也不是为了凡人的欲乐，他后宫三千，根本不需要以具有复杂宗教程序的双修仪式来达到性的乐趣。

八：为什么要强调秘密性？秘密一词与我们平时理解的秘密有什么不同之处？

密教之"密"，首先不是神秘，而是相对于"显"而言，"显"可以理解为明显、直白，"密"可以理解为精微、隐秘。佛教认为人的生死、痛苦都来源于贪嗔痴等毒和烦恼，根据禀赋和条件的不同，有显教道和密教道两种对治方法。按照显教的方法，修佛的人应当直接戒除贪嗔痴，消除烦恼，以此脱离轮回，涅槃成佛；而按照密教的方法，修行人不必刻意去戒除贪嗔痴等毒和烦恼，而是利用其本身，将诸毒烦恼转化为清净而离诸毒与烦恼，如此则不离诸毒烦恼而对治之，诸烦恼本身即成解脱之道。例如，无上瑜伽密中的欲乐定是以贪返为道，拙火定是以嗔恚返为道，光明定是以愚痴返为道，幻身定是以无明返为道。密教的这些修习都有严格的步骤和规定，非得到允许者不可妄修，与显教的方法相比，其道理不容易理解，修法不轻易示人，此即其精密、隐秘之所在。

08 元代宫廷所修"演揲儿"不是俗世的情色与淫戏

隐秘引申出秘密,若从秘密性的角度讲,则藏密有修持体验的秘密性。藏密重视修习,反对只谈理论而不依法实践和修持。由于修行人根器的不同,身体和心理状态的不同,对于其适不适合修行密法,适合修持哪个层次的密法,都由上师视情况而给予认可;而在修习的各个阶段,不同的人会产生种种不同的反应和体验,也都需要上师随宜指导。密教修习中的体验,只有修习人自己知道,可谓因人而异,若全部公开,则不利于修行人把握自己的修持境界,还会产生误导。是故对于修持的境界,密教不主张公开,宁玛派有"十六种密",萨迦派有"十种密"之说,即谓此。

九:书中提到卓鸿泽先生认为演揲儿法即佛教金刚乘中的一种修行方法,即观想、控制印度医学所谓的脉中风息,当风息入于中脉之际,与具备资格的助伴入定生出大智慧。我们看到这当中的风息与中医有相似之处,这其中是否存在文化渊源的联系,还是仅仅为了让读者理解意思而选取了人们更熟悉的翻译?

这里说的风息与中医的说法只是相似,二者并不存在文化渊源的联系。卓鸿泽先生翻译为风息者,梵文写作 prāṇā,藏文作 rlung,意即风或气,也可以译为"风息"或"气息"。因此,"风息"的译法并非选取中医或者出于人们熟悉的考虑。密教将全身的气分为五种，即持命气、下行气、上行气、平住气和遍行气，人体正是通过这些气来保持生命力和生理功能的。无上瑜伽密圆满次第气、脉、明点的修法中，气的控制和运行是重中之重，气行于脉中，气的运动还带动明点的升降，故有很多修气的方法。

十：黑水城文献中有西夏文的六十甲子纳音的文献，那么西夏对于不同宗教、文化的吸收是否也是类似元代朝廷中那种较为杂糅的状态？也就是所谓的诚意不足，只利用该宗教的工具性？

不管是西夏还是元朝，他们对不同宗教、文化传统的接受都不能用"诚意不足，只利用该宗教的工具性"来涵盖和描述。西夏佛教表现出来的最大特色是汉藏、显密的圆融，可以说西夏佛教是一种汉藏佛教。这里说的汉藏佛教，不能简单、机械地理解为汉传佛教和藏传佛教的并行，它实际是一种经过高度整合和圆融的新的宗教形态。西夏佛教所表现出来的这种汉藏、显密圆融的特色，可为我们思考和研究汉藏佛教形成和发展的历史提供另一种具有建设性意义的新途径。我们可以这样来理解西夏佛教，此即是说，在处于汉藏之间的西夏王国内，当时西夏的佛教徒们，其中既有西夏人，也有汉人，甚至亦还可能有西藏人、回鹘人和蒙古人等等，开始接受、实践和

08 元代宫廷所修"演揲儿"不是俗世的情色与淫戏

传播佛教时,他们同时受到了来自汉、藏两种不同的佛教传统的影响,于是,如何来兼容和调和这两种不同的传统,特别是化解显密之间的巨大差异,形成适合自己传习的独特的佛教传统,便成为西夏佛教徒们曾经面临的一个严峻挑战。而西夏时代的一系列兼具和圆融汉藏、显密佛教之不同义理和修习法门的文本的出现,不但让我们看到了西夏佛教徒们曾经为兼容并蓄,并有机整合汉藏和显密这两种不同的佛教传统所做出的巨大努力,而且同时也让我们看到了在这种努力下形成和发展起来的西夏佛教,即这个圆融了汉藏和显密两种不同传统的西夏佛教,或就是我们以往所讨论的、可与印藏佛教相对应,并鼎足而立的汉藏佛教的最好代表,甚至可以说,西夏佛教的一个更合适的称号就应该是汉藏佛教(Sino-Tibetan Buddhism)。

原载燕京书评,后收入《从演揲儿法中拯救历史:元代宫廷藏传密教史研究》,中华书局,2022年

09

文本的生成与历史叙事的创建

一

最近,美国哥伦比亚大学教授、印度学家、当今国际学坛语文学祭酒Sheldon Pollock先生(图9-1)对语文学(philology)做了一个最新定义,提出语文学不是在文本中确定信息的一种能力,而是能够让文本产生意义,即解释文本的一门学问(the discipline of making sense of texts)。或者说,语文学作为人文科学研究之必要手段的一门"软科学",它是教人如何正确地阅读、理解和解释文本的一门学问。

以往人们习惯于将历史语言学(historical linguistics),甚至将"审音勘同",即对文本的语言研究,与语文学相提并论,而前者实际上只是后者的一个重要组成部分。将文本放回到其原初的历史和语言环境之中,从而对它做出与其本来语境最切

09 文本的生成与历史叙事的创建

图9-1 美国哥伦比亚大学南亚系教授Sheldon Pollock

合的理解和解释,这是传统语文学的最基本的学术宗旨。然而,语文学作为现代人文学科的一个最基本的学术方法,其手段和内容决不仅仅局限于此,从方法到概念,它都应该是多元的。如果说数学是自然这部大书的语言的话,那么语文学就是人类这部大书的语言,它是对语言的一种批评性的自我反省,是一种普遍的知识形式。作为一种现代的学术方法,语文学指的是用一切科学的、合理的手段,广泛地发现、厘定文本,然后正确地读解文本,对其意义做出恰如其分的解释。可以说,它是人文学科的最基本的和最普通的学术方法和学术态度。

Pollock先生还进而提出了"语文学的三个维度",或者说"三个维度中的语文学"(philology in three dimensions)这样的说法,指出语文学自身当定位于三个不同的意义层面,即这个文本的起源,它的被接受(认知)的传统,和它对眼下语文学家之主观性的参与等。此即是说,一个文本至少有三个不同的意义层面,或者说有三种不同的意义,和三种不同的文本真实(textual truth)。第一种是这个文本产生时的意义,或者说是其作者赋予它的意义,第二种是此前的阅读者们赋予它的意义,而第三种则是语文学家此时此地从这个文本中所读出来的意义。语文学家若要真正读懂一个文本,并能说明白它的意义,就必须同时兼顾这个文本于这三个不同层面上所产生的所有意义。Pollock认为这种文本解释的多元化视野是实证上最丰富的、认知上最有益的、伦理上最公平的一种语文学。

Pollock提出的三维语文学无疑是对通常只关注第一个意义层面的传统语文学的一大发展，它对于我们用语文学的方法来理解文本与历史的关系富有启发意义。它告诉我们每一个文本都有不同的意义层面，所以每个人都可以从中读出完全不同的意义来。与此相应，通过对相同的文本的阅读，不同的人可以构建出完全不同的历史真实。由此看来，语文学不只是一种处理文本的工具，而且也是一种认识历史的哲学。

三维语文学的出发点是文本，但它在如何解释文本这一点上，甚至与后现代的史学观念也有契合的地方。后者认为史料（文本）是不能作为历史书写的基础的，因为作者用自己的语言建构成的文本，受到其特定语境的影响，并不一定能够很好地表达作者的内心意图，也不可能完全等同于它所描述的对象。所以，以文本为形式的史料本身就是历史书写的结果，历代史家在书写历史时不断地引证前人的文本，说到底不过是通过旧的文本而形成新的文本。而在文本的意义上，新的历史作品与史料并无区别。因此，史料即历史，后人很难通过检验史料来判断史实的真伪，它们不过是不同的文本而已。

既然作者书写的文本并不一定能够很好地表述其本意，每个文本于其生成、流传的过程中又都会经历很多完全不同的读解，具有很多不同层面的意义，所以史料与史实之间不存在区别，由此便解构掉了历史学的科学意义。这种后现代的历史观当然有点矫枉过正，但它揭露文本具有不同层面的意义，提醒人们作为史料的文本本不过是前人之历史书写的结果，这对于我们借助语文学的方法，通过对藏文文献的整理和研究来重构西藏和藏传佛教历史，具有很深的借鉴和启发意义。

二

显而易见，自来被视为史料的藏文文本，绝大多数并非原始史料，而是前人之历史书写的结果。除了少量留存至今的吐蕃金石、简牍，以及敦煌古藏文文献和塔波寺文书以外，今天我们所能利用的藏文文献都是12世纪以后才出现的文本，它们无一例外都是于西藏社会、文化被彻底的佛教化以后的作品。那些被视为历史文献的文本，实际上都是严格按照佛教史观设计、书写的准历史著作，而并非原始史料。正是由于受了这些文本的影响，我们常常忽视了这类准历史著作与史实之间的差别，不加甄别地把藏族佛教史家精心构建出来的历史叙事（historical narratives）和大胆创造出来的历史传统，统统当成了历史的真实，以至于完全陷入了佛教主义史学的泥潭，对西

09 文本的生成与历史叙事的创建

藏和藏传佛教史形成了一整套的陈词滥调,其中充满了想象和误解。

当我们带着对"史料即史实"的这份后现代的警觉,再来检视西藏和藏传佛教历史上的种种定论时,则就很容易地发现它们当中有很多是后人精心构建出来的历史叙事,是一种创造出来的历史传统,它们离历史的真实都很遥远。后世藏族史家所描绘的藏传佛教史上的许多重大事件,如"吐蕃(桑耶)僧诤""佛苯之争""朗达玛灭佛""黑暗期""新译密咒和旧译密咒(萨玛和宁玛之争)"等等,与其说它们是历史事实,倒不如说它们是历史想象,是一个又一个被创造出来的历史传统。

这些历史叙事的形成自然并非完全无中生有,它往往要经历一个错综复杂的过程。除了佛教史观对西藏历史的形塑所施加的无处不在影响之外,还有现实政治、家族利益、教派之争等其他外在的因素,也都在西藏和藏传佛教的历史记忆、想象,和西藏历史传统的创造中留下了明显的印记。此外,文本的翻译、传播和创造,不但对西藏的政治、社会、宗教和文化,而且也对西藏的历史书写,产生了非常巨大的影响,藏传佛教文本的形成与西藏历史传统的创建同生共长,相辅相成。总之,若要对迄今人们信以为真的有关西藏和藏传佛教历史的

我们还是香格里拉的囚徒吗?

种种陈词滥调进行解构,将历史的真实从前人建构和创造出来的历史叙事和历史传统中解放出来,我们就必须重新检讨藏传佛教文本之形成和发展的历史,探讨文本与历史叙事之间紧密而复杂的关系。

近一二十年来,国际藏学界再次掀起了对敦煌古藏文文献研究的高潮,取得了丰硕的成果。正是借助对这些第一手的原始史料的研究成果,我们方可对充斥于西藏历史著作中的各种臆说和偏见进行大规模的正本清源式的清算。从近年来国际藏学界对敦煌古藏文佛教文献的研究成果中,我们可以清楚地看到学者们如何通过对敦煌古藏文文本的精细研究而逐一解构了那些在西藏和藏传佛教历史上早已被人长期接受了的历史叙事和历史传统的精湛过程,特别是他们如何揭示有关"黑暗期"的"集体失忆"在西藏历史书写中形成、发展和变化,亦即"黑暗期"这一概念和隐喻被后世史家们精心设计和创造出来的过程,以及它在西藏的历史书写和宗教竞争中所扮演的角色。

这些研究成果充分说明,西藏和藏传佛教的历史就是藏文文本的历史,研究西藏历史必须将藏文文本的形成和西藏之历史叙事、传统的构建二者结合起来考察,应该讨论文本的运输、翻译、传播、变形和被接受、吸收的历史。唯有如此,我们才能将历史作为可流动的叙事传统来考察，说明历史不只是一个孤立的人物或事件，而是在时间的长河中人们在政治、宗教、文化和思想的多个层面的"运动"。研究历史并不只追求还原一时一人一事之真实，而更要追求揭示这个"历时之运动"的过程。事实上，通过对文本内部之变化和发展的细致考察，揭示某种历史叙事之形成、变化的过程及其背景，有助于我们突破对人物或事件进行微观考证的桎梏，使我们所做的历史研究最终呈现出来的是一个更加丰富、生动和宏大的场面。

对不同时代、不同类型的文本做比较研究，例如将敦煌古藏文文献等出土文献与后弘期史家们所撰述的历史著作等传世作品结合起来做比较研究，或者将教法源流、高僧传记、闻法录等通常被认为是历史文献的藏文文本与仪轨、论疏等纯属宗教文献的文本进行比较研究，于它们的差异和变化处入手，寻找和梳理出这种差异和变化之形成和发展的轨迹及其内在逻辑，发掘出它们之间错综复杂的内在联系，这势将为藏文文本（文献）和西藏、藏传佛教历史的研究打开一个极为广阔的新局面。于此，或可将我们对"吐蕃僧诤"之历史，以及与其相关的历史叙事之形成和变化的研究作为一个典型例子，来说明对不同时代、不同类型的文本进行比较研究的重要意义。

我们还是香格里拉的囚徒吗?

三

藏文历史文献中有关"吐蕃僧诤"的记载几乎众口一词：8世纪末吐蕃赞普赤松德赞在位时，以来自汉地的禅宗和尚摩诃衍为代表的顿门派与以来自印度的中观派上师莲花戒为代表的渐门派于桑耶寺举行了一场面对面的宗教辩论，结果顿门派败北，被逐出吐蕃，从此皈依龙树中观哲学的渐门教法被确立为吐蕃佛教之正宗。追本溯源，我们发现这个说法最早见于被认为是西藏第一部历史著作的《巴协》，其后出现的藏文史书都照搬了这个说法，并不断地添油加醋，以达到妖魔化和尚摩诃衍及其所传禅宗教法的目的。

对"吐蕃僧诤"这一藏传佛教史上之重大事件的真实性，长期以来人们深信不疑，关于这一事件的历史叙事代代相续，一成不变。而随着人们对20世纪初出土的敦煌汉藏文禅宗佛教文献的研究的不断深入，人们才开始对其真实性产生怀疑。首先，于敦煌出现大量藏文禅宗文献表明汉地禅宗教法确曾于吐蕃广泛传播，但所有文本中都没有提到过有一场面对面的"吐蕃僧诤"事件的发生，甚至约成书于10世纪的藏文判教文献《禅定目炬》的作者也根本不知道有此事件的发生，故毫不含糊地判定和尚所传的"顿门法"高于莲花戒所传的"渐门法"；

其次，敦煌出土汉文禅宗文献《顿悟大乘正理决》中隐约提到了和尚摩诃衍所传禅法与印度"小乘婆罗门"所传教法之间出现的意见分歧，双方各执己见，开展了长时间的笔战，最终摩诃衍大获全胜。最后，我们发现《巴协》中有关"吐蕃僧诤"的记载，不过是根据莲花戒所造《修习次第》中一段他与某位未明确标明身份的论师之间的文字争论改编、演绎而来，它是一段创造出来的对话。有鉴于此，我们或可肯定后弘期藏文史学传统中的这个"吐蕃僧诤"不是一个实际发生的历史事件，而是后人演绎、创造出来的一个历史传统。

《巴协》创造这样一个历史叙事，其背后隐藏着与家族利益和家族斗争相关的深刻的政治背景。《巴协》的作者源出的巴氏家族是渐门派的信仰和支持者，而与其家族对立的另一个吐蕃大贵族属卢氏却是和尚摩诃衍所传顿门法的热情支持者。所以，《巴协》构建的这个以和尚摩诃衍败北告终的"吐蕃僧诤"的历史故事，反映出的是吐蕃时代大家族之间激烈斗争的历史背景。而《巴协》之后包括布思端大师在内的藏族史家之所以继续乐于宣扬这个历史叙事，持续地妖魔化和尚摩诃衍，甚至不惜将他描述成谋杀莲花戒的恶僧，或者将摩诃衍所传禅法贬为外道等，除了把已经被妖魔化了的和尚教当作教派间诤论和互相攻讦的一个有力工具外，其更深刻的动机在于贬低汉传佛教的地位，以确立藏传佛教为印度佛教的正宗传人、吐蕃乃世界佛教之中心的地位。

我们若从文本的角度来考察"吐蕃僧诤"这一历史叙事于藏文历史书写传统中的形成过程，同样非常有典型意义。《巴协》尽管是最早确立了"吐蕃僧诤"之历史叙事的藏文文本，但它不是第一手史料，而是历史书写的结果。其后历代史家在书写"吐蕃僧诤"这段历史时，其主体部分就是不断地引证《巴协》，所以，在文本意义上，它们不过是通过旧的文本形成新的文本，而这些新的文本主体上与《巴协》这个旧文本并无区别，只是间或添加了一些新的内容。（图9-2）

但是，《巴协》中有关"吐蕃僧诤"这个故事也不是凭空捏造出来的，首先它的文本依据是莲花戒的《修习次第》，这是第一手的历史资料。虽然莲花戒并没有说明与他对立的论师究竟是谁，但当时出现过顿门和渐门两派间的分歧这当是不争的事实。其次，《顿悟大乘正理决》中更明确记载了两派之间于教法上的严重分歧，这种分歧达到了如此严重的程度，不但和尚摩诃衍亲撰了一系列文本，以驳斥敌方之谬论，而且其弟子中竟有人以自残等非常极端的方式来表示他们对敌方的不满和抗议。再有，包括《顿悟大乘正理决》和摩诃衍的作品在内的大量汉传禅宗佛教文献被翻译成了藏文，可见吐蕃禅宗

09 文本的生成与历史叙事的创建

图9-2 吐蕃僧诤记

我们还是香格里拉的囚徒吗?

曾盛极一时,摩诃衍的吐蕃弟子们也可能是这场冲突的直接参与者。最后,《巴协》中对顿渐二派争斗之激烈程度的描述显然是引证了《顿悟大乘正理决》中的记载,而且将这种教法上的争议用一种十分戏剧化的问答、论辩的形式呈现出来,这本来就是汉地禅宗佛教徒们习用的一种形式,从中我们可以看出神会"滑台之会"的影子。我们或可推测,《顿悟大乘正理决》至少给《巴协》的作者于塑造"吐蕃僧诤"这一历史叙事时提供了叙述形式上的启示,使其熟练地创造出了一种宗教对话、诤论的形式。总而言之,虽然《巴协》既不是一个第一手史料的文本,而且还第一次塑定了"吐蕃僧诤"这一历史叙事传统,但我们决不能因此而全盘否定《巴协》中包含了不少第一手的原始史料,也不能否认吐蕃佛教史上曾经出现过的顿门与渐门两派的激烈斗争。

值得强调的是,即使《顿悟大乘正理决》可能是《巴协》的直接史料来源之一,而且其形成的时间也早于其他敦煌藏文禅宗文献,但是,我们也不能把它看成是一部真实可靠的第一手历史资料,因为它显然也是"历史书写的结果",正是它把一种汉地禅宗佛教习惯了的宗教斗争方式搬到了吐蕃佛教这个新的舞台,用汉地禅宗的诤论方式来描绘吐蕃佛教中的顿渐之争,并使它以文本的形式固定下来,渗入了藏族历史书写的传统之中。

当我们最终理清了《顿悟大乘正理决》《修习次第》和《巴协》之间在文本之生成和传承的过程中所结下的这种错综复杂的关系时,我们便对吐蕃时代出现的顿渐之争的历史,以及有关"吐蕃僧诤"这一历史叙事之形成和它在后世藏文历史作品中的发展等等,都有了更为清晰的认识。此时我们对"吐蕃僧诤"之历史的研究也就不再局限于对8世纪末之吐蕃围绕顿渐之争而出现的那些具体的人物和事件的考证,而必须把它作为一个多层面的、流动的叙事传统和一个对藏传佛教历史的发展产生了深远影响的历时的运动过程来考察了,而我们能够揭露的显然是远比疑云重重的"吐蕃僧诤"这一历史事件更为丰富、宏大和深远的历史场面和历史意义。

原刊于《读书》2016年第4期,题为《"吐蕃僧诤"背后的历史叙事》

10

米拉日巴是活佛转世否?

藏地疯僧兮噜割(gTsang sMyon Heruka, 1452—1507)所造《尊者米拉日巴传》是藏传佛教文献中的一部经典之作。它将藏传佛教最著名的瑜伽师、大成道者米拉日巴(1052—1135)一生的宏化,用精彩的故事、动听的道歌和希有的修法展现出来,读者开卷有益,见者获利,不但可以清楚地了解尊者米拉日巴解脱(rnam thar)成佛的历程,而且也可对甚深广大的藏传佛教有全面和深入的体会和领悟。

近四十年来,我曾多次阅读过这部《尊者米拉日巴传》,最初是作为学习藏语文的教材,后来是作为学习和教授藏传佛教的教科书。我不但读了它的藏文版,而且还多次读过它的汉文和英文翻译,由张澄基先生翻译的汉文本(《密勒日巴尊者传》,作者:西藏疯行者;译者:张澄基,慧炬出版社,2009年再版)和由Andrew Quintman先生翻译的英文本

10 米拉日巴是活佛转世否？

（Tsangnyoen Heruka, *The Life of Milarepa*, Translated by Andrew Quintman, Panguin Books, 2010），都非常精妙，它们为广大读者了解尊者米拉日巴和藏传佛教做出了不可磨灭的贡献。

像《尊者米拉日巴传》这样的经典佛教文学作品，只读一遍自然是不够的，要理解它的甚深密意必须得发扬尼采主张的"慢慢读"的语文学精神，平心静气，全神贯注，对它字斟句酌，推敲再三，细细品味隐匿于字里行间的微言大义，方能常读常新，每有斩获。日前笔者造访内蒙赤峰萨迦派寺院康宁寺方丈堪布多杰上师，听他提起尊者米拉日巴圆寂前称自己不是佛和菩萨的化身，而是因为坚信因果业报、虔心供养上师、依密教之捷径苦行苦修，最终即身成佛。以往阅读这部经典时，对这则故事似不曾留意细究，今日从堪布多杰上师口中听得，竟有振聋发聩的感觉。于是，我赶紧重新翻开《尊者米拉日巴传》，找出其中的这段记载，开始对它细读、深究起来。

于此，我先将这段文字重新翻译如下：复次，俄宗上师菩提罗阇（Ngan rdzong ston pa Bodhiraja）启禀尊者曰："大宝尊者！您像是化身为凡人色身的大金刚持佛，为利益有情众生而示现是等宏化。若不是如此，那你一定是一位自无量劫以来积聚【福慧】资粮，证得了不退转地的大菩萨！于尊者身上圆满具足是等【菩萨】之相，如'为法而不惜舍弃身命'，'精进于瑜伽修行'云云。假若非是如此，像尊者这样，在上师跟前作敬信之行，为了法而作种种苦行，我等凡夫何以连想都不敢想，更不用说实修了！即使万一能做修持的话，但身体也不能忍受这样的修行。尊者您无疑自初始以来就是一位佛、菩萨！因此，我等有情虽然不能修法，但凡能亲见上师、听闻上师说法，或也都能脱离轮回吧！请尊者告诉我们，您是大金刚持佛，还是哪一个菩萨的化现？"

尊者答道："我自己也不知道我是谁的化现，很可能是三恶道的化现吧！因为你们相信若亲见金刚持等佛菩萨，即可得彼等之加持，所以你们想我或是他们的化现，这于我或是净相，然而于法却是无比的邪见，尔等未见佛法能作清净之伟大耶。总而言之，即因为正法之伟大，譬如像我这样前半生犯了粗重恶业的一个普通凡夫，后来相信因果业报，能抛弃现世，【身语意】三门专一于修行而不动摇，故现在离成佛已不太遥远了。尤其是若能受到一位具相之上师的摄受，获得密咒捷径之要门与心要之义，不为言诠障所染，得澈见本来面目之灌顶和教授，依法修持，则于此身成佛是决无疑义的。如果于此生曾造粗重恶业和犯五无间罪，那么命终以后，一定马上就会坠入无间地狱的，这就是不信因果和没有精进修行的结果。如果

10 米拉日巴是活佛转世否?

由内心深处,相信因果,怖畏恶道之苦痛,希求证得无上佛果,先对上师生起敬信,然而潜心修行要门,最终生起觉受,就像我曾做的一样,任何凡人都能够做到。若称这样的人是佛或者菩萨之化身,这是不信密咒之捷径的表征。你们应该相信因果,从古德之传记中知因果,思维轮回之理,常思暇满人身之难得,和寿命之无常,潜心于密咒之修行!我曾不顾名闻和衣、食,发大勇猛之心,于身忍受磨难和大痛苦,于无人之山中独自修行,因而生起证得觉受和证解之功德。你等亦当追随我的样子好好修行。"

这个故事看似并不复杂,无非是说虽然时人皆认为尊者米拉日巴一定是佛、菩萨的化身,但他本人却不以为然,坚称自己是曾犯过粗重恶业的凡夫俗子,乃经过了一生的苦行才最终达到成佛境界的。可是,当我们对这段记载细作品味时,却发现其中或大有文章可做,它涉及到藏传佛教中许多具有重大意义的问题。

首先,尊者米拉日巴到底是佛、菩萨,还是佛、菩萨的化身或者转世,这是需要加以明确区分的两个不完全相同的问题。显然,尊者米拉日巴于藏传佛教历史叙事中是被当作佛陀看待的,藏地疯僧兮噜割所造的这部传记写成于其传主圆寂四百余年后,它不但集此前所有已有传主传记之大成,对其生平事迹做了最为详备的记述，而且，它还明确仿照佛陀传记固有的体裁，将米拉日巴的生平事迹按照佛陀"十二宏化"的叙事模式展开叙述，且常常采用"如是我闻"的叙事策略，以示对作为佛陀的米拉日巴生平叙事的权威性质。

那么，既然藏地疯僧兮噜割明确视尊者米拉日巴为佛陀，何以又在他所造的传记中出现了米拉日巴否定自己是佛或菩萨化身的记载呢？这或当有以下两种可能，一是作者在撰写这部传记时照录了前人留下的这个记载，而于前人所处的那个时代尚未普遍出现"转世活佛"的概念；二是作者对作为"佛之化身"或者"化身佛"，和他那个时代已经出现的"转世活佛"这两个不同的概念已有了明确的区分，所以，他并不觉得这样的记载之间有前后矛盾之处。

虽然"化身佛"和"转世活佛"于藏文文献中常常都用sprul sku（朱古）这个词来表达，但它们却是两个完全不同的概念。"化身佛"是佛之三身之一，佛有法身、报身和化身三身，其中只有化身佛才来人间救度众生。而化身佛是不转世的，藏传佛教中的"转世活佛"并不是化身佛，而多指观音菩萨的化身和转世，他们于世间替佛、菩萨行六波罗蜜道，拯救有情出离轮回。

迄今为止，释迦牟尼佛是来到人间宏化的唯一的化身佛，

10 米拉日巴是活佛转世否？

他没有转世。被称为未来佛的弥勒佛，将是第二位化身佛。然而，按照藏传佛教特有的信仰，在释迦牟尼佛和弥勒佛之间还出现过许多与他们平等的化身佛。依照佛教史观，世界总是会不断地变坏，所以每隔一段时间（通常是四百年），就必须有一位"佛陀出于世，平等照诸山"，救有情众生于水深火热之中。于释迦牟尼之后，已经有龙树菩萨、大宝上师莲花生、觉者阿底峡和法主宗喀巴等相继问世，被特别冠以"第二佛陀"的称号。他们或都是化身佛，也都及身而止，没有转世。米拉日巴于藏传佛教中的历史地位，或就是与莲花生、阿底峡等平等的"第二佛陀"。他被认为是"大持金刚佛于人间的化身"，这并不是说他是大持金刚的化身或者转世，而是指他是与大持金刚相应的化身佛。于藏传佛教新译密咒派的传统中，大持金刚佛是本初佛，是法身佛，象征一切佛性和觉悟之根本。而作为与大持金刚相应之化身佛，或者说是大持金刚于人间的化身，他是释迦牟尼佛的密教形式。传说一切属于金刚乘的密法，均自大持金刚佛传出，密教行者证得大持金刚佛之果位，即表明他是一位成就了佛果的觉者。米拉日巴无疑就是这样一位证得了大持金刚果位的大成道者，或者说他就是与法身佛大持金刚相应的一位化身，但他不是某一位佛、菩萨的转世、化身，他身后也没有留下一个转世活佛系列。

其次，米拉日巴说他不确定自己是不是大持金刚佛或者是哪一位菩萨的化现，但肯定是三恶趣的化现，因为前半生曾犯下粗重恶业，故是本该堕入无间地狱的一名凡夫俗子，但因佛法具有能净治恶业的伟大功德，使他有幸遇见具相之上师，并得其教导，遂坚信因果业报，弃绝尘世，八风不动，刻苦修习密乘之苦行、最终生起正等觉受，即身成佛。于此，米拉日巴并没有否认自己已经离成佛不远的事实，但否认自己是佛或者菩萨的化身，其目的就在于引导有情走上一条正确的成佛道路。

米拉日巴认为自己承认是佛或者菩萨化身会对信众造成误导，他们以为只要亲见了佛、菩萨之尊容，听闻了佛、菩萨之说法，就得到了佛、菩萨的加持，他们就可以得道成佛了。所以，他说被人认作是佛或者菩萨之转世、化身，虽然对于自己而言是得到了信众之净信，但于法而言却可以说是一种邪见，因为他们不相信密乘教法之伟大，不相信像米拉日巴这样犯了恶业的行者也是可以通过密乘的苦行，即身成佛的。这必然导致信众不再相信因果报应，不再思考暇满人身之难得，不再担心人生、寿命之无常，也不再怖畏轮回地狱之苦难，更不能忍受修习苦行之磨难，这样他们就脱离了成佛的正确轨道，永远无法于身语意三门和诸佛、菩萨相应，即身成佛。而化身佛一生的宏化，或者说佛教史家撰写一部化身佛之传记（rnam thar）

10 米拉日巴是活佛转世否？

的目的，无非就是要把他们一生从初业行人，通过信佛、事佛和修佛之历练，最终成佛的所作所为，揭示给有情众生，让它成为他们可以仿效的榜样，成为他们走向成熟解脱之道路上的一盏明灯。这就是"能令清净"之正法的伟大之处！

藏地疯僧夯噜割讲述的米拉日巴的这个故事，或反射出当时菩萨化身或者活佛转世已于藏地盛行之时代背景，而它对于我们今日如何看待活佛转世制度及其他的发展现状特别具有深刻的启发意义。"朝阳区有十万仁波齐"这样的说法流行已久，但世上从来没有出现过十万仁波切，它所反映的更应当是人们对转世活佛能给他们带来的加持和利益的无休止的渴望。而对仁波切的信仰如果只是为了获取加持和福报，却并不把仁波切自己的成佛经历，或者把化身佛的宏化作为自己修持佛法的榜样，进而走上一条清净的成熟解脱之道，这是一件十分荒谬和危险的事情。

最后，尤其值得强调的是，作为大持金刚佛于人间的化身，米拉日巴是一位神通广大的大成道者，所以，他一生的宏化若作为初业行人仿效的榜样，指引的则是一条循密乘修法而获得成就的捷径，它是引导众生即身成佛的一种善巧方便。米拉日巴以自己的生命历程表明，即使是曾造粗重恶业和犯五无间罪，命终之后一定会马上坠入无间地狱的行人，"*若能受到*

我们还是香格里拉的囚徒吗？

一位具相之上师的摄受，获得密咒捷径之要门与心要之义，不为言诠障所染，得澈见本来面目之灌顶和教授，依法修持，则于此身成佛是决无疑义的。"这是信仰和修持密教的殊胜功德。若你把像米拉日巴这样通过修持密教而即身成佛的人看成是佛、菩萨的化身，则表明你根本没有对作为成佛之捷径的密乘佛教生起坚定的信仰，而这必将成为你自己成佛的障碍。所以，与其把米拉日巴这样即身成佛的密教大成道者看成是佛菩萨的化身，对他们顶礼膜拜，乞求他们赐予加持和神通，不如好好地以米拉日巴为榜样，像他一样，身体力行，"不顾名闻和衣、食，发大勇猛之心，于身忍受磨难和大痛苦，于无人之山中独自修行，因而生起证得觉受和证解之功德"。要相信密乘佛法才是化人之捷径，是大不可思议之善巧方便！

这次再读《尊者米拉日巴传》的经历，令我确信它确实是一部不可多得的佛教文学经典之作，它是一座富矿，其中还有无数的宝藏等待我们去探索、开发。我们若能对其中传述的每个故事都做这样深耕细作般的阅读，那么，我们对藏传密教的学术理解，必将如行者通过苦修最终得证大持金刚佛之果位一般，生起不可思议的觉受和证悟。

原载《欧洲时报》2023年2月17—23日第12版，原题《再读〈尊者米拉日巴传〉》

11

再释"南京奇迹":普度大斋与胜海观音除障仪轨

明永乐五年(1407),明成祖永乐皇帝朱棣(1360—1424)邀请乌斯藏五世哈立麻尚师(De bzhin gshegs pa, 1384—1415)进京入朝,并于南京灵谷寺主持一场"普度大斋",为他的父母超度荐福。对此次"普度大斋",汉文文献中是这样记载的:

> 大明皇帝迎请如来大宝法王大善自在佛哈立麻巴领天下僧众于灵谷寺修建普度大斋,荐扬皇考太祖高皇帝、皇妣孝高皇后,普度天下一切幽灵。
>
> 二月,命西僧尚师哈立麻于灵谷寺,启建法坛,荐祀皇考、皇妣。尚师率天下僧伽举场普度大斋,【并斋天下僧二万余众于灵谷寺中】,科十有四日。卿云、天花、甘雨、甘露、舍利、祥光,青鸟、白鹤,连日毕集。一夕,桧柏生金色花,遍于都城。金仙罗汉,变现云表。白象青

狮，庄严妙相。天灯道引，旛盖旋绕，种种不绝。又闻梵呗空乐自天而降，群臣上表称贺，学士胡广等献圣孝瑞应歌颂。自是之后，上潜心释典，作为佛曲，使宫中歌舞之。三月，封西僧哈立麻为万行具足十分最胜圆觉妙智慧普应祐国演教如来大宝法王西天大善自在佛领天下释教。赐金百两，银千两，彩币宝钞，织金珠袈裟，金银器皿，鞍马，赐仪仗与郡王同。其徒孛罗等，皆封为大国师，并赐印诰金币等物，宴之于华盖殿。

显然，这场"普度大斋"盛况空前，灵异神奇，对此当时不少文人墨客留下了很多记表、诗文，加以歌颂、渲染，故传誉后世。当时人还留下了一幅长达五十米的绘画长卷《明太祖荐福图》，全程记录这场法会之盛况，图文并茂，秀丽壮观，是汉藏佛教艺术史上的奇珍。其中的文字记录的是法会十四天内每天出现的各种祥瑞、奇观，分别用汉、藏、蒙、古回鹘文和古傣文【百夷文】五种文字写成，这也是中国历史上仅有的一件用这五种文字写成的题记。后世研究这段历史和这幅长卷的学者很多，都为之倾倒，甚至将它称为"南京奇迹"（Nanjing Miracle），极尽宣扬之能事。无疑，这场"普度大斋"是明初政治和宗教史上的一件大事！

11 再释"南京奇迹":普度大斋与胜海观音除障仪轨

颇为令人不解的是,虽然后人都对这场"普度大斋"以及它带来的种种稀有的祥瑞、奇观津津乐道,可却很少有人对它的历史有过深入的研究。人们往往受"普度大斋"这个名称的误导,以为它就是汉传佛教【甚至道教】传统中非常普遍的超荐先人亡灵的水陆法会。"普度大斋"是所有汉传佛教法会中规模最为宏大、仪式最为庄严、功德最为殊胜的大型法会,传说早在梁武帝(464—549)时代就已经出现了。明初洪武时代(1368—1398),也曾在南京灵谷寺修设普度大斋,普度征南阵亡将士之亡灵,灵谷寺是明开国皇帝朱元璋钦定的"普度大斋道场"。所以,永乐皇帝为超荐其父母亡灵于灵谷寺举行一场盛大的"普度大斋"这本身似乎是理所当然的一件事,对它并不需要做更多的研究和解释。过去的历史学家们习惯于把这场"普度大斋"看作是明成祖为了改变其僭越篡位者的身份,确立其政治地位的合法性而成功地导演的一场政治秀,其中五世哈立麻尚师和种种前所未有的奇迹的出现,都只是为了烘托这场政治秀的成功。而且,永乐皇帝导演的这场政治秀同时也成全了五世哈立麻尚师,后者因出色地表演了这场秀而获封"大宝法王"的称号,这使得本来于西藏中世纪政教社会中长期处于弱势地位的哈立麻噶举派,一跃而成为乌斯藏地区炙手可热的政治和宗教权贵,直至今天,"大宝法王"依然是西藏政

我们还是香格里拉的囚徒吗?

教二途最有影响力的人物之一。

对这场"普度大斋"的政治解读,使人感觉这所谓的"南京奇迹"不过是一场轰动一时的闹剧,永乐皇帝和五世哈立麻尚师是这场闹剧中的二位最出色的演员。可是,明代汉文史书中明确记载:五世哈立麻"道怀冲漠,神用叵测,声闻于中国"。成祖"在藩邸时,素闻其道行卓异",故于永乐元年二月乙丑(1403年3月10日)特遣中官侯显、僧智光去哈立麻祖寺粗朴寺(Mtshur phu dGon pa)征召其入京,请他为已故的明太祖和马皇后举行超度荐福仪式。这说明永乐皇帝请五世哈立麻尚师来南京灵谷寺举办为其父母超荐亡灵的"普度大斋"是严肃认真的,"普度大斋"不应该是一场充满政治动机的闹剧。如果它只是一场普通的"普度大斋",或即是汉式水陆大法会,那么,永乐皇帝何以要从遥远的乌思藏专门请来一位藏传佛教的尚师来主持这场"普度大斋"呢?汉式的"普度大斋"应该不需要由一位藏传佛教高僧来主持,五世哈立麻尚师不远万里,来到南京,不可能是为了要在灵谷寺主持一场"普度大斋"。进而言之,如果他主持的这场"普度大斋"只是一场司空见惯的汉式水陆法会,如此神奇的"南京奇迹"又从何而来呢?

显然,"南京奇迹"的历史面目非常模糊,需要对它做细

11 再释"南京奇迹":普度大斋与胜海观音除障仪轨

致和深入的研究。带着上述这些疑问,笔者开始重新研读有关这场"普度大斋"的汉、藏文文献资料,寻找解决这些疑惑的突破口。首先令我对这场"普度大斋"的宗教性质产生有启发的联想的是一则常见于明代文人笔记中的轶事:

> 永乐初,尝遣使迎天竺真僧来京,号大宝法王,居灵谷寺,颇著灵异,谓之神通。教人念唵嘛呢叭咪吽,于是信者昼夜念之。时翰林侍读李继鼎笑曰:"若彼既有神通,当通中国语,何以待译者而后知?且其所谓唵嘛呢叭咪吽云者,乃云'**俺把你哄也**',人不悟耳。"识者服其议。

这个故事发生于当时满朝文武百官列队参加这场"普度大斋"的过程之中,见于多个明代文人的笔记之中。除了说明当时汉人士大夫中有人对藏传佛教颇有微词,对法王、尚师们的神通表示怀疑以外,它还告诉我们一个有意思的事实,即于"普度大斋"期间,尚师曾教信众们昼夜念诵六字真言"唵嘛呢叭咪吽",这表明这场"普度大斋"并非汉式寻常的水陆法会,它当与藏传佛教中的观音菩萨修法有关,因为六字真言是呼唤观音菩萨的密咒,它应该不会出现于汉传佛教的仪轨之中,而常见于藏传佛教之各类观音菩萨修法中。

我们还是香格里拉的囚徒吗?

此外,在《御制灵谷寺塔影记》中,我们见到一则永乐皇帝在大宝法王弟子陪同下,前往灵谷寺观看塔影的记载,其中这样说道:

> 十九日早,灌顶通悟弘济大国师来报塔影,第一层见如来大宝法王西天大善自在佛像三,见罗汉像六,环立左右;第二层见红色观音像一,左右见菩萨像四,侍立拱手,捧香花供养,有圆光五色覆于塔上宝盖,垂荫璎珞葳。

这里永乐皇帝所见的"红色观音"指的是胜海观音(rGyal ba rgya mtsho, Jinasagara),是哈立麻噶举派习常崇拜和修习之观音菩萨的一种,同样不常见于汉传佛教中。从以上这二条记载中我们或可以猜测,由大宝法王主持的这场"普度大斋"当与藏传佛教的胜海观音菩萨修法相关。

接下来,我们开始在五世哈立麻尚师的藏文传记中寻找与这场"普度大斋"相关的信息。他的传记中明确记载,大明皇帝确实是为了报父母之恩,让他们得生善趣(mtho ris thob pa),故邀请五世哈立麻入京朝觐,这与汉文史书中的记载完全一致。而五世哈立麻应皇帝之命,在灵谷寺建密咒大坛城仪轨

11 再释"南京奇迹":普度大斋与胜海观音除障仪轨

(gsang sngags kyis dkyil 'khor chen po'i cho ga),并围绕坛城作修供(bsgrub mchod mdzad pa)。这场仪轨进行期间,凭借信众们的清净信仰,显现了种种神变(phun tshogs pa'i rdzu 'phrul),此前汉地从未出现过的各种瑞相,连续不断的出现,令人惊奇。这清楚地告诉我们这场"普度大斋"不是汉传佛教的水陆法会,而是藏传密教的"大坛城仪轨",这与汉文文献中所说的"启建法坛"也是一致的。

这场法会于永乐五年二月五日开始,哈立麻尚师师资等启设十二坛城内外线条,尚师建胜海观音(rGyal ba rgya mtsho)、勃隆浦瓦桑儿加领真('Brong bu ba Sangs rgyas rin chen)建金刚橛坛城(rin po che phur pa)、高日瓦领禅伯(bKa' bzhi pa Rin chen dpal)建密集坛城(gsang 'dus)、果栾瓦罗葛罗监藏巴里藏卜(mGon blon ba blo gros rgyal mtshan dpal bzang po)建密特剌坛城(Mitra),其余人建金刚界佛、法界语王(rdor dbyings chos dbyings gsung dbang)、喜金刚(dgyes rdo)、尊胜佛母(rje btsun ma)、普明(kun rig)、药师(sman bla)、度母坛城(sgrol chog)、观音陀罗尼修法(thugs rje chen po'i gzungs sgrub)。对这些坛城的修供仪式一直进行至二月十八日,前后共十四日,期间吁请高皇帝、高皇后之亡灵降临,尚师给他们灌顶、除障,同时替其他亡灵做解脱仪轨。十九日晚,尚师焚

203

我们还是香格里拉的囚徒吗？

化高皇帝、高皇后之灵牌，他人则将所修坛城之彩色细沙倾倒入大湖（玄武湖）之中，法会到此结束。

从以上这些不够具体、精确的记载中，我们大致可以看出于南京灵谷寺举办的这场"普度大斋"是藏传密教的一场"大坛城仪轨"，它的外在形式是于十四天内修建起十二座密教本尊的彩砂坛城，同时对它们作修供仪式，以此召请高皇帝、高皇后和天下亡灵降临，由尚师替他们灌顶、超荐，令他们脱离轮回，趣归善趣、乐土。虽然，这里列举了十二座密教本尊坛城，但其主尊坛城当就是哈立麻尚师建的胜海观音坛城，整个"普度大斋"当是一场以修习胜海观音菩萨为主的超度亡灵的仪轨。

五世哈立麻的传记中多处提到永乐皇帝与观音菩萨和哈立麻尚师于精神上的渊源关系。见于《贤者喜宴》中的五世哈立麻传中有记载说：明高祖洪武皇帝驾崩，其子永乐皇帝为了满足已故父母之心愿，特为高皇帝庄严了一尊文殊菩萨像，而高皇后则被视为度母化身。然而，因忙于庶务，永乐皇帝对正法之修习不够精进，此时得一梦，见初去普陀山谒见观音菩萨，攀跻山岭，疲倦思返，顿见一硕大青莲，花葩盛开，精爽复生，疲惫立解，复陟山巅，终见大悲观音菩萨本尊，并受其加持。另外，于哈立麻尚师的长传中还有他给皇帝、皇后以胜海

11 再释"南京奇迹":普度大斋与胜海观音除障仪轨

观音菩萨灌顶的记载,传说"于同时给皇帝、皇后以胜海观音和尊胜佛母灌顶之时,噶举尚师曾亲见胜海观音和尊胜佛母本尊。于居住在灵谷寺之时,也曾亲见胜海观音坛城,并造胜海观音修法仪轨"。

至此,我们大概可以相信制造"南京奇迹"的是胜海观音修法,由此我们也可以理解为何永乐皇帝专门要请五世哈立麻尚师来主持这场"普度大斋",因为不但哈立麻噶举派有修持胜海观音菩萨的传统,而且哈立麻尚师本人就是观音菩萨于人间的化身。众所周知,哈立麻派是藏传佛教中最早采用活佛转世制度的一个教派,从三世哈立麻尚师览荣朵儿只(Rang 'byung rdo rje, 1284—1339)开始,即被认为是观音菩萨的化身【转世】,从此历代相袭。第二辈尚师噶噜麻八哈式(Karma pakshi, 1204—1283)就曾为大蒙古国蒙哥汗(Möngke qayan, 1209—1259)的尚师,而三世、四世哈立麻尚师都曾于元朝末代皇帝顺帝妥懽贴睦尔(Toɣan temür, 1320—1370)时期入朝传法,他们早已为以蒙古大汗为首的元朝之藏传佛教信众们所熟知。据元代盛熙明《补陀洛迦山传》记载:

> 今上即位之初,圣师大宝葛噜麻瓦,自西域来京师。解行渊深,福慧具足,明通三世,阐扬一乘。同自在之慈

悲，宣六字之神力。上自宫庭王臣，下及士庶，均蒙法施，灵感实多，不可备录，将非大士之应化者乎？然江南未之闻也。故略纪其实。若六字咒，师所常诵唵麻尼巴二合吽功德，具在《庄严宝王经》。

这说明元人早已熟知圣师大宝葛噜麻瓦（Bla ma rin po che Karma pa）作为观音菩萨之化身的身份，三世哈立麻览荣朵儿只和四世哈立麻若贝朵儿只（Rol pa'i rdo rje, 1340—1383）于元末在蒙古宫廷内外的活动已广为人知。所以，明代汉文史书中多次记载：永乐皇帝"盖上在【北方】藩邸时，素闻其道行卓异，至是遣人征之。"或曰"帝闻乌思藏僧尚师哈立麻有道术，善幻化，欲致一见，因通迤西诸番。"这当非史家信口开河之虚词。五世哈立麻尚师的藏文传记中亦明确说永乐皇帝往日居北方时就素闻尚师令名，亟思一晤。待得大位，绥定宇内，遂思随奉尚师，并念及高皇帝、高皇后薨逝已久，报恩无方，故急请尚师进京。在尚师抵达京城之前，有一天皇帝于净相中见身前虚空之中，正等觉佛坐于大宝狮子莲花座上，四周由大宝佛顶尊胜佛母和诸菩萨围绕，而哈立麻尚师自西方而来，头戴黑帽。待后来二人相遇时，皇帝见尚师之相好、威仪与其于净相中所见完全一致。

11 再释"南京奇迹":普度大斋与胜海观音除障仪轨

以往论者都习惯于将元、明皇帝与藏传佛教高僧之间的往来赋予政治化的解读,而基本忽视这种关系中的宗教因素和意义。其实,像哈立麻派与元、明统治者之间的关系,很可能宗教方面的关联要大于政治上的意义。二、三、四世哈立麻尚师都曾与蒙古和元朝君主有密切的宗教关联,但他们似乎并没有因此而获得崇高的政治地位和世俗利益,哈立麻派在西藏地方始终不是政治上的豪强。明成祖之所以邀请五世哈立麻尚师入朝,主持这场特殊的"普度大斋",当是因为他是观音菩萨的化身,而不是因为哈立麻派是乌斯藏的豪强。永乐皇帝赐封的"大宝法王"称号,无疑提高了五世哈立麻尚师的宗教威望和政治影响力,但这也并没有使哈立麻派一跃成为乌斯藏地区最有政治权势的教派。五世哈立麻尚师英年早逝,而他的转世灵童的认定曾得到过永乐皇帝的直接关注,他曾派大智法王班丹扎释(dPal ldan bkra shis, 1377—1435?)亲往粗朴寺查验六世哈立麻活佛之真假,这开了中央王朝干预西藏活佛转世制度的先例。在大智法王班丹扎释的传记《西天佛子源流录》中,我们见到了以下记载:

> 四十七岁,太宗文皇帝仍命佛子往乌斯国,穷究教法,审察葛哩麻巴上师是否再生。达恭卜国,参见葛哩麻

巴上师。彼时上师甫及十岁。究知上师既生月余，一僧往逻，视僧便笑。甫及周岁，三生之徒、国师果鸾躬自往视，一见趣怀，话前生事。及佛子正受孤噜约葛观门时，佛子尔时自默念云："此葛哩麻巴真耶？伪耶？"正犹豫间，葛哩麻巴尔时遂不说观，取纸半幅，书写中国"佛"、"法"、"僧"三字，掷与佛子。忆想葛哩麻巴先世曾写是字，知真实是也。又于一日，谓佛子言："昔日长足法师智光，其安乐否？"又示行像，佛子乃信，实是葛哩麻巴真后身也。

以往论者习惯于将明成祖邀请众多西番尚师入朝，并封给他们法王、教王等显赫的封号视为一种多封众建、分而治之的政治策略，完全不考虑明成祖个人宗教信仰的作用。仅就哈立麻尚师与元、明二代君主的交往而言，我们不应忽视他们之间的宗教连接或是一个非常重要的因素。由于哈立麻尚师是藏传佛教历史上最早被认定为观音菩萨化身的转世活佛，他们或因此而最受信仰佛教的元、明二代君主之青睐。观音菩萨崇拜本来就是汉、藏二种大乘佛教传统中最普遍的信仰，而我们有足够的证据表明藏传密教的观音菩萨崇拜和修行经西夏、元朝两代的传播，于明朝初年早已于中原汉地广泛流传、深入人心，

11 再释"南京奇迹":普度大斋与胜海观音除障仪轨

所以,永乐皇帝邀请作为观音菩萨化身的哈立麻尚师进京,主持"胜海观音菩萨大坛城仪轨",替洪武高皇帝、高皇后超度荐福,同时救度天下亡灵脱离苦海,趣入西方乐土,这不是一件完全不可理解的事情。

许多年前,我们在北京国家图书馆中发现了两部于明代初年编集的汉译藏传佛教观音菩萨修法集成,分别是《观世音菩萨修习》和《观音密集玄文》。其中,《观世音菩萨修习》是明代编集的一部《修习法门》中的第五卷,共收录了十八种观音菩萨修法;而《观音密集玄文》则收录了另外九种观音修法。这二部文集虽然是明代初年集成,但其中收录的二十七种观音修法却是于西夏、元、明三个不同时代翻译的,具体体现了西夏、元、明时代于汉地流传的藏传密教观音修法的全貌。这些修法门类众多,有观音本尊瑜伽(lha'i rnal 'byor)修法、坛城现证仪(mngon par rtogs pa)、自入坛城灌顶仪(dkyil 'khor du bdag nyid 'jug cing dbang blang ba'i cho ga)以及其他各种事业法仪轨。涉及的修习本尊囊括了观音菩萨的各种化现形式,如一面二臂白观音、一面四臂白观音、一面四臂红观音(即大悲胜海观音)、密修双身观音、如意轮观音、青颈观音、狮子吼观音等多种。其所传观音修法涵盖哈立麻噶举派(Karma bKa' brgyud pa)、枯噜布噶举(Khro phu bKa' brgyud pa)和萨思迦

（Sa skya pa）等多个教派的传轨，这充分说明藏传密教的观音修法于明初中国早已是一种流传很广的修法了。

特别需要指出的是，于这总共二十七部观音修法中，至少有三部修法有明确的题记表明它们是哈立麻尚师所传，它们是：一，《大悲胜海求修方便》，大宝葛哩麻巴上师览荣朵儿只集；落行菩提依利帝汉译；二，《观音禅定》，葛哩马上师传，涅啰呃纳啰译；三，《圣大悲观音求修要门》，大宝白头葛立麻上师传，大护国仁王寺勒布上师具恩师处取受语勑。于其他大部分没有明确题记的修法中是否还有哈立麻尚师所传者则亦未可知。而《大悲胜海求修方便》则确认是三世哈立麻尚师览荣朵儿只所传，后者的文集（gsung 'bum）中见有多部与胜海观音修法相关的文本，如《胜海现证仪》（*rGyal ba rgya mtsho'i mngon rtogs*）、《胜海灌顶及会供求修仪》（*rGyal ba rgya mtsho'i dbang bskur dang tshogs mchod kyi lag len*）、《胜海灌顶仪》（*rGyal ba rgya mtsho'i dbang chog*）等，还有一部《胜海观音密修》（*sPyan ras gzigs rgyal ba rgya mtsho'i gsang sgrub*）仅存目录。虽然《大悲胜海求修方便》没法与其中的任何一个文本完全对应，但其内容则均分别见于这些文本之中。三世哈立麻尚师于元朝所传的大悲胜海观音修法当有很广的流传，它的古回鹘文译本也见于吐鲁番出土的元代古回鹘文佛教文献

11 再释"南京奇迹":普度大斋与胜海观音除障仪轨

之中。

如前所述,于明代集成的这二十七种观音修法中,我们见到了各种形式的观音修法,其中最基本的是属于本尊禅定或者增长定(生起次第)范畴的观音修法,即行者通过观想本尊,身语意与观音菩萨相应,誓言尊与智慧尊相融,为一不二,证成圣果。此外,亦有更多属于究竟定(圆满次第)的观音修法,即通过气脉明点的修习,获得成就。例如有一部传译自西夏时代的《观音菩萨六字大明王秘密神咒禅定亦名舍寿定》,它是一部行者于临终时修习的观音修法,实际上是在观修观音时,修拙火(gtum mo)和迁识('pho ba破瓦)法,令"识性从净梵眼出,决生净土"。它也是临终识认光明,证得法身成就的临终光明('chi kha'i 'od gsal, 'da' ka ma'i 'od gsal)修法。还有,于这二十七种修法中,我们也见到了许多属于事业法('phrin las, 'phrin las kyi rnal 'byor, las sna tshogs)类型的观音修法,其中有治病、除魔、延寿、祛灾等各种法门,自利利他。例如,米嗯兰左吉(Mitrayogin)、孤哩不喀捴斡(Khro phu lotsaba Byams pa dpal, 1173—1225)所传的《大悲观自在密修求主戒仪》,即是一部于观音密修坛城内作八种事业的修习仪轨,行者凡所想一切,随意成就。

像"普度大斋",或曰"超荐法会"这样为亡灵超度、荐福的仪轨,在藏传佛教中显然属于这类事业法的范畴。藏传密教增究二次第修习之正行为主修,此类事业法属于助修支,超荐仪轨是增长次第之十三助修支中的一种。遗憾的是,我们在上述二十七种观音修法中并没有见到有直接与超度、荐福仪轨相关的文本。但是,在三世哈立麻尚师览荣朵儿只的文集中,我们见到了一部《以观音法门净治魔障仪轨》,它是哈立麻噶举派所传的专为超荐亡灵设计的一部胜海观音修法仪轨。我们或可以设想五世哈立麻尚师于南京灵谷寺主持的这场"普度大斋"或就是以这部《以胜海观音法门净治魔障仪轨》为底本的。于此,我们或将这部《以观音法门净治魔障仪轨》的科判罗列于下,借此我们或可以想象当年灵谷寺所做的这场"普度大斋"的具体进程。

1 前行
1-1 七支供养
1-2 自己生起本尊相
1-3 生起水瓶
2 【利益亡者】本行
2-1 加行
2-2 利益亡者本行

11 再释"南京奇迹":普度大斋与胜海观音除障仪轨

2-2-1 召唤亡者之魂

2-2-2 祛魔

2-2-3 净化亡者之罪过

2-2-4 沐浴〔以六烦恼之对治的六波罗蜜洗净烦恼〕

2-2-5 净化三毒〔以三宝消灭三毒〕·〔五大〕·吉祥偈

2-2-6 进入观音曼荼罗、以观音灌顶净治罪过

2-2-6-1 忏悔·随喜·转法轮·祈愿上师长寿·回向·归依(七支供养)

2-2-6-2 发心

2-2-6-3 五智灌顶·祈愿授予本尊灌顶·授予五佛灌顶

3 后行

3-1 焚烧王者名札

3-2 示现进入净土之道路

3-3 回向

以上对"南京奇迹"的重新研究和解读或可说明,永乐五年于南京灵谷寺举办的这场"普度大斋"绝不仅仅是一场政治秀,即使永乐皇帝于这个时间和地点主办这样一场专为超荐其父母亡灵的"普度大斋"或确有其明显的政治动机,但他选择迎请五世哈立麻尚师,在南京灵谷寺举办一场以"胜海观音除

障仪轨"为主题的藏传密咒坛城大法会,来为其父母和天下亡灵超度、荐福,这透露出永乐皇帝本人已具有很深厚的藏传佛教信仰背景,而这场"普度大斋"本身更是一场意义深远的宗教秀,它的成功举办不但表明藏传佛教于明初中国也已经有了不浅的基础,而且更为藏传佛教今后于明代中国的广泛传播打开了方便之门。以往论者喜欢将元朝不足百年而亡的原因之一归结为蒙古君主们对藏传密教的过分信仰,认为继元而起的明朝君主一定将此作为前车之鉴,故拒绝接受藏传佛教,不允许它于明朝宫廷内外传播,这样的说法显然与明初的历史不相符合,事实上,永乐皇帝对藏传佛教的信仰远甚于蒙古君主们,藏传佛教于明代中国传播的规模和深入程度也远胜于其前朝。

本文是作者于2024年2月22日在美国加州大学伯克利校区钦则佛教研究中心所作年度报告的汉文稿

12

纪念邓锐龄先生（1925—2023）

今天一早醒来，打开手机，看到有三位朋友从北京传来了同一个消息：邓锐龄先生去世了！这三位朋友都知道我平生特别敬仰邓先生，时常会向朋友们称颂先生的学问和品德，所以他们都想在第一时间将这个不幸的消息告诉我。邓先生仁者高寿，是他这辈学者中硕果仅存的期颐老人，近年来很少听到他的消息，今日寿终正寝当不在意料之外。我相信像邓先生这样的上机之人，平生洁身自好，出污泥而不染，今生所积集的福德和智慧资粮，已足以让他于舍寿之刹那，得证光明法身，往生西方极乐世界，所以，我等后学或不必为此而过于悲伤，让我们最后一次志诚顶礼、赞叹邓先生，并祈祷先生莲花化生，乘愿再来！然而，念及此刻与邓先生一起离去的或是时代浊水中少见的一股清流、学术江湖中难得的一份纯粹、悲惨世界中仅存的一种高贵，我还是禁不住悲从中来，泪湿前襟。只要邓

我们还是香格里拉的囚徒吗？

先生还活着，他就是我们西藏历史研究学界的一座灯塔，光照无明，指点迷津，今天这座灯塔倒下了，让我们共同祝愿它的光辉将炽燃不息，以保今日中国之藏学晴空万里、前程无量！

我和邓先生并无直接的师生之谊，但他是我学术生涯中遇见过的一位十分难得的师长，他是我一生学习的榜样。1984年秋，我从南京大学来到中央民族学院，专门学习藏语文。临行前，业师陈得芝先生谆谆教导，叮嘱再三，让我珍惜这个难得的机会，除了随王尧老师学好藏语文外，还要多向北京其他优秀的学者们学习，虚心地向他们请教，其中特别嘱咐我要多向中国社会科学院民族研究所的邓锐龄先生请教，告诉我邓先生的学问和人品都一流的好，学贯中西，是国内治西北史地和西藏史的中青年学者中绝为少见的优秀学者。非常可惜的是，在民院读书的一年多时间内，我竟然一次也没有遇见过邓先生，他当时担任筹建中的中国边疆史地中心的副主任，正在协助翁独健先生主持中国边疆史地研究学科的规划和建设，很少在民族所内出现。由于民族所就在中央民院院内，我在民院读书时期，有很多时间是在民族所内度过的，经常去向所内做西藏历史研究的常凤玄、姚兆麟、黄颢和祝启源等几位老师请教，也多次见过德高望重的柳陞祺先生，可就是始终与邓锐龄和王森二位先生缘悭一面。

十分幸运的是，就是在这段时间内，我读到了几乎所有当时邓先生著作和翻译的学术作品，它们是我进入西藏历史研究领域的入门指引。当时，民族所有一间对外服务的图书资料室，在这里可以得到民族所研究人员几十年来所有的学术著作，它们中的大部分不是正式的出版物，而是民族所自己铅印的各种内部资料。这个图书资料室于我无异是一个宝库，课余时间我常常泡在这个宝库之中，寻找、翻阅我所喜欢的学术资料。泡的时间长了，和图书室的老师们也都混熟了，很多资料我都能免费获取，或者就在室内复印，这是我在民院读书一年多时间内的一项重大收获。而在我得到的这些内部学术资料中，给我留下最深刻印象的，也是对我当时所做的学术研究有决定性影响的资料有两种，一是王森先生的《有关西藏佛教史的十篇资料》，二是图齐的《西藏中世纪史》，而这两种著作都与邓锐龄先生有很大的关联。《有关西藏佛教史的十篇资料》是王森先生口述，邓锐龄、常凤玄二人记录、整理的，它是60年代的作品，但直到它于1987年改名为《西藏佛教发展史略》由中国社会科学出版社正式出版时，它在学术上依然没有过时，邓先生和常先生对这本书的贡献显然远不止是机械的笔录，而是还包括查证引文、补充资料，以及文字整理、结构调整等多项内容。二位先生师事王森先生，恭敬爱戴，尽心尽力地做好了这本书,却从未考虑过自己的名利。而《西藏中世纪史》是邓锐龄和李有义合作翻译的G. Tucci的名著《西藏画卷》(*Tibetan Painted Scrolls*)一书的导论部分。《西藏画卷》是一部具有里程碑意义的世界藏学名著,其导论部分则是对西藏中世纪历史,即对西藏后弘期政教历史的最早,也是最好的宏观性的叙事。邓、李二位先生的翻译非常准确和专业,把20世纪世界最伟大的藏学家图齐先生最好的学术著作的真实面貌呈现给了当时还很少有人能够直接阅读西文著作的中国藏学研究界。我当时从南京大学元史室专门去民院藏学所学习藏语文的目的就是为了要研究元代西藏的历史,《有关西藏佛教历史的十篇资料》和《西藏中世纪史》对我自己所要作的学术研究的重要性不言而喻,我之所以能顺利地完成有关元代西藏历史的硕士论文,首先要感谢邓锐龄先生所参与的这二部学术巨著给我的指引和帮助。

当然,我在民族所对外服务图书资料室中淘到的邓先生的宝贝还有更多,它们都对刚刚步入藏学领域的我产生了巨大的影响。例如,邓先生当年翻译的《乔玛小传》(民族所油印本,1985年)和撰写的《纪念匈牙利东方语文学者乔玛诞辰二百周年》(《民族研究》1984年第5期)是我了解海外藏学研究历史的启蒙书。而邓先生翻译的《元代帝师考》(【日】野上俊静、稻叶正就著，民族所铅印本，1965年）、《蒙古史料中的早期蒙藏关系》(【日】冈田英弘著，民族所《民族史译文集》第4集，1978年）、《蒙古初次征服西藏史实再释》(【美】怀利著，民族所《民族史译文集》第4集，1978年）、《元末明初西藏的形势》(【日】佐藤长著，民族所《民族史译文集》第9集，1981年）、《蒙古政权在西藏进行的户口调查》(【意】伯戴克著，《民族译丛》，1985年第2期）、《帕木竹巴王朝的衰颓过程》(【日】佐藤长著，民族所《民族史译文集》第14集，1986年）等学术论文，全都是前几十年间海外藏学有关元代西藏历史研究的最重头的作品，它们形成了我进一步研究元代西藏史的扎实的学术基础。阅读邓先生翻译的这些论文，我不但了解到了海外元代西藏史研究的实际状况，而且还学习到了从事西藏历史研究的基本学术方法。所以，虽然在完成硕士论文之前我一直未能见到邓锐龄先生，但是，他的这些著【译】述对我已经产生了无比巨大的影响，我对他的钦佩和感激在见到他本尊之前就已经达到了无以复加的地步了。

我第一次见到邓先生是1986年秋天在四川温江召开的第一次全国性的西藏历史研究讨论会上，这次会议在今天的中国藏学界已经成了传奇，会上彼此首次相遇的许多代表多年之后都成了中国藏学研究界的名流大咖，例如今天已是藏学老前辈的

我们还是香格里拉的囚徒吗？

巴桑旺堆先生当年也还是初出茅庐的青年学者，是我等比他更年轻一些的一伙小弟们追捧的大哥。至今与西北民大的才让教授等老友再见时，我们还常常会谈起这次会议上发生的种种有趣的故事。这是我今生第一次参加西藏学术会议，会上各种收获巨大，而其中最让我欣喜的事是我终于见到了我追随已久的邓锐龄先生。今天算来，当年的邓先生也已经六十出头了，但他看起来还很年轻、也十分儒雅，特别是常见他站在柳陞祺、吴丰培和苏晋仁等几位老先生中间侃侃而谈时，感觉他就是一位正当盛年的中年学者。未见邓先生时，猜想他或会有几分官人之相，他早年曾是中央统战部的干部，后来又是中国边疆史地中心实际的主任，没想到见到他时我才真的明白什么叫文如其人，邓先生是我见过的最有京派学人风范的中年学者。他说着一口特别地道和好听的京腔，脸上常带着友善和智慧的微笑，说话慢条斯理，不疾不徐，从不拐弯抹角，欲言又止，娓娓道来，让人如沐春风！当时我大概问了很多幼稚的问题，今天记忆犹新的是邓先生向我介绍海外藏学研究现状时，一副如数家珍的样子。当时我刚开始学习德语，邓先生便开始给我讲德国的藏学，介绍波恩大学 Dieter Schuh 教授的研究，还提到那位因出版《在藏七年》而名闻世界的 Heinrich Harrer，对他在西藏时期的作为和他后来在西方世界上对自己非常夸张的吹捧提出了批评，他还对美国学者史伯岭（Elliot Sperling）先生新发表的几篇有关五世哈立麻和明代汉藏关系史的研究论文做了精彩的点评。我当时听得入神，惊讶邓先生怎么对海外藏学的情况了解得那么清楚啊！当时学界有个传说，说中国历史学界那一代中年学者中间，只有北京大学的张广达和南京大学的陈得芝二位先生外语比较好，很了解西方的学术。但我觉得邓先生一点也不比他们二人差，我见过邓先生翻译的英文、日文和法文学术论文，听他说德语也是字正腔圆，显然读过不少德文论文，在他这一代学人中，能如此熟练地使用英、法、德、日四种外语的中国学者确实凤毛麟角。

自从温江会议以后，我开始和邓先生有了直接的学术联系，只是能直接与邓先生见面请益学问的机会还是很少的。不过，我感受到邓先生似乎对我也是另眼相看，每次见面都会给我以热情的鼓励，还曾多次在我毫不知情的情况下，在学术上给予我很多的帮助。我猜想这多半是因为邓先生和陈得芝老师彼此相知、欣赏，有着深厚的学术友谊，很晚我才知道我早年在学术刊物上发表的多篇文章，都是经过邓先生评审后推荐的，譬如我曾将我硕士论文的第一部分修改成一篇题为《元代乌思藏十三万户考》的论文，投给了复旦大学历史地理所主办的《历史地理》杂志，很快我就获知论文被录用了。《历史地理》是十分权威的历史地理学科的学术刊物，我初出茅庐，居然一投就中，这给了我莫大的学术鼓励。事过多年之后，我才知道那篇文章就是经邓先生审稿后鼎力推荐的。这样的事情还发生过多次，我最初在新创办的《中国藏学》杂志上发表的几篇论文也都是经邓先生审阅后推荐的。总之，自温江会议以后，我心中已将邓先生视为学术导师，并像对自己的老师陈得芝先生一样敬重和热爱。

邓先生对我学术的进步还有过两次特别大的帮助。第一次是邓先生于1986年调入新成立的中国藏学研究中心工作，随后便主持由中心总干事多杰才旦先生亲自牵头的重大科研项目《元以来中央政府与西藏地方的关系研究》的学术规划和组织工作。让我想不到的是，邓先生居然邀请我参加这个重大的学术研究项目，让我这个硕士刚毕业不久才二十多岁的毛头小伙子，和陈庆英、祝启源等几位当年西藏历史研究的骨干人物，在同一个由他领衔的学术队伍内工作，这对我是多么大的信任和鼓励！因此，我也有幸于1988年秋天被邀参加了中国藏学研究中心举办的首届全国藏学研究干事会议，或许我是当时最年轻的会议代表，无上荣光，我知道这背后一定是因为邓先生不遗余力地对我的提携。虽然，后来由于邓先生和我先后出国，我没有能够自始至终参与这项科研工作，有负邓先生之厚望，一直觉得愧对邓先生；但在参与这个科研项目的过程中，我与邓先生有了更深的学术交流，从邓先生那里学到了更多做学问的方法和为人处事的道理，终身受益，这是一段令我终生难忘的情谊。

第二次是我和南大历史系的同学宋黎明一起翻译了意大利著名藏学家伯戴克（Luciano Petech, 1914—2010）先生的名著《西藏的贵族和政府》（*Aristocracy and Government in Tibet, 1728—1959*, Rome, 1973）一书，翻译这部书最先也是邓先生建议我们做的，记得邓先生自己曾将伯戴克有关西藏摄政沙扎·汪曲结布的一篇文章从法文翻译成了汉文，这一篇文章以后也被编入了《西藏的贵族和政府》一书中。待我们翻译完成了初稿之后，我们冒昧地请求邓先生能拨冗为我们校正译稿。当时邓先生主持和参与了很多的集体科研项目，又是中国藏学研究中心实际的学术掌门人，日理万机，但他居然爽快地答应了我们的请求，令我们喜出望外。可当我拿到邓先生寄回给我的修正稿时，我既十分地感动，也十分地羞愧，简直是无地自容。邓先生修改的主要是我做的那一部分译稿，他改的是那么地仔细，那么地认真，纠正了很多我的理解和翻译上的错误，有些实在是很明显的硬伤。现在想来，我当时的英文和学术水准确实都还在起步阶段，让邓先生那么大的学者如此费力地为我修改不像样的译稿实在是太不应该了,而邓先生明明知道我的英文和学术都还很稚嫩,但依然热情地鼓励我、帮助我,这是我哪辈子修来的福报啊!这件事情后来邓先生从来没有提起过,然而它对我是一个天大的教训,从此以后我再不敢少年轻狂,而是更加坚定不移地向邓先生看齐,谦虚谨慎,戒骄戒躁,立誓要一丝不苟地把学问做好。《西藏的贵族和政府》这本书出版之后,已经再版了多次,颇受读者喜欢,这当完全归功于邓先生,要不是邓先生的帮助,这本译著或会酿成我学术生涯中的一次灾难性事件,至今想来依然会生出冷汗三斗。

邓先生一生的学术著述与当下的学术大咖相比或不算丰硕,但与他同辈的学人相比他的成就非常突出。正如他自己在《九十自述:如何走上藏史研究之路》(《中国藏学》2014年第4期)一文中所描述的那样,邓先生的学术生涯颇多坎坷,从北大毕业后的前二十年,大部分时间受困于时势,未能真的有机会投入到西藏历史研究之中,改革开放以来的大部分时间里,他也都一直忙于组织和参与各种集体性的科研项目,很少有时间从事自己真正喜欢的学术课题研究,故很难写出完全属于个人的学术论文来。我个人对西北史地和清代西藏历史的研究涉猎不深,所以,我对邓先生在这两个领域内的学术成就体会不够深刻,邓先生的学术论文中我最推崇的是他于20世纪90年代初连续发表的四篇有关明代汉藏关系史的研究论文，我认为这是邓先生最杰出的学术代表作，也是迄今明代汉藏关系史研究的最优秀的作品。这四篇论文是：1，《明初使藏僧人克新事迹考》（《中国藏学》1992年第1期）；2，《明朝初年出使西域僧人宗泐事迹补考》（《历史地理》第10辑，1992年）；3，《〈贤者喜宴〉明永乐时尚师哈立麻晋京纪事笺证》（《中国藏学》1992年第3期）；4，《明西天佛子大国师智光事迹考》（《中国藏学》1994年第3期）。如前所述，邓先生早年翻译了图齐的《西藏中世纪史》和佐藤长（1913—2008）有关元、明时期西藏历史研究的大量论文，除了前面已经提到过的那些论文外，邓先生还翻译了佐藤长的长篇名作《明代西藏八大教王考》（上、中、下，《西藏民族学院学报》1987年第3期、第4期；1988年第4期），他对史伯岭先生有关明代西藏史的研究也非常了解，在前人诸多研究的基础上，邓先生独辟蹊径，发前人之未发，从对明初出使西藏的几位使者和在京活动之著名尚师之事迹的精细考证出发，对明初汉藏关系的具体细节做了十分深入的研究。邓先生的这些研究成果充分表明：对于明代西藏史研究而言，汉文文献与藏文文献同样重要，二者互证互鉴方才能使这段历史的研究更加深入、更加可靠。今天我们往往片面地强调藏文文献的重要性，对相关汉文史料的发掘和研究则做得远

我们还是香格里拉的囚徒吗？

远不够，显然，在这个领域内我们依然大有可为。邓先生这几篇文章所表现出来的专业历史学家的学术素养和水准，为我等从事西藏历史研究的学者们树立起了一个标杆，它要求我们必须具备邓先生一样的专业学术素养，研究西藏历史，或者从事民族史的研究，绝不能降格以求，放低学术标准，尽做些不专业、不规范的学术研究。

邓先生常常谦虚地说他的藏文不够好，有次曾听他说起他在日本东洋文库做学术报告时发生的一件趣事，有位非常著名的日本蒙古学家、西藏学家来到了报告会场，开场前很不客气地问邓先生是否懂得藏文和蒙文，当邓先生谦虚地说自己都不是太行的时候，这位大学者当下就表现出了一脸的不屑。其实，邓先生才高八斗，却始终虚怀若谷，对学术永远保持敬畏之心，对别人的学问总是抱着理解和欣赏的态度。不得不说的是，邓先生的藏文阅读水准其实非常高，不夸张地说，他的《〈贤者喜宴〉明永乐时尚师哈立麻晋京纪事笺证》一文，是我迄今所见最好的藏文传记文献的汉文译注和研究著作，邓先生不但准确地翻译了著名藏文史著《贤者喜宴》所录五世哈立麻传记中的那段有关他在明京城活动的记载，而且利用他广泛发掘出来的与此相关的明代汉文文献资料，对这段藏文文献记载做了十分精细和专业的笺证，彻底搞清了这段历史的真相。恕我直言，在当今这么多的汉译藏文历史文献作品中，我还没见过一种能与邓先生的这篇译注相媲美的作品，大部分藏文历史、宗教的文献的汉文翻译都做得不够专业，译者缺乏基础的语文学训练。邓先生的这篇论文是一个榜样，它为结合汉藏文文献研究汉藏交流史、西藏史，建立了一条历史学和语文学的学术正道！只有像邓先生这样研究汉藏历史，那才是学术的、一流的，不然就是不学术的、不入流的。我想要是那位曾公然质疑邓先生语文能力的日本学者也能够读到邓先生的这些学术论文时，她一定会为她当年的傲慢和无礼而感到羞愧的！

邓先生的学术论文中给我留下深刻印象的还有他和柳陞祺（1908—2003）先生合作发表的多篇论著。邓先生和柳先生亦师亦友、志同道合、心心相印、相濡以沫，他们之间深厚的学者情谊，是当代学界的楷模和佳话。柳先生是藏学界的前辈，他的学术生涯与邓先生类似，早年曾在政府部门供职，担任国民政府驻藏办事处的英文秘书，后来则退隐学界，一心向学，孜孜不倦地从事藏学研究工作，著述甚丰。我在民族所图书资料室淘到的宝贝中另一部分最有价值的资料，就是柳先生几十年间写成的各类文章，它们大多数被印成了供内部参考的小册子，是我最初了解旧西藏之宗教和历史的最好的教科书。记得当年曾读过柳先生实地记述热振事变的一个长篇报道，它把我

我们还是香格里拉的囚徒吗？

身临其境般地带到了热振事变的现场，而文章中透露出来的柳先生的拳拳爱国之情也将我深深地打动。1953年美国斯坦福大学出版社出版了一本由沈宗濂、柳陞祺联合署名的书 *Tibet and Tibetans*（《西藏和西藏人》），这本书和随后出版的 *Seven Years in Tibet*（《在藏七年》），是当时西方人了解西藏的抢手书。其实，这本书主要是柳先生一个人的著述，只因它出版时中西隔绝，所以被他曾经的上司沈宗濂先生抢去了头彩。据说，柳先生生前从来不提这本书，它的中文版的问世是其原著出版之后半个世纪以后的事情了，它最终于2006年由中国藏学出版社出版，它的汉译者是柳先生的女儿柳晓青，审订者就是邓锐龄先生，而此时柳先生已逝去三年多，邓先生也是年逾八旬的老人了。

无疑，柳先生与邓先生一样地才高八斗，学贯中西，年轻时又曾多年在拉萨对西藏的历史、文化和现实政治进行实地的观察和调查，曾用中、英文二种文字发表过很多有关西藏的时政和历史文化的著作。可是，作为一名藏学学者，他甚至比邓先生更加生不逢时，他学术人生之盛年就从来没有拥有过一张平静的书桌。待他终于可以摆脱枷锁，伸纸捉笔，书写锦绣文章时，却已垂垂老矣。记得当年我在民院内遇见他时，先生虽依然眉目清朗，文质彬彬，但难掩岁月的印痕，看起来贫弱无力、孤独无依,令人心疼。他潜心西藏学术一辈子,积聚了许多学术心得,很多论文或已呼之欲出,但终究心有余而力不足了。十分幸运的是,这时邓先生已经在民族所工作多年,他和柳先生志同道合,是柳先生之学术助手和合作伙伴的不二人选。从此,他们精诚合作,创造了属于他们二人共同的学术辉煌。柳先生和邓先生合作发表的学术论文有以下四篇,它们是:1,《清代在西藏实行金瓶掣签的经过》(《民族研究》1982年第4期);2,《乔治·波格尔入藏的使命内容及其执行结果》(《藏族学术讨论会论文集》,西藏人民出版社,1984年);3,《第六辈班禅额尔德尼·洛桑贝丹意希生平事迹述评》(《民族史论丛》第1辑,中华书局,1987年);4,《清初第五辈达赖喇嘛进京及受封经过》(《藏族历史宗教论文集》,中国藏学出版社,1996年)。从中可以看出,邓先生和柳先生至少有长达十五年的学术合作伙伴关系,若算上2006年邓先生审校汉译《西藏和西藏人》一书,他们的学术合作则长达二十五年之久。第一篇合作论文发表时,柳先生74岁,而最后一篇合作论文发表时,柳先生已近九十高龄,而那时邓先生也已经是六七十岁的老人了。能让二位年龄悬殊的优秀学者结下如此深厚的友谊,肝胆相照,乃至生死相依的,除了他们共有的纯粹和高尚的品格外,一定还有他们对一种真正的好的学问的相同认知和共同追求，对高水准地做好西藏历史研究的共同追求，使他们在学术上成为了同一个人。他们合作发表的这些论文的一个最显著的特点是都具有十分宽广的国际学术视野，他们讨论的问题是西藏的、中国的，运用的文献有汉文的、有藏文的，但它们的学术是国际的、世界的，这在当时中国还很封闭的学术条件下是十分难能可贵的。

对学术之外的邓先生，我了解很少，但有一件事不得不说！早在认识邓先生之前很久，我就曾听说过这样的一个故事：1957年，在中央统战部工作的青年干部邓锐龄被打成了"右派"，从此经受了长期非人的劫难。而他被打成"右派"的原因，听起来有点匪夷所思。据说作为统战部出名的青年才俊，邓先生有一篇文章发表在了《人民日报》上，而有一次周恩来总理到统战部开会，当众表扬了邓先生，说他的文章写得好。这在统战部引起了轰动，大家纷纷向邓先生表示祝贺，没想到邓先生却大不以为然，竟然说出了这样一句惊世骇俗的话："周总理说我的文章好有什么用？要向达先生说我的文章写的好，那才真的是好！"众人瞠目结舌，无言以对。如是，若邓先生不是"右派"，那就谁也没有资格当"右派"了。这个故事，当时是广泛流传于中国民族史学界的一个传奇。有一次，我专门就此事求证于邓先生，邓先生不经意地笑着回答说：那都是因为少年轻狂，招来了无妄之灾。我想这个传说应当是实有其事的。

后来，我读到了邓先生在《九十自述》中对这件事的比较具体的说明，原来是中央当时正在酝酿成立广西壮族自治区，邓先生受统战部长李维汉先生的委托，曾去广西做实地的调查研究，并结合文献研究，写了一篇《广西历史简说》的报告，提交给领导们做参考，没想到这篇文章得到了周总理的欣赏，直接修改后发表在了《人民日报》上（1957年4月20日、21日；《新华月报》1957年第2期），这是邓先生第一次公开发表文章。后来，周总理在统战部的一次大会上当着广西来的和在北京的广西籍上层人士的面表扬了邓先生，说他的文章好，使他成为统战部年轻人中间最突出的一名青年干部。随后，大概就有了前引他那句惊世骇俗的话的出现，接着他被打成"右派"，从一位前程无量的优秀青年统战干部，变成了一位十恶不赦的阶级敌人。

事后邓先生反思说他根本就不是目中无人，不把周总理放在眼里，而是觉得他的这篇文章资料收集得还不完整，写得太仓促，够不上学术研究的水平，怕得不到学术界的肯定，所以，他才说周总理对他的表扬不如向达对他的认可更为重要。他自述曾为此专门去北大把文章送给了邓广铭先生看，而邓先生没有给予好评,所以,他心里很不踏实。可以说,邓先生确实是一个政治上十分天真的人,他明明是一名统战干部,却非要以学者自居,把自己的老师看得比总理还重要,分不清政治上的轻与重,最终彻底折损了自己的政治前途。但是,我觉得邓先生这看起来有点"傻冒"的行为或并不只是他政治上的天真,而是他骨子里根深蒂固的学者情怀,他天生就应该是一名优秀的学者!他从青年时代开始追求的就是学术上的成就,关心的是自己写的文章的好坏,而不是政治上的成功,他只是没有意识到这二者之间的矛盾冲突和其中潜在的危险性。

邓先生在《九十自述》中说:"我是没落的旗人后裔,'纨绔子弟',从小还不愁衣食,不贪金钱权位。给我再多的钱,提升得更快,我也不因此觉得了不起,对我思想上真没有多大的影响。"所以,即使他当时是统战部的干部,他给部领导写报告、写文章,依然都把它们当成学术论文来写。他给统战部写的第一份长篇报告竟然是《清乾隆五十七年驻藏大臣权力二十九条译文校注》(内部参考,中央统战部办公室印,1953年5月),这分明是一篇很有水准的清史研究学术论文。既然他觉得自己是在写学术论文,那么,他当然最希望能够得到学术同行、权威们的肯定。他写《广西历史简说》完全是向写史学论文的方向努力的,所以,作为北大历史系一级教授、又曾经是他的学术导师的向达先生,当然要比周总理更有专业的权威来对他这篇文章做出学术的评价,邓先生更希望能够得到向达先生等学界权威们的肯定,这是完全可以理解的。邓先生当时说的这句话,至今听起来依然惊世骇俗,其实是他的由衷之言,并不是信口开河。或许我们今天反而应该反思的是,为何我们对自己学术的评价再不看重学术同行和权威们是怎么说的,却非常在意自己的学术论文能在哪一级别的学术期刊上发表,或者得到了哪一级别的学术奖励,甚至特别在意它们得到了哪一层级的领导的批示等等,想想六十余年前发生在邓先生身上的这个故事,我们真应该为今日学界这种完全脱离了正常学术轨道的学术评价的流行做法感到羞耻!

在那个特殊的年代,邓先生就因为说了这么一句书生气十足的心里话,命运便发生了急剧的转变。这不只是邓先生个人的人生悲剧,更是那个时代整个民族的一场劫难!今天看来,邓先生天生就是一位学者,这样的事其实早晚都会发生的,早点发生未必不是好事。要不是这件事改变了邓先生的人生轨道,使他义无反顾,从此回归学术,一心做一名纯粹的学人,也许中国就不会有邓先生这样一名出类拔萃的顶尖学者,这将是中国学术的一个多么大的损失啊!邓先生毕生淡泊功名利禄,唯以学问为重。与邓先生认识这么多年来,从来没有听邓先生谈起过任何学问以外的事情,他给过我那么大的帮助,却从来没有要求过我替他做任何的事情。我回国后的前十年曾担任中国藏学中心的学术委员,常去中心,经常会见到住在中心家属区的邓先生,有时也会去他家里随意地聊会天。后来,我不常去中心了,就很少再有机会见到邓先生,况且这时邓先生年事已高,我也不便打扰了。我最后一次见到邓先生是在2016年,他让藏学中心的一位年轻朋友传话给我,让我去找他一下。邓先生晚年听力非常不好,电话交流比较困难,有事会用短信联系,这次他专门托朋友给我传话,让我去找他,这是以前从没有过的事情。待我去他家时才知道,邓先生找我其实没有其他别的事,就是想要把他刚刚出版的一本新书送给我。我认识邓先生的这三十余年,他一直都在做西藏历史的研究,但于此前的70年代,他做的最重要的学术项目就是参与谭其骧先生主持的《中国历史地图集》的编图工作,研究西北史地,积累了大量有关南宋、元朝西北边疆的历史地理资料,它们一直被束之高阁,到了邓先生生命的晚年他才终于有时间对它们进行重新的整理、修订和考证,最后汇成了《中国历史地图集南宋、元时期西北边疆图幅地理考释》一书(中国藏学出版社,2016年)。这是邓先生此生最后一部学术专著,倾注了他前后几十年的学术努力,完成时他已经是九十高龄了。我相信邓先生在完成他的这部人生的谢幕之作时,早已不再像当年写作《广西历史简说》时那样,急切地希望能得到向达先生的肯定,这个时候的邓先生对于我等晚辈学子早已经是如向达先生当年对于他那样的一种存在了,但邓先生对自己学术成果的珍惜依然如故,他希望他此生最后的学术成果能够很快得到学界广泛的认可和接受,因为这就是他的生命,除此之外,没有什么是他放心不下的!

和邓先生不算多的交往中,还有一件让我终生难忘的事情。大概是1993年的夏天,我从德国回国访学,在北京时联系了邓先生,并去他家里访问。当时邓先生还住在北京城里的老宅内,具体地址已记不清了,是一个不算大的四合院,颇有北京旧时人家的传统风格。邓先生和师母刘老师当时都是接近七十的老人了,打扮、说话、举止都特别传统、特别雅致,坐在他家的客厅与他们交谈,让我感觉就像是在观赏旧时电影中才见到的北京知识人家的日常生活。特别是刘老师,她的秀丽和优雅让我第一次见识到真正的大家闺秀。90年代初的北京是一个一切都处在急剧变化之中的大都会,嘈杂纷乱,百姓的生活一日三变。记得刘老师很是气愤地向我们诉说前几天发生的一件事情,说她那天想给邓先生包顿饺子吃,于是一个人去了附近的农贸市场买菜,她问一位菜农要买三两韭菜,没想到菜农不但不卖给她,反而对她冷言嘲讽,说我看你们家祖宗三代都买不起一斤韭菜。刘老师觉得这位菜农实在太无礼了,非常地生气,但一时竟不知道该怎么回击他,红着脸想了半天才终于回怼了过去,说:"我看你们家祖宗三代就从来没有出过一个读书人!"刘老师给我们讲这个故事时,依然愤愤不平,脸还是红的,但她觉得自己终于出了这口恶气,有力地回击了这位没文化的菜农。而当时我听着她说这番话,就像亲耳听到当年邓先生说"周总理说我好有什么用,向达先生说我好才真的是好"这句话一样,完全不知道该说些什么来安慰受伤了的刘老师。邓先生和刘老师真的是天生的一对,他们都有一颗高贵的心!

我和邓先生曾有过一段交往相对频繁的时期,这完全是一件意想不到的事情,但今天回忆起来却觉得格外温暖。2000年初,我受哈佛大学印度和梵文研究系教授范德康(Leonard van der Kuijp)先生的邀请去哈佛做半年的访问研究,一天竟在燕京图书馆内与邓先生不期而遇,不禁喜出望外。(图12-1至12-3)原来此时邓先生已从藏学中心离休,终于闲下来远赴早已在波士顿定居的女儿家探亲。在家闲着没事,邓先生就常常来哈佛燕京图书馆看书。他乡遇故知,本来就是人生最快意的事,更何况是和邓先生在哈佛相遇!这半年间,我

12 纪念邓锐龄先生（1925—2023）

图12-1 笔者和邓锐龄、陈庆英先生在哈佛大学校园合影

图12-2 笔者与陈庆英、王尧先生合影

我们还是香格里拉的囚徒吗?

图12-3　笔者与范德康(Leonard van der Kuijp)教授

12　纪念邓锐龄先生（1925—2023）

常常和邓先生见面，时时向他请教，还好几次拉上哈佛燕京图书馆的马小鹤、哈佛中亚语文学博士卡哈尔，还有同样在哈佛燕京访学的南京大学教授范金民等几位好友一起，和邓先生团团围坐在一起，听他谈论学问，诉说往事，照例是娓娓道来，其乐融融！我惊讶地发现邓先生已经是七十五岁高龄了，但他好像又重新回到了读书的年代，每天泡在燕京图书馆里，看他自己喜欢看的书。他说他以前做了太多别人让他做的事，现在离休了终于可以做自己喜欢做的事了。邓先生不只是一位藏学家，也是一位优秀的汉学家，对中国古典的学问有很深的造诣。记得有一次他兴奋地告诉我说，他今天在燕京图书馆仔细研究了《古文观止》里面的一个名篇，发现里面的词语全部都是至今常用的词语，没有一个冷僻的词语，可见好文章都是简单明白的，千万不要刻意地求深沉。

邓先生还告诉我，这段时间他主要在读中国的古典小说，他想研究中国古典小说中的西藏书写，而这正好也是我当时正在做的一个题目。比较而言，我研究元、明二代汉文文献中对西藏和藏传佛教的记载，做得比较功利，我只是把这些零散的资料从大量的汉族士人文集和小说等其他文献中挑选出来，排列比较，研究归纳，所以，很快就写出了关于元、明二代汉文文献中的番僧形象的文章。而邓先生显然不是这样简单地做历史研究的，他以汉学家（语文学家）的细致和耐心，一字一句地阅读这些小说，品味这些文本的微言大义，而并不是急着要把文本中与西藏相关的内容挑选出来，以避免完全脱离原有语境而去对这些资料做历史的和思想的解释。很晚我才看到邓先生发表了一篇题为《中国古典小说中所见藏事的痕迹》(《西藏民族学院学报》2010年第5期）的文章，但我清楚地知道他在这个主题的研究上所下的工夫绝不是这一篇文章所能概括的。我特别喜欢读邓先生的学术文章，因为它们不但都是长期积累、深思熟虑的结晶，学术分量特别厚重，而且他的文风也非常特别，既显现出邓先生极其深厚的中国传统学问的根底，也明显具有十分现代，甚至非常西化的文字风格。邓先生平生与陈寅恪先生一样，治"不古不今、不中不西"之学，其实是一位博古通今、学贯中西的学术大家，这在他的作文风格中我们可以看得非常明白。

今天，邓锐龄先生不幸离开了这个世界，中国藏学的一棵参天大树倒下了！邓先生的离开或也是属于他那个时代的藏学研究传统走向终结的一个标志，近二十年来世界藏学研究的面貌已经发生了天翻地覆的改变，属于邓先生那个时代的优秀藏学研究传统正在成为绝唱。随着曾深受邓先生推崇的佐藤长

（2008）和伯戴克（2010）等一代藏学大师们的离去，这个传统正慢慢远去，而幸运能与佐藤长、伯戴克先生一样得享近百年之高寿的邓锐龄先生或已是这个传统中的最后一位大师了，甚至可以说他是坚守这个传统的最后一份倔强了。但我相信邓先生的学术传统是不会那么容易被我们遗忘的，邓先生的学术品格将永远激励我们成长。邓先生没有在大学里当过老师，好像他并没有直接的弟子，但像我一样真心把邓先生当作自己的学术导师，一辈子都以邓先生为学习榜样的年轻一代（或二代、三代）的学者当不计其数，邓先生的优秀学术传统有望能够在中国继续发扬光大。虽然一代人有一代人的学术，学术在不断地发展和进步，邓先生的学术一定会被后人超越，但邓先生纯粹的学术精神、高贵的人生品格，则永远是我们的不朽楷模，"历千万祀，与天壤而同久，共三光而永光"。

2023年10月18日于美国双城

原载澎湃新闻2023年10月22日

13

无问西东　不舍我慢
——读《莲塘月色》忆段晴老师

今年五月十三日上午，我受邀来北京大学外国语学院参加"飞鸿雪泥　无计东西——段晴教授逝世周年追思会"。这是我第三次参加段老师的追思会。一位意气风发、不同凡响的优秀学者的遽然离世，给学术同行们带来的震撼惊天动地，无尽的哀思难以言表，段老师留下的故事和传奇则更是诉说不尽。这次的追思会上，段老师的一位学生生动地回忆起段老师如何现身说法，激励她做学术要勤勉精进的故事，段老师说她自己现在连睡觉的时间都没有了，生怕自己一觉醒来，扬之水又已经有新著出版了！为了学术，她可真的是把命都拼上了！其实，她完全可以不这么干的，她早已是大佬级别的明星学者，即使早早躺平了，江湖地位也已不可撼动，和她一起在20世纪80年代成名的学术大佬们，大多似乎有吃不完的老本，躺在过去的"功劳簿"上逍遥自在，她又何必那么拼命呢？

13　无问西东　不舍我慢

这次追思会上,主办者给与会代表分发了段晴老师的著作目录,翻开一看,最醒目的印象是段老师发表作品最多、最出色的竟是她生命的最后十余年。段老师一生勇猛无畏,精进于学问,眼下正处于学术的井喷期,天若有情,何不多假以时日?她的一生没有晚年,她的学术生涯结束于最辉煌的时刻!段老师的英年早逝,对中国西域历史语言研究这个小世界的影响,则真可谓令山河失色,江湖寂寞!就在这次追思会上,参会的代表们都获赠一册带着油墨香味的小书,它是段晴老师的随笔集——《莲塘月色》,作为"凤凰枝文丛"的一种由凤凰出版社最新出版。这部小书收录了段晴老师33篇随笔型的轻学术文章,分成"师友杂记""四海壮游""学林探胜"和"岁月随笔"等四个栏目。于我同行师友之中,段老师不只治学特别专深、特别顶真,而且为人特别有情怀,为文特别有文采。"莲塘月色"曾是段老师微博的名号,她一定很自信,觉得自己的文章可与"荷塘月色"媲美。在我非常短暂的于微博试水的时代,最常阅读的就是段老师的博文,十分喜欢她那些随性随意、妙趣横生的文章。现实中的段老师"口无遮拦",语出犀利、夸张,常常端着些不可一世、咄咄逼人的架势,而微博文章中的段老师,则兴致所至,从容游戏,谈天说地,皆是平常人心,显然放下了身段,多出了许多热爱花草树木、顾怜有

我们还是香格里拉的囚徒吗？

情众生的情趣和温婉。正是在读过她的这些博文之后，我才更好地认识了段晴老师。她不但是一位毕生不断追求卓越和进步的杰出学者，而且她还拥有一颗有趣的灵魂，对情、器世间都充满了好奇和向往，永无休止地探头张望着和大踏步地探索着。

收录于"师友杂记"栏目中的八篇文章，其中六篇是段老师回忆和纪念她的三位老师，即季羡林、金克木和威教授（A. Wezler）的文章，另外二篇分别追怀消失于北大教授餐厅中的那些似曾相识的同事们，以及记述她于新疆调研期间认识的几位维吾尔族兄弟姐妹们的故事。而其中的首篇《德国的印度学之初与季羡林先生的学术底蕴》则是段老师学术作品中的名篇巨作，记得当年我于夜行的火车上读到这篇发表于《敦煌吐鲁番研究》（第12卷，2011年）上的文章时，抑制不住的钦佩和喜悦，马上给段老师打了电话，告诉她这是我读到的所有纪念季先生的文章中的最好的一篇，相信世界上没有人比她更懂得季先生的学问，更懂得季先生的学问与世界印度学、语文学发展历史的深切关联。此后，我曾不知多少次地重读过这篇文章，也曾把它作为我"语文学与现代人文科学"课程的参考资料，让选课的同学们阅读、讨论，常读常新。而最近当我想对段老师的学术风格和成就做一个概括和总结时，我突然觉得她的这篇文章其实不只是对季先生和德国印度学之初的学术总结，而更是她对她自己的学术追求和学术理想的一个非常个人化的陈述（a personal statement）。段老师无疑是季先生的优秀学术传人，但严格说来他们走的是两条不同的学术道路，季先生接受的是德国印度学的最传统的学术训练，但回国后最重要的学术贡献是开创了一条中国式的印度学学术道路，于其学术盛年主要研究的是中印（中西）文化交流史，而段老师接受的同样是德国印度学和中亚语文学的学术训练，回国后依然更愿意坚守德国印度学的旧传统，即坚持"主要以梵文、巴利文等古代语言文献为研究对象，并基于这些语言的文献，展开对印度古代文化、宗教等领域的研究"。与我近年来积极倡导的语文学不同，段老师坚持要把philology对译作"语言学"，认为philology是对作为语言元素的整体的语言研究，应该运用比较的方法，以古老的语言为对比的基础，探寻某种语言的内部结构，以完美地理解和释读这些古代语言。显然，段老师始终把解读古印度和西域古代胡语文本作为自己最尖端和最理想的学术追求。

《德国的印度学之初与季羡林先生的学术底蕴》虽然是为纪念季先生去世一周年而写的回忆文章，但它不是一篇随笔类的小文章，而是一篇具有极高学术含量和意义的大文章，它是

我们还是香格里拉的囚徒吗？

对季先生以及德国、中国之印度学学术史的最好总结，它对我们今天从事印度学、佛学和西域历史语言研究都具有极其重要的学术指导意义。而收录在"师友杂记"中的其他文章，则确实是名副其实的随笔，记人忆事，如在眼前，读来亲切感人。季先生于四十年之后重访德国之行，对季先生个人和中西学术交流史而言，都具有十分重要的意义。对这件事情的经过，后人有种种离谱和不实的传言，而作为亲历者的段老师的当时的叙述，真切地还原了整个事件的原貌。多年前，我曾就外界对季先生重访德国的种种传闻求证于段老师，她都给我做了认真的澄清，很可惜她后来从未对此事作出任何公开的回应。

季先生的《留德十年》是一部脍炙人口的好书，记述留学生活的回忆类作品中至今没有见过一本比它更好读的书。当年我阅读季先生这本好书时，自己也正是一位留德攻读中亚语文学的博士生，读来自然别有一番滋味在心头。作为季先生的高足，段老师不但也有同样的留德和海外访学经验，而且也具有季先生同样的文字和文学表述能力，我多么希望段老师也能留下一部像《留德十年》一样精彩的留学生活回忆录。很可惜段老师没能得享季先生一样的高寿，她没有活到该停下来写回忆录的时候，如今她于海外留学时的很多有趣的经历和感悟，大部分都随着她的早逝而随风飘散去了。我们仅能在她对威教授的两篇回忆文章,以及在"四海壮游"栏目中的几篇留德游记中知道一鳞半爪了。

由于我自己同样有留德十年的经历,所以对段老师所述说的留德期间的人和事都不觉陌生。她笔下有趣又挺悲剧的威教授我也认识,他是德国汉堡大学的印度学家 Albrecht Wezler(1938—)先生,执掌印度学教席达三十年之久(1973—2003)。威教授是段老师留学汉堡时的学科掌门人,同时也是尼泊尔-德国抄本编目计划(The Nepalese-German Manuscript Cataloguing Project)和尼泊尔科研中心(Nepal Research Center)的负责人,先后与段老师在汉堡同学的有许多位是今日学界的名流,如哈佛大学的范德康教授(Leonard van der Kuijp)等,他们都曾得到过威教授的激励和扶持,故都对威教授感恩戴德、敬爱有加。我于21世纪初才认识威教授,曾在蓝毗尼、京都和汉堡等地遇见过他,那时他已经患有严重的精神疾患,常会做一些令人啼笑皆非的事情,但他曾经的弟子们都像待自己的父亲一样厚待他,任他胡言乱语,像小孩一样折腾。可每当 Wezler 教授清醒的时候,他依然还有着一位十分体恤、关心后辈学者健康成长的大师风范。他对段老师印象深刻、赞誉有加,深以汉堡大学培养出了段老师这样杰出的中亚语文学家为荣!说起来,段老师留学德国的时间并不长,她在

我们还是香格里拉的囚徒吗？

汉堡仅仅用了四年时间就获得了博士学位，这对于一位外国留学生来说是很不寻常的。更难能可贵的是，段老师对德国印度学和中亚语文学学术的深刻领会，她对西域古代语言、文献研究的卓越成就，不但在留德学人中鹤立鸡群，而且与她同时代的西方学人相比，她也是数一数二的佼佼者。大家知道，段老师向来对自己学生的特别的爱护和扶持，护犊之情，常常溢于言表，这或许是她从汉堡的威教授那里继承过来的优秀传统。

收录在"学林探胜"栏目中的九篇文章，其实全都是高质量的优秀学术论文，只是它们都用相对普通、易懂，或者用讲座稿的形式呈现，少了些令人望而生畏的学究气，它们对了解段老师的学术风格和成就都具有非常典型的意义。《西域的胡语文书》是帮助读者了解古代西域非汉语文献及它们的价值和研究概况的最简明扼要的介绍文章，中国学者从事西域历史语言研究的短板，过去是、现在依然是对西域胡语文书研究的不力和不足。段老师曾经是这个领域内极少数的权威学者之一，她的早逝使中国学者重又失去了在这个领域内的国际影响力。《于阗文的蚕字、茧字、丝字》《丝路之畔的赫尔墨斯》《于阗语〈罗摩衍那〉的故事》等三篇文章，反映的是段老师卓越的专业成就。段老师通常被人认为是一位杰出的印度学家，但她于德国修学的专业是印度−伊朗语学，最擅长的是做于阗语文研究，上述三篇文章凸显她于古代于阗语文研究所作出的杰出成就。段老师是继她的博士指导老师Ronald E. Emmerick先生之后世界最杰出的于阗语研究专家之一，她曾自负地说她对于阗语的研究已经超越了她的老师。我想这一定也正是Emmerick先生寄予段老师这位天赋异禀的中国留学生的希望，学生若不能超越自己的老师，学术进步又从何而来呢？

特别值得一提的是，收录在"学术揽胜"栏目中的《面如满月——浅谈中印审美观的差异》和《印度人的自然观探索》这两篇文章，显示出了与段老师通常所从事的西域古代历史语言研究完全不同的学术面向，它们更像是比较文学或者文学史、思想史式的研究。这两篇文章分别发表于1996年和1998年，它们的写作或与段老师追随当时季先生所主导的比较文学研究、印度文化史研究有关，亦反映出了当时段老师手头没有可供她释读、研究的西域古代胡语文献的窘态，真是英雄无用武之地，故不得不随大流地做一些非她原本专业的学问。令人钦佩的是，段老师果真才高八斗，就是写这种比较文学或者文化史式的文章，也同样不同凡响，文章写得极其漂亮，也极有内涵。可以想象，要不是进入21世纪以后，段老师先后获得了许多可供其释读、研究的西域古代胡语文献，使她终于能回归她早先的理想的学术道路，从此重新焕发出了不可遏制的学术激情，作出了非凡的学术成就，否则，她或许也会走上季先生回国之后所开创的学术道路，在中国式的印度学学术领域内，创造出前所未有的辉煌。

收录在"岁月随笔"栏目中的八篇文章，至少有二篇，即《素材是人文科学的基础——从一件叙利亚语文书谈起》和《大秦寺的守望者》，依然是发表于学术刊物上的轻学术文章，讲的是叙利亚文书的解读和梵巴语学科的建设，以及《大秦景教流行中国碑》和景教于中国传播的历史，它们或更应该归入"学术揽胜"栏目。而其中的第一篇《迎接挑战》则是段老师于不惑之年回忆自己读书、成长的经历，这是段老师很少有的系统回忆自己生平的文章，弥足珍贵。而书中的最后五个短篇，则都采编自段老师的微博"莲塘月色"，记的都是段老师一时一境、灵光一闪的发现和体会，事关岁月和身边的人事，虽然是即兴的博文，但灵动、隽永，读来十分受益。记得当时读段老师微博时，还有多篇这类的文章，给我留下了非常深刻的印象，可惜它们没有都被收进这本《莲塘月色》中。

段老师已经离开我们一年多了，她和她的故事正在成为传奇。《莲塘月色》或不能算是段老师最杰出的学术代表作，但它无疑是我们了解段老师辉煌的学术人生的最好的入门书。我们若想要了解段老师的学术经历、成就和理想，想知道段老师是怎样的一位毕生追求卓越的优秀学者，一位风风火火有社会担当的女强人，一位悲天悯人、热爱花木虫草的平常女子，我们就应当从读她身后留下的这本《莲塘月色》开始。

原载《中国社会科学报》2023年7月26日第7版

14

中西学术中的藏学和民族、宗教研究

北美中国史研究受内亚学、民族主义、后现代主义的影响,逐渐发生了中国史研究的"族群转向",转而从非汉民族的视角分析元、清等王朝。北美学者对"汉化论"的质疑引起了国内学者的警惕与批评。另一方面,无论是班固笔下的"夷狄之人贪而好利……人而兽心"(《汉书·匈奴传下》),还是欧阳修笔下的"夷狄资悍贪,人外而兽内,惟剽夺是视"(《新唐书·回鹘上》)都显示出,在传统的汉文历史书写中,存在着对非汉族群的文化偏见。这种书写传统对于理解当代中国的身份认同,显然是负面的。历史上各族之间的联系与互动缔造了中国多元一体的民族结构。因此,如何从文化多元的角度正确审视中国历史上的非汉族群,成为了当代历史学家正在努力的工作。如何克服国外学界"族群转向"与汉族中心主义视角

14　中西学术中的藏学和民族、宗教研究

的种种弊端？如何重建古代中国族群关系的历史叙事？沈卫荣教授从藏学研究的角度，给出了自己的见解。

藏学研究是沈卫荣的本业之一。无论是早期对元、明时代的西藏地方与中央政治关系的研究，还是纯粹的藏传佛教文献与历史研究，抑或近二十年利用黑水城出土的藏传密教文献，研究其在西夏、元、明时代各民族间传播的历史，都显示出沈卫荣幅员辽阔的学术疆域。

受萨义德影响，沈卫荣将东方主义的理论纳入了自身对藏学研究的思考中。从西方世界对西藏"香格里拉式"的想象，到近些年文青和小资们将西藏视为逃离城市压迫的净土，沈卫荣都进行了严肃的批评。他指出"想象西藏"给西藏带来的一定不仅仅是益处，它同时也会带来很多负面的影响。真实的西藏已经足够好、足够美、足够奇特、足够有魅力，我们根本不需要按照我们的想望，再去想象出一个比这更美、更好的西藏来。

就沈卫荣的藏学研究、汉族中心主义视角、东西话语之争背景下的学术对话，以及重建中国的多民族语文研究等议题，《燕京书评》专访了沈卫荣教授。

燕京书评：您的藏学研究有很多是对国际学术热点议题的

回应，无论是解读西方对西藏的复杂想象，还是追寻元明清宗教制度、治藏政策连续性的线束，这些研究的国际反响如何？柯盖德大学鲁大维教授的研究与您的旨趣是否存在相似之处（对元明清宫廷文化与边疆政策继承性的研究）？

沈卫荣：事实上，我迄今所做的藏学研究并不是完全如你所说的那样的。我自己的藏学研究有以下几个重点，第一个是元、明时代的西藏研究，早期比较重视政治关系史的研究，后期则更主要是做宗教文化史的研究；第二个是比较纯粹的藏传佛教文献和历史研究，从我做博士论文时研究第一世达赖喇嘛的生平和活佛转世制度的建立开始，到后来翻译、研究宁玛派、萨迦派的密教文献和教法，大都属于这第二个类别；第三个则是我近二十年来的研究重点，即是从发现和整理黑水城出土藏传密教文献出发，深入研究藏传佛教后弘期初期所传密法，以及它们在西夏、元、明时代各民族间传播的历史。海外藏学界应该主要是通过我以上这三个方面的学术成果而对我有所了解的。我的博士论文是用德文由德国华裔学志社正式出版的[*Leben und historische Bedeutung des ersten Dalai Lama dGe 'dun grub pa dpal bzang po (1391–1474): ein Beitrag zur Geschichte und der Institution der Dalai Lamas*. Sankt Augustin: Institut Monumenta Serica, 2002]，我于其他两个研究领域的主要论文先后也都用英文发表过,所以,西方的学术同行们对我的研究或许是不陌生的。还有,西方藏学界和佛教学界对我的了解,或是因为近二十年来,我不断地在倡导和建构一个名叫"汉藏佛学"(Sino-Tibetan Buddhist Studies)的新的学术领域,就像我在国内学界倡导和宣传"语文学"一样,我的学术关键词里面排在前几位的一定是"汉藏佛学"。很令人高兴的是,现在越来越多的西方学术同行接受了"汉藏佛学"这个概念,我和意大利学者Ester Bianchi教授联合主编的一部英文的汉藏佛学论文集,由西方多国佛教学者提供论文,很快就会由荷兰的博睿出版社(Brill)出版了。

你提到的我写的一些看起来"是对国际学术热点议题的回应"的文章,严格说来,它们不属于我的专业技术范围(expertise),它们更多是我写给国人们自己看的。例如,我写过一些"解读西方对西藏的复杂想象"的文章,其中很多具体的内容和细节,我都是借鉴了Donald Lopez(1952—)先生等西方学者们的研究成果,我相信西方人自己对西方之东方主义和帝国主义思想影响下的西藏想象的反思和批判,要比像我这样的东方学者做得深刻和切中要害得多,而我的贡献或在于借助他们的研究成果进一步地向国人们说明西方人的"西藏热",或者所谓"西藏问题",到底是怎么一回事?它的本质是

我们还是香格里拉的囚徒吗？

什么？当然，我也借用了他们的这种后殖民主义文化批评方法，对汉人文化传统中的西藏和藏传佛教想象做过一系列的反思和研究，这些文章亦曾都用英文在西方发表过，受到了西方学术同行们的注意。

至于我写过的"追寻元明清宗教制度、治藏政策连续性的线束"的文章，是我早年从事蒙元史研究的余波，也是为了回应"大元史"和"新清史"的说法而写的。如果说在这些问题上我的观点比西方学者，例如已故的 Elliot Sperling（1951—2017）教授等藏学家的观点，更加客观和有说服力的话，那是因为我本来是学习中国历史出身的，而且从事的是蒙元史研究，不像他们仅仅是从藏学或者满族史的角度出发来谈论这些属于整个中国历史的问题的。柯盖德大学鲁大维（David M. Robinson, 1965— ）教授开始研究"元明清宫廷文化与边疆政策继承性"的时候，我正好和他同住在位于京都修学院的京都大学国际会馆中，当时他的关注点是明代宫廷文化中对蒙古因素的继承，对此我们有过多次的讨论，我完全同意他的观察，明朝取代元朝后并没有如过去人们习惯以为的那样，完全排斥和去除了前朝蒙古人留下的影响，相反明朝保留了很多典型的蒙古政治、制度和生活、文化习俗和传统。后来，鲁大维教授还就这个题目在我主编的《西域历史语言研究集刊》上发表过长篇的论文（David M. Robinson, "The Ming Court and Inner Eurasia",《西域历史语言研究集刊》，第二辑，科学出版社，2009年，351—374页）。至于我个人在这个领域的研究，和鲁大维重视收集和观察政治、制度、社会、风俗和物质文明方面的史料不同，我主要依靠对西夏、元、明三代汉译藏传密教文献的发现和研究，构建西夏、元、明三代宗教文化和制度上的继承性和连续性。尽管如傅斯年所说史学和语【文】学是一体的，但严格说来，我做的研究更多是佛教语文学研究，所谓"从文本批评中建构历史"（history through textual criticism），而鲁大维的研究则更多是很传统的史学研究，然殊途同归，结论十分类似。

燕京书评：在多年以前，一些城市青年燃起了对西藏的兴趣，认为那里是逃离城市压迫的净土。伴随着这种"西藏热"的是市面上随处可见的仓央嘉措情歌集，以及有关西藏的旅行文学。这种将西藏想象为逃离城市压迫的"净土"的热情是新一轮的"想象西藏"吗？文青的想象与詹姆斯·希尔顿《失落的地平线》所构建的"香格里拉"异同之处在哪里？作为心灵寄托的西藏，不论真实与否，在治愈青年精神危机的同时，能够带动地方经济。是否可以理解为"想象西藏"也是有诸多现

我们还是香格里拉的囚徒吗？

实益处的？

沈卫荣：这个题目我这十多年来讲过太多次了，但时常还会被人问起，说明它依然没有被很好地解决，"西藏热"也还一直延续着。"想象西藏"历史悠久，从西方到东方，稀奇古怪，花样百出，且不断翻新。简单说来，"想象西藏"不过就是人们将自己美好的人生理想和生命期待统统投射到西藏这个他者身上，在它身上设计出一个绚丽多彩的、与现实完全不一样的，甚至是对立的理想世界，一个完美无瑕的乌托邦，然后，将自己全部的热血和激情都投入进去，直至可以生死相许。我曾在1990年代的欧美，切身体验了巅峰期"想象西藏"的盛况，没想到近三十年之后，我又在自己的国家里，再次经历了这样火热的场面。二十年前，Lopez教授曾将这类西藏发烧友称为"香格里拉的囚徒"，如今眼见得西方的发烧友们日见减少，可中国超级发烧友的数量却与日俱增，"香格里拉的囚徒"越变越多，真的是长江后浪推前浪，一浪高过一浪。

公平地说，当下中国"城市小资产阶级"想象中的西藏是不能与詹姆斯·希尔顿（James Hilton）于《失落的地平线》（*Lost Horizon*）中所构建的"香格里拉"同日而语的。除了对地理面貌的描写容易让人联想到西藏以外，其实希尔顿笔下的"香格里拉"和西藏没有任何关系。香格里拉纯粹是一个想象出来的西方式的世外桃源，其中充满了帝国主义和殖民主义的腐臭。它是希尔顿专门为受困于两次世界大战之间的西方政治精英和精神贵族们设计和量身打造出来的一个人间乐园。香格里拉的居民绝大部分是西方人，他们在此所享受的物质文明和精神文化也大都来自西方，它是一个由西方基督教神权严格控制和统治下的迷你型欧洲小王国。而当下中国的文青和都市小资们所想象的西藏这块"净土"，则仅仅是无垠的虚空下一片壮丽和宁静的乐土，天高云淡、山清水秀，于此，人们不但可以闲适地享受高原纯净、奇伟的自然风貌，可以在淳朴、温良的人文环境中和谐欢喜地生活，每天早上迎接你的都将是丁真欢快和俊美的笑脸，而且还可以彻底地放下躺平，让自己的精神无所挂碍，自由自在地去憧憬只属于你自己的诗和远方，"不负如来不负卿"。对这样的一块"净土"的热望，无非是表达了当下生活在快速实现了工业化和现代化之后的中国社会，特别是大城市中的文青和小资们对自己目前生存状态的焦虑和不满，需要有想象中的西藏这样一块可供选择的乐土，需要每天像丁真一样自在地欢笑和歌唱。

以前我曾写过一些文章，想要去解构这个"想象中的西藏"，去解构"香格里拉"，因此亦曾引起过一些青年藏族读者们的误解和批评。不得不承认，在今天的现实生活中，我们确

我们还是香格里拉的囚徒吗?

实已经很难将现实的西藏和想象的西藏截然地区分开来,也没有足够的能力将一个原本的藏传佛教和一个被神话化了的藏传佛教严格地区分开来,所以,当我去解构这个"想象西藏"时,别人或就会误解你是要去解构现实的西藏和藏传佛教。而且正如你所说,"作为心灵寄托的西藏,不论真实与否,在治愈青年精神危机的同时,能够带动地方经济","想象西藏"显然已为西藏带来了很多看得见的现实利益。在这样的情况下,你若再要去解构这个"想象西藏",这好像已经不再是一个学术的问题了,别人有可能要怀疑你做人是否厚道。但是,我依然要强调的是,"想象西藏"给西藏带来的一定不仅仅是益处,它同时也会带来很多负面的影响。与对"想象西藏"的热衷同时发生的一定是对现实西藏的误解和漠视,习惯了"想象西藏",人们一定会对现实的西藏产生困惑,或想要把他们想象的东西强加给现实的西藏,希望把他们的乌托邦理想转化成西藏的现实,而不幸的是,这样的理想是永远都不可能实现的。

几年前,我曾经在一篇文章中指出眼下世界范围的对藏传佛教的热爱极有可能将藏传佛教引入歧途,很多人对此不理解,以为我这是在批判藏传佛教。其实,我想表达的意思很明白,无非是说那些表面上醉心于藏传佛教的洋大人们,不过就是一群热爱"似龙而非龙者也"的叶公子高式的人物,他们或者把藏传佛教简单化为"爱与慈悲"和"和平与非暴力"类的鸡汤式教条,或者把藏传佛教神秘化为专门显现神通、赐予加持的现代魔术,他们并不是真的理解、信仰和实修藏传佛教。如果我们真的相信了他们表面上所说的这一套,或者为了满足他们的想象和期待而有意地去改变藏传佛教的教法和修行,那么藏传佛教岂不就是已经走上歧途了吗?我坚持认为"想象西藏"给西藏带来的坏处一定远多于益处,所以,我还是会继续做解构"想象西藏"的工作。你提到"市面上到处可见的仓央嘉措情歌",这确实是国内的文青和小资们近年来制作的"想象西藏"的经典产品。去年夏天,我和十多名清华和人大的博士生们团结抗疫,联合组织了一个网上读书班,用语文学的方法一字字、一句句、一首首地重读了仓央嘉措(1683—1706)的情歌集,希望我们很快能够把我们对仓央嘉措情歌的语文学解读发表出来,将他的真实面貌揭示给广大读者,把他情歌中隐藏的真实密义揭露出来,以去掉人们强加给他的那些当今文青和小资们最钟情的小调调和小情感。其实,真实的西藏已经足够好、足够美、足够奇特、足够有魅力,我们根本不需要按照我们的想望,再去想象出一个比这更美、更好的西藏来,让我们痴情地去顶礼、歌咏和赞叹它,有一天当我们的梦想幻灭的时候，长久笼罩着我们的必将是无尽的失望、沮丧和愤懑。

燕京书评：对 lugs gnyis 的翻译与解释五花八门，例如"两种制度""两种法律""政教二道""政教合一"等，韩国学者金成修与日本学者石滨裕美子对"政教二道"有专门的论述（后者的观点您有过回应）。从不同学者的研究来看，"政教二道"在各个历史时期的表现是极为不同的，例如明清之际蒙藏世界的"政教二道"强调"王政"与"教法"平等的合作关系，以及各自在不同维度的权威。而到了清代，"教法"从属于"王政"。您能不能简单介绍下 lugs gnyis 的源流，以及蒙古王公、西藏喇嘛精英、清代君主如何从各自角度理解 lugs gnyis？ 清代君主在接受 lugs gnyis 的过程中，如何淡化其对君权的约束力？例如五世达赖在进京途中（在青海），（对咱雅班第达）评价顺治帝"此汗很傲慢"，这是否从侧面反映了清代"王政"高于"教法"？

沈卫荣：我觉得这个问题你最好请专门从事明清蒙古史和清史的专家们来回答，我是藏学家，我懂的只是"政教二道"或者"政教合一"在西藏佛教和历史视阈中是什么意思。如你所说，"对 lugs gnyis 的翻译与解释五花八门"，实际上与这概念对应的藏语词汇本来就并非只有 lugs gnyis 一个，例如还有

khrims gnyis, gtsug lag gnyis 或者 chos srid zung 'brel 等等。我想在我们要衡量清代"王权【王政】"与"教法【法政】"孰轻孰重、孰高孰低之前，最好先来解释一下"政教二道"于西藏历史的佛教化叙事中到底是个什么意思？

简单说来，"政教合一"是藏传佛教后弘期佛教思想家们创造出来的一种佛教政治理念。吐蕃王朝灭亡以后，西藏再没有出现一个能够统一西藏的世俗政治力量，地方贵族的影响力也日趋式微，而佛教寺院和宗派势力则不断壮大，各宗派领袖在地方世俗政治中的影响力迅速提升。在这样的历史条件下，西藏的佛教思想家们开始构建和宣传"政教合一"理念，鼓吹西藏是观音菩萨的化土，而转世活佛是观音菩萨的化身，他们不但是悲智双运的佛教领袖，而且还是雄才大略的转轮圣王，同时引领世俗政治和佛教事业，是西藏政教合一的领袖。为了有效地宣传这样的佛教政治理念，他们首先把吐蕃王国的第一代赞普松赞干布（617—650）塑定为观音菩萨化身，把他打造成一位集"法王"和"转轮王"于一身的理想型的"菩萨皇帝"，然后，按照这个被制造出来的松赞干布形象来塑造和认定达赖喇嘛等转世活佛，同样赋予他们以"政教合一"的合法统治权力。

不得不说，"政教合一"理念和与它相关联的转世活佛制度是藏传佛教的一个天才的创造,它是藏传佛教区别于其他任何佛教传统自主创新的一个标志性特点。但是,"政教合一"的理念就是在西藏也从来没有得到过全面和充分的实现,西藏历史上再也没有出现过另一位像松赞干布一样的"雄强丈夫"。西藏宗教社会或确实可以被认为是一个"政教合一"的社会,因为各个佛教教派和寺院,以及他们各自的转世活佛,都在其所居住的地域范围内,实施了一定程度的"政教合一"的统治。但是,于整个西藏而言,也大概只有五世达赖喇嘛(1617—1682)一人或可算得上是一位可与松赞干布的理想形象相匹配的西藏"政教合一"领袖。总而言之,就是在西藏,"政教合一"也并没有按照其设想的那样,成为一个行之有效的、可以贯彻和统治整个西藏的主流意识形态。"政教二道"理念无疑曾经传到了蒙古和满族人中间,但他们对它的接受和理解,不但和西藏佛教思想家设想的本来意义并不一致,而且作为王公贵族或者佛教上师的蒙古人,和作为大清帝国统治者的满洲人,他们对这种西藏佛教政治理念的理解和接受,同样也是有很大的区别的。我曾经批评石滨裕美子教授的相关论著,认为她仅仅从纸面上的记载,或者说仅仅从文本语文学研究的角度出发,来设计清朝建立的什么"佛教政府",而完全不考察清朝统治的具体历史实践,这不是历史研究的正道,她的结论是没有说服力的。

此外，我在以前回应"新清史"的那篇文章中，曾引用过中国人民大学国学院乌云毕力格教授对蒙文史著《白史》的精彩研究成果（《王政者，文武二治也——释〈白史〉中的ANKKA与KILBAR（ČINK、IIQ-A）》，《西域历史语言研究集刊》，第六辑，科学出版社，2013年）。《白史》是蒙古文史书中最早出现和讨论"政教合一"这一概念的文献，但它所解释的"政教二道"却已经与藏传佛教中最早提出的那个政治理念南辕北辙了，它再把"政"和"教"各细分为二，"教"分显密，"政"分文武，显然它已经参杂和吸收了汉地宗教和政治理念的影响。而对于清代皇帝来说，我觉得根本就不存在一个"法政"和"王政"孰重孰轻的问题，即使还真有一个"法政"存在，那么这和以达赖喇嘛为代表的藏传佛教的参与也并无直接的关联，雍正皇帝（1678—1735）说"朕即释主"，乾隆皇帝（1711—1799）说"朕即法王"，而西藏喇嘛也称他们为文殊菩萨的化身，他们于宗教上的地位本来就与作为观音菩萨转世的西藏转世活佛们平等无二，清朝皇帝自己或才真的是包括西藏在内的大清帝国的政教合一的领袖，而蒙古王公、西藏喇嘛则统统都是他统治下的臣民，二者孰重孰轻，不言而喻。当然，到底清朝皇帝的"法政"是否仅仅只是纸面上的东西，或者说清代还真的有过"法政"和"王政"的对立，这应该请研究清史的专家们来回答。

燕京书评：您对"供施关系"（yon mchod）内涵与外延也进行过精彩的阐释（《大元史与新清史》，第二章《中世纪西藏史家笔下的蒙元王朝及其与西藏的关系》，上海古籍出版社，2019年），您认为"供施关系"是藏传佛教史学书写的一种"技巧"，萨思迦僧侣通过创造与蒙古大汗关系密切的宗教术语，将蒙元朝廷对西藏的彻底经营，上升为萨思迦帝师与蒙古大汗的个人关系，从而利用蒙元王朝的政治、军事资源，以及宗教话语塑造的合法性，压制藏地盘根错节的反对派与地方贵族。美国学者欧扬对金瓶掣签的研究与您殊途同归（Max Oidtmann, *Forging the Golden Urm: The Qing Empire and the Politics of Reincarnation in Tibet*. Columbia University Press, 2018），欧氏通过对有关金瓶掣签制定，实施的满、藏、汉文献档案的分析，指出清代的君主用法律而不是信仰强化了对西藏的管理，清代统治者并没有像格鲁派高层那样理解"供施关系"，也没有将自己的政治议程服务于格鲁派的宗教目标［欧扬认为，清朝的统治者在与格鲁派上层喇嘛的信件中巧妙地颠倒了藏语文本中"教法"与"王政"（Dharma and statecraft）的关系,在满蒙文本中将世俗统治者的"王政"明确地置于格鲁派的"教法"之上(statecraft and the Dharma),第36页]。但充满悖论的是,在六世班禅来访北京之际,乾隆皇帝一方面蠲除了前者所有作为臣子的礼仪义务(显示了前者高于普通臣民的地位);而另一方面,(十多年后)乾隆命令和琳、松筠不得瞻礼(跪拜)达赖喇嘛,以显示驻藏大臣与达赖、班禅平等。无论是"精神导师"抑或"工具论",似乎都无法解释清代主权、信仰之间的复杂关系。我们该如何理解清代君主对于边疆治理与宗教信仰之间的平衡?

沈卫荣:你问的这个问题让我有点感动!这是我发表的一篇不太起眼的文章,你作为一名非藏学专业的读者,却读得那么细致,还从中引发进一步的思考,实在难能可贵,真希望我的那些学术同行们也能像你一样理解我写这篇小文章的良苦用心。半个多世纪以来,"供施关系"是西藏佛教史上的一种具有特殊意义的历史叙事,它是国际藏学界普遍认可的一种"宏大的政治和宗教架构中的历史话语"。20世纪60年代,流亡海外的藏族学者孜本·夏格巴·旺秋德丹(Rtsis dpon Zhwa sgab pa dBang phyug bde ldan, 1907—1989)先生出版了一部《西藏政治史》(*Tibet: A Political History*. New Haven: Yale University Press, 1967),其中一章明确地用西藏佛教史家所描述的萨思迦帝师与蒙古大汗之间缔结的所谓"供施关系",来解读元代中国与西藏地方的关系,强调这是喇嘛和大汗之间建立的一种于政教二途互利互惠的宗教关系,而不是中央和地方之间的政治上的从属和依附关系。

按西方的学术标准,夏格巴的《西藏政治史》不能算是一部高质量的学术著作,但它是迄止当时出现的第一部通史型的西藏政治史著作,故引起了很大的反响。特别是他在书中提出的"供施关系说",很快就成为西方藏学界广泛流行的一种西藏历史叙事。大家似乎都很乐意接受这种对元代中国与西藏地方关系的纯粹宗教化的解释,甚至连当时的国际佛教协会主席、著名的印藏佛学大家David Seyfort Ruegg(1931—2020)先生,亦还曾很用心地探讨过"供施关系"这个宗教/社会概念在印藏佛教语境中可能的意义,他无法在现代西方政治、宗教学术体系中找到一个与其相对应的词汇和概念,所以不得不将它归结为西藏佛教史家们专门创造出来的一个特殊的政治/外交概念(David Seyfort Ruegg, "mChod yon, yon mchod and mchod gnas/yon gnas: on the Historiography and Semantics of a Tibetan Religio-social and Religio-political Concept", in E. Steinkellner ed. *Tibetan History and Language, Studies Dedicated to Uray Geza on His Seventieth Birthday*. Universitat Wien: Arbeitskreis für

Tibetische und Buddhistische Studien, 1991, pp.441-453）。于是，"供施关系"和"政教合一"一样，成为藏传佛教自主创新的标志性成就之一。

毋庸讳言，夏格巴提出这种"供施关系说"和它在西方学界被广泛接受，背后都有明显的政治因素在起作用。它直接与"自元朝以来，西藏成为中国领土之不可分割的一个组成部分"的说法背道而驰，是故很早就引起了中国学者们的注意和批判。不幸的是，由于中国学者们对"供施关系说"的批判更多是以政治论诤的面目出现的，故它们很少能够得到西方学者们的重视和正面回应，而"供施关系说"则一直是近几十年来西方流行的"西藏话语"的重要组成部分。如前所说，我的学术生涯是从学习蒙元史开始的，我学习西藏语文的初心就是要研究元代西藏史，我自认为我是研究元代中国与西藏地方之关系历史的权威之一。可是，在我于西方求学的十余年间，不知有多少次我曾经试图与我的西方同学和同行们就这段历史做理性的讨论，可每次都是不欢而散，他们想不通平常似乎挺开明的我怎么在这个问题上竟然如此冥顽不化。深信"供施关系说"的西方藏学家们，根本听不进我这个中国西藏历史学家对这段历史的任何权威解释，反而怀疑我这位平常看起来好像很西化的、很理性的藏学家是否也肩负着特殊的政治使命。

我写这篇《中世纪西藏史家笔下的蒙元王朝及其与西藏的关系》就是想通过阅读元明时代西藏喇嘛们留下的藏文文献资料,来考察他们是如何认识和理解他们与蒙古大汗之间的这种"供施关系"的,以此为我们今天正确地理解蒙元王朝与西藏地方关系历史的真实面貌提供更多的一手资料。事实上,对元代如何切实统治和管理西藏地方的历史,曾担任过国际藏学会主席的意大利著名藏学家Luciano Petech(1914—2010)先生早已经做了非常精湛和权威的研究(Luciano Petech, *Central Tibet and the Mongols: the Yüan-Sa-skya Period of Tibetan History*. Rome: Istituto Italiano per il Medio ed Estremo Oriente, Istituto Universitario Orientale, 1990),而对八思巴帝师(1235—1280)和忽必烈汗(1215—1294)之间实际的君臣关系,20世纪80年代英年早逝的匈牙利藏学家János Szerb(1951—1988)先生也曾发表过多篇精彩的论文,他依靠八思巴在其文集中透露出的信息,说明即使身处帝师高位,但依然还是臣下的地位(János Szerb, "Glosses on the oeuvre of Blama 'Phags Pa: On the activity of the Sa Skya Pandita", in Michael Aris and Aung San Suu Kyi eds., *Tibetan Studies in Honor of Hugh Richardson*. Warminster: Aris and Phillips, 1979, pp.290-300; "Glosses On the Oeuvre of Bla-ma 'Phags- pa: II. Some Notes On the Events of the Years

1251-1254", *Acta Orientalia Academiae Scientiarum Hungaricae*, Vol.34, No.1/3(1980), pp.263-285）。遗憾的是，西方人依然更相信他们自己愿意相信的历史，坚持要把"供施关系"当作解释这段历史的不二法门。而我这篇迟到的研究文章则揭示了所谓"供施关系说"，不过是萨思迦派喇嘛们为了抬高他们自己于西藏地方政治和宗教社会中的特殊地位，并为他们担任蒙古大汗于西藏地方的官方代理人寻找合法的理由，而精心制造出来的一种方便说法，它是萨思迦喇嘛玩弄的一种政治伎俩，在表面的宗教化说辞背后，其潜藏的政治动机和意义昭然若揭。

基于以上这种认识，当我们继续考察元以后西藏宗教领袖试图效法八思巴帝师与忽必烈汗建立"供施关系"的榜样，寻求与世俗政治和军事领袖结盟的历史时，例如，第三世达赖喇嘛索南嘉措（1543—1588）寻求与俺答汗（1507—1582）、五世达赖寻求与固始汗（1582—1655）和清朝顺治皇帝（1638—1661）建立"供施关系"等，则不难发现他们的出发点其实都是首先要与后者建立政治和军事的同盟，其宗教的目的明显是次要的。我还没有细读Max Oidtmann教授的大作，但对他的结论没有丝毫的疑问，"供施关系"是西藏佛教史家创造出来的一个政治/宗教概念，不管是元朝皇帝，还是清朝皇帝，他们是不可能按照西藏喇嘛们自己一厢情愿设计出来的这种政教关系模式,来处理他们和西藏喇嘛之间的政教关系的。虽然,忽必烈汗和乾隆皇帝或对藏传佛教都有很深刻的信仰,但这不会影响他们对西藏的政治、军事和经济统治策略,相反,他们个人对藏传佛教的信仰或才是他们用以更好地政治控制西藏的一种方便法门,这至少是乾隆皇帝在他的"喇嘛说"中竭力想要向读者表达的一种说法。总而言之,"供施关系"论从头到尾都充满了政治意义,就是今天海外藏族史家和他们的西方支持者蓄意夸大"供施关系"的宗教意义,以此来解释元代中国与西藏地方关系史的性质,其背后的政治动机亦同样是不言而喻的。

燕京书评:一些学者主张从边缘看中心,从边疆看中国,从而消解汉族中心主义的不利影响。但值得注意的是,非汉族的史料也存在着固化汉人形象的记载,以及明显的建构成分。例如,您曾经指出的,在蒙藏的历史书写传统中,往往将其祖先追溯为释迦王族的后裔。在这样的背景下,如何平衡各方视角的差异?如何重建出更为包容、更具多元性的民族史叙事?

沈卫荣:我试试换一个角度来回答你的问题:眼下全国已有十五所高校正式建立了"铸牢中华民族共同体意识研究基

地",还有更多的学校建立了同名的学院,许多民族院校则把原来的民族研究院改名为"铸牢中华民族共同体研究院"。铸牢中华民族共同体意识,确立中国是一个由五十六个民族组成的共同体,中华民族是作为一个民族国家的当代中国的身份认同,这无疑是非常必要和十分正确的。我理解在这样的一个"中华民族",或者"中华民族共同体"中,五十六个民族都是中华民族大家庭的一分子,他们之间应该互相平等,没有大小和多数、少数之分别。所以,铸牢中华民族共同体意识应该不仅仅是涉及边疆和"少数民族"的事情,而是事关全国各族人民的一件大事。从这个认知出发,我相信坚定不移地批判和破除汉族中心主义,对于铸牢中华民族共同体意识的重要意义,当丝毫不亚于我们在边疆和民族地区加强对中华民族共同体意识的树立和培养。于当下的中国,各地区、各民族之间的政治、经济、社会和文化联系已经是如此的紧密和统一,再在它们之间硬作边缘与中心、内地与边疆的划分,已经没有太大的实际意义了。所谓"从边缘看中心,从边疆看中国"谈论的或都是历史上的中国和边疆的问题,对此,我们首先需要对中国有一个明确的定义,不能把历史上的中国和当下的中国混为一谈。如果不把这二者区分清楚,那么,我们就很难笼统地谈"边疆"和"中国"。在这方面,西方学者常常会用Tang China,

我们还是香格里拉的囚徒吗？

Ming China和Qing China，即"唐中国""明中国"和"清中国"这样相对明确的概念定义，比我们笼统地称"中国"要清楚明白得多。我们可以具体讨论"唐中国"或者"清中国"的"边疆"，也可以从"边疆"或者"边缘"的角度来看"唐中国"或者"清中国"，但很难泛泛地"从边疆看中国"，并依此来消解汉族中心主义。

你提出的"如何平衡各方视角的差异？如何重建出更为包容、更具多元性的民族史叙事"这个问题非常重要，也非常及时，这是我最近常常在考虑的一个问题。如何建构一个包含五十六个民族的、能被全国各族人民普遍接受的中华民族的身份认同，这不是一件容易做到的事情。中华民族共同体应该就是如费孝通（1910—2005）先生所说的那样，是一个五十六个民族各美其美、美美与共的多元一体的社会。与此相应，确立中华民族的身份认同应该不是要去除各个民族的语文、历史和文化传统，让大家全部统一到某一个主体民族或者主流文化之中，而是在大家都认同中华民族这一身份认同，承认我们都是中国人的前提下，尽可能地维护各民族传统的语言、文化和生活习惯，保留他们与众不同的文化特征和历史传统。在全球化势将消灭一切差别的背景下，唯有以包容和多元的态度，积极地维护各民族的语言和文化传统，百花齐放，建立起一个兼容并蓄、丰富多彩的中华民族身份认同，才更能彰显出中华民族的强大和伟大。只有这样，我们才能相对客观和公平地对待各个民族自己的历史和文化传统，亦不难重构一个包容的和多元的民族叙事。像"往往将其祖先追溯为释迦王族的后裔"的蒙藏历史书写传统，这是西藏和蒙古完全佛教化以后佛教史家建构出来的一种非历史的历史叙事，它早就应该被解构掉了，不应该成为中华民族历史叙事的组成部分。但是，成吉思汗和他的子孙们所创立的大蒙古国和元朝的历史，则毫无疑问应当是中华民族历史叙事的重要组成部分，我们对成吉思汗的历史功德的肯定和赞扬绝不是什么不可言说的狭隘的民族历史叙事。

燕京书评：您曾经提到，汉族中心主义对正确理解今日中国的国家身份认同，维护当今中国的社会稳定和领土完整可能造成的损害，（相比新清史）一定有过之而无不及，将少数民族语言文学纳入中国语言文学的视野（而不是只有汉语言文学），增加对汉语言文学与少数民族语言文学的比较研究，能够消解汉族中心主义的不利影响吗？您在清华大学中国语言文学系从事的工作是这方面的努力吗？

沈卫荣：就像我前面已经说过的那样，汉族中心主义，或者大汉族主义,一定是我们今天铸牢中华民族共同体意识的一大障碍。不言而喻,仅以汉族为中心的中国历史书写,是没有办法解释清楚"何为中国"的,今天的中国是中国各民族共同创造的,今日中国的版图不是仅仅依靠汉族的大一统理念建立和维持的。如果我们非要坚持以汉族为中心来建构中华民族的历史叙事,那么,我们就很难说清楚中华民族是什么?为何今天的中国是由五十六个民族共同组成的?实话实说,"将少数民族语言文学纳入中国语言文学的视野(而不是只有汉语言文学)",这并不是我个人努力的结果,我能进入清华中文系工作,是因为它一直下设有一个二级学科,叫"中国少数民族语文",但在我来清华工作之前,这个学科一直空缺着。事实上,很多大学中文系都应该有这个二级学科,但大都空缺着,包括北大中文系。让我颇为吃惊的是,直到去年秋天我才知道,在中国现有的学科体系中,中文系只有"中国语言文学"一个一级学科,不像历史系,同时包括中国历史、世界历史和考古学三个一级学科。目前,中国大学中的中文系绝大部分只有"汉语言文学专业",所以,"中国少数民族语文"很容易被人认为它应该属于民族语文或者民族学专业。在此,我衷心感谢清华大学中文系接受我这个从事藏学的学者加盟,也期待今后中文系的学科定位最终能得到相应的改变,它至少应该和铸牢中华民族共同体意识相适应，不再把"中文"仅仅理解为"汉文"。

至于你问"增加对汉语言文学与少数民族语言文学的比较研究，【是否】能够消解汉族中心主义的不利影响"，或许我应该重提前面我们已经谈到过的中国人民大学国学院西域历史语言研究所。在国学院建立一个"西域历史语言研究所"，当时很多人不理解，国学院内部甚至也有老师公然要求我们搬迁到民族大学去。但是，在今天看来，人大国学院要不是有这么一个一直被"作为重点和亮点"来建设的西域历史语言研究所，它又何以能够在国内如此众多的国学院之中鹤立鸡群、脱颖而出呢？"西域历史语言研究所"建立的背后，是人大国学院创院院长冯其庸先生（1924—2017）率先倡导的"大国学"理念，冯先生主张国学不是汉族一家的传统文化，更不是四书五经，而是中国各民族的优秀文化传统。西域文明是中华民族传统文化的一个重要组成部分，所以，值得在国学院设立一个专门的研究机构来学习和研究西域文明。冯先生的大国学理念在当时是超越时代的创见，也是今天全社会倡导铸牢中华民族共同体意识的先声。西域历史语言研究是实践"大国学"理念的具体学术行动，它的成功充分证明将民族语文和民族历史文化的研究作为国学研究的重要内容，对于消解汉族中心主义的消极影响，铸牢中华民族共同体意识，都具有十分现实和远大的意义。

原刊《燕京书评》2021年8月18日，题为"沈卫荣：西藏的文艺想象、海外研究与西藏史的真实面貌"，访谈人：《燕京书评》杨涛

15

在我们的国学教学实习基地
——四川省壤塘县藏哇寺行记

去年9月在北京举行的第二届汉藏佛学研讨会暨觉囊文化论坛上,中国人民大学国学院和四川阿坝羌族藏族自治州壤塘县藏哇寺商定在藏哇寺觉囊显密讲修院建立中国人民大学国学院教学实习基地。时隔一年,笔者应藏哇寺住持、藏传佛教觉囊派第四十七代法主健阳乐住上师邀请,携国学院汉藏佛学研究中心的几名学生,长途跋涉前往藏哇寺参加教学实习基地揭牌典礼,并于寺中逗留数日,与上师及其寺中堪布、僧众就汉藏佛学研究的开展进行了多次讨论和交流,收获良多,也颇有感慨。

人们都说"蜀道难",但大概只有在康藏路走上一遭的人才会真正理解蜀道到底有多难。从成都驱车先经汶川,过阿坝

我们还是香格里拉的囚徒吗？

州政府所在地马尔康，然后到目的地壤塘总共不过500多公里，路上却要走10多个小时，路途之险远远超出我原来的想象。其实这条路在蜀道中还算是坦途，在几天后经历了夜间从色达喇荣五明佛学院翻越雪山返回马尔康的真正险路之后，更加觉得马尔康到壤塘的那段路实在算不上艰险，但对藏哇寺地理位置之僻远还是有了很深刻的印象。（图15-1）

与卫藏地区佛教大寺院栉比鳞次、触目可见不同，从成都到壤塘途中竟然就没有见到几座很有规模的藏传佛教寺院。故当入夜前我们的车终于驶抵藏哇寺，一个偌大的寺院群落映入眼帘时，心中不禁一阵惊喜。虽然藏哇寺一大半还更像是一个建筑工地，但俨然已经凸显出一座宏伟大寺的雏形。要知道藏哇寺所传承的藏传佛教觉囊派传统自五世达赖喇嘛时代被迫改宗格鲁派开始，失传了好几百年，今日能够复兴到如此的规模实在令人叹为观止，可喜可贺！藏哇寺目前最吸引人眼球的，无疑是立在寺院最高处、背靠两座大山的一座时轮坛城的基座。据说这座坛城预期将高达108米，试想它建成之后将是一座何等雄伟、壮观的建筑！到那时藏哇寺将是整个康区境内最有特色的一座藏传佛教大寺。

中国人民大学国学院教学实习基地揭牌典礼，于9月23日在藏哇寺觉囊显密讲修院亦即藏哇寺佛学院的大堂内如期举

15 在我们的国学教学实习基地

行。出席典礼的有佛学院300多名僧众和阿坝州、壤塘县的分管领导，以及几十名来自国内各地的佛教居士。大家济济一堂，充满了节庆的气氛。中国人民大学国学院于地处僻远的藏哇寺设立教学实习基地，是经过了一番细致和深入的考虑的：

首先，我们国学院从2005年开办以来一直秉持大国学理念。此即是说，我们主张的国学并不是以汉族儒家传统文化为主体的小国学，而是包括全国56个民族的传统文化在内的大国学。因为中国自古以来就是一个统一的多民族国家，文化是多元的，不能仅仅以汉族的儒家文化为代表。所以，我们主张的大国学理念必须与我们的国家认同相符合。在这样的大国学理念之下，我们国学院成立不久就相继成立了西域历史语言研究所和汉藏佛学研究中心——两个非常有特色的学术团体，并将这两个学术团体所代表的两门专业学科作为国学院的学术重点、亮点来建设，取得了引人瞩目的成绩。

其次，藏哇寺是目前整个藏区内仅有的几座传承觉囊派传统的寺院之一。（图15-2）觉囊派创始于14世纪，是藏传佛教众多宗派中的一个分支，教派虽小，但它所主张的"他空见"理论曾经是藏传佛教中一个非常有特色和影响的传统。然而，自五世达赖喇嘛时代开始，觉囊派受到当时占主导地位的格鲁派在政治上和教法上两个方面的打压兼并，渐渐失去其较大的影响力,几近失传。直到近年来,年轻的健阳乐住上师继承其先师云登桑布上师的衣钵,发心重建觉囊大寺,振兴觉囊传统,并为此付出了艰苦卓绝的努力。这些年来,他精进于弘扬觉囊梵乐和唐卡艺术等富有鲜明觉囊特色的佛教文化,使觉囊文化业已重现繁荣的曙光。我们国学院既然以传承中华传统文化为己任,则理应将对觉囊派历史和教法的研究作为我们的一项重要学术课题,并为维持觉囊文化的延续努力做出我们的贡献。

再次,觉囊派的教法和义理,特别是作为其标志的"他空见"思想与汉传佛教中的"如来藏"思想有着很深的渊源,研究觉囊派的佛学思想,探讨觉囊所传佛教思想与汉传佛教之间的互动关系,正好是我们积极倡导和开展的汉藏佛学研究的一项重要内容,这对于我们建设汉藏佛学这个新的学科具有十分重要的意义。显然,汉藏佛学研究的开展既不能只在大学的学院中进行,更不能仅仅依靠汉族学者的力量,它必须汉藏结合、学院和寺院结合。只有这样,我们才能够真正将汉藏佛学研究这个新的学术领域有声有色地开展起来,并得到学术界和佛教界的认可。

最后,在藏哇寺有以健阳上师为首的一批学贯五明、德证兼具的佛学上师,有300余名精进于闻、思、修,发心成就贤、正、善的年轻学僧。他们对弘扬觉囊佛教文化的追求与我

15　在我们的国学教学实习基地

们国学院师生对弘扬中华传统文化的追求目标完全一致，如果能够以佛学研究为基础，以学术为纽带将这两个不同的团体联合起来，则无疑能使二者相辅相成、相得益彰，将对佛学和国学事业的发展做出更好、更大的贡献。我们知道，对觉囊派及其"他空见"思想的研究，在国内藏学界几近空白。这是非常令人遗憾的一件事。目前我们正组织学院汉藏佛学研究中心的师生翻译国外学者在这个领域内的优秀学术成果，并将它们汇集成一部题为《他空见与如来藏——觉囊派人物、教法、艺术和历史研究》的著作。要使我们译介的西方学界的学术成果能够在复兴觉囊文化的运动中发挥作用，我们有必要将这些成果和觉囊派教法的传人和修行者直接对话，使得学术和实践得到完美的结合。

对于我们上述这些想法，健阳上师给予了高度的认同和积极的支持，在过去的几年中他曾经多次来到中国人民大学国学院，与我们探讨双方合作的可能性。去年9月借第二届汉藏佛学研讨会暨觉囊文化论坛召开之际，不但在我们新落成的国学馆内举办了觉囊唐卡艺术展，而且还亲率藏哇寺的部分僧众为与会的400余位观众举办了觉囊梵乐的演奏和表演，深得好评。

据健阳上师自述，他自小追随云登桑布上师学法，发愿要实现先师重建藏哇寺、复兴觉囊派传统的宏愿，为此做出了艰苦卓绝的努力。从背石头、建水坝,到画唐卡、编上师全集等,无不亲力亲为。(图15-3)作为觉囊派的新一代掌门人,健阳上师不仅仅是一位修学皆有大成就的佛学上师,同时也是一位对佛教音乐和绘画都有很深造诣的艺术家。尤其难得的是,他具有极强的汉语文能力,对汉传佛教也有很深刻的了解,对觉囊派主张的"他空见"思想和汉传佛教主张的"如来藏"思想之间的渊源关系作过很深的探索。多年来,他积极寻找有缘的汉传佛教上师,希望有机会更多地学习和了解汉传佛教传统,并开展汉藏佛教之间的对话和交流。在他身边也聚集了很多对藏传佛教十分感兴趣的汉族居士和弟子,健阳上师可以用十分精准和形象的汉语给他们阐述藏传佛教之甚深精义,让他们领略藏传佛教的思想和魅力。在目前汉藏佛教尚缺乏积极的互动和深层次交流的情况下,健阳上师的这种意愿和努力无疑都是十分难能可贵的。

300多位年轻的学僧!如此偏远的藏哇寺居然能聚集如此之多的一心向学的小沙弥,这本身就是一件十分令人钦佩的事情。健阳上师和院内另外八位堪布亲自为这些学僧做教法授受,让他们接受系统的佛学训练,并重点学习觉囊派的教法思想。健阳上师和堪布们不但悉心照顾他们的日常生活,而且还严格按照佛教的清规戒律来培养和训练他们。藏哇寺的这座佛

15 在我们的国学教学实习基地

图15-1 中壤塘乡非遗创业园区

图15-2 壤塘县藏哇寺祖拉康

图15-3 健阳上师

学院无疑是一座学证兼重的僧院,十分殊胜。学僧们看起来个个健康、清净,令人欢喜。

蒙健阳上师厚意,笔者有幸在新落成的居士林授课大殿内为这些学僧做了一场报告,并与佛学院的堪布们进行了一次十分愉快和有收获的交流。健阳上师提议让我首先介绍藏传佛教目前于西方世界弘扬和传播的概况,然后对藏传佛教于世界佛教体系中的位置、国际藏传佛教研究目前的状况,以及我为何积极倡导建立汉藏佛学研究这一新学科的思考等作一个引导性的发言,然后请八位堪布对我的发言内容一一进行评述和发挥,并提问交流,整个过程都由健阳上师亲自翻译和解释。据健阳上师称,请一位来自大学的学者、教授来和觉囊显密讲修院的师生进行这样的学术交流在藏哇寺的历史上还是头一次。对此我深感荣幸。

同一个题目此前我已经在很多学术机构都讲过,但从没有一次受到过像这次在藏哇寺一样如此热烈的回应。我所讲的内容显然引发了藏哇寺堪布们浓厚的兴趣,他们十分积极地做了回应,对我讲座中提到的史实和教法内容做了很多十分精彩的补充,还提出了种种非常值得进一步探讨的问题,实在令我受益匪浅。这场交流持续了三个多小时,健阳上师怕我还受困于高山反应,不愿让我太过兴奋和疲劳,故不得不中止了这场交

15 在我们的国学教学实习基地

流，不然我们的讨论势必还将非常热烈地继续下去。藏哇寺八位堪布在讨论中所显示出来的高深的佛学涵养和清静的修学态度给我留下了极为深刻的印象。从他们身上，我充分领略到了藏传佛教僧人不凡的气质和魅力，看到了复兴觉囊派教法传统的希望。

这次交流一个最热门的主题是"和尚教"和觉囊派"他空见"思想的关系。所谓"和尚教"是藏传佛教文献中对汉传佛教的一个称呼，就像汉文文献中长期将藏传佛教称为"喇嘛教"一样，"和尚教"这一称呼多少也隐含贬义的成分。在藏文史学传统中，"和尚教"的称谓源自公元8世纪90年代发生的"吐蕃僧诤"。传说汉地禅僧和尚摩诃衍曾在吐蕃弘传禅宗顿悟说，一度深受吐蕃信众的欢迎，但受到了来自印度的主张渐悟说的上师们的反抗，于是吐蕃赞普主持了在和尚摩诃衍和印度上师莲花戒之间的一场宗教辩论，结果摩诃衍败北，从此汉传的禅宗佛教被排除出吐蕃。

这个故事在很大程度上是后人附会的结果，与当时的历史事实有很大的出入。但是，从此以后和尚所传的顿悟说，乃至所有汉传佛教被一步步地妖魔化了，"和尚教""和尚见"从此成了异端邪说的代名词。藏传佛教各派互相诘难时往往将对方的教法称为"和尚教"，以此为"批判的武器"，将它们排除在正法之外。其中宁玛派的"大圆满法"、噶举派的"大手印法"和觉囊派的"他空见"思想等都曾被人攻击为"和尚教"。而为了捍卫自家所传教法的正法地位,这些教派历代都有高僧站出来否认他们所传教派与"和尚教"有渊源关系。让我十分惊讶的是,藏哇寺的几位堪布都毫不否认觉囊派主张的"他空见"与"和尚教",确切地说是汉传佛教,确实有明显的渊源关系,甚至断言"他空见"就是"和尚教",只是他们觉囊派所认同的"和尚教"并不是普通藏文文献中那个被简单化或者妖魔化了的"和尚教"。大家知道,觉囊派推崇的是"十了义经",而这十部经实际上都是汉传佛教中的重要经典,仅由此一斑我们就可以看出这两种传统之间的紧密联系了。显然,藏哇寺堪布们对"和尚教"的理解和认识不但超越了藏传佛教对汉传佛教的传统偏见,而且也为今后汉藏佛教研究的开展指明了方向。尽管"他空见"是觉囊派所传最殊胜的法门,但它不但有其印度的渊源,而且与汉传佛教的传统如"如来藏"思想等异曲同工,若要进一步研究觉囊派的"他空见"思想,我们势必要把印度、藏传和汉传三种佛教传统结合起来。唯有如此,我们才可以把佛学研究推向纵深。从这个角度来看,研究觉囊派佛教传统,对于佛学研究的进步,特别是对于汉藏佛学研究的进步,具有无可替代的意义。

15 在我们的国学教学实习基地

藏哇寺所衍传的觉囊派佛教文化传统的一大特色是对藏传佛教艺术，其中包括佛教音乐、壁画和唐卡艺术等的继承和发展。近年来，位于西藏自治区拉孜县境内的觉囊祖寺——彭措林寺的壁画吸引了世界各国研究佛教艺术的专家学者们的浓厚兴趣。据笔者所知，美国耶鲁大学和弗吉尼亚大学的学者们还专门成立了联合研究小组，全面研究这些珍贵的壁画。而健阳上师去年也组织了包括我们人大国学院师生在内的国内专家学者团到拉孜进行了实地考察，商量维护觉囊祖寺及其艺术品的方法和途径，并计划借助现代科技手段将觉囊祖寺的所有壁画实行数据化处理，并组织专家翻译造像度量经等佛教艺术仪轨，尽快出版高质量的壁画图册和研究专著。除了不遗余力地保护好这些珍贵的觉囊佛教艺术珍宝外，健阳上师也是一位身体力行的佛教艺术家。他常年潜心于对佛教艺术品的研究和创作，对唐卡艺术的研究有极高造诣，是一位非常有成就的唐卡画师。去年在人大国学馆展出的觉囊唐卡艺术作品中有不少是健阳上师自己的作品，令人耳目一新。我们这次藏哇寺之行的一项重要内容就是在健阳上师陪同下参观他亲自创办的唐卡艺术学校，而这项活动让我受到巨大了震撼，并对健阳上师产生了更深的敬意。

唐卡学校就设在藏哇寺内一座不起眼的二层院落内，楼上

我们还是香格里拉的囚徒吗?

一间连着一间的屋子里，坐满了不同年级的学童们。他们从事着不同程度、不同种类的唐卡艺术创作活动，有些孩子画的还是十分初步、简单的铅笔素描，有的则是已经相当复杂、精致的彩绘图像了。将这几间屋子走过一遍，实际上见证了一幅幅唐卡创作的全过程。这些孩子小的才七八岁，大的则有十七八岁了，其中有一些还是身体或者智力方面有些残障的儿童。据健阳上师介绍，他们都是来自邻近藏哇寺几个乡镇的失学儿童。目前在这座唐卡学校内注册就学的学生已经达到了160余人，但还有不少学生也希望能够进入唐卡学校学艺。遗憾的是，唐卡学校目前的校舍条件和经济力量很难接受更多的学生入学了。由于壤塘县地处僻远的藏区，当地居民居住地极为分散，而乡村基础教育设施相对落后，无法满足当地所有适龄儿童的入学要求，当地学校的教学质量也很不如人意，导致一些学龄儿童失学，得不到最基本的学校教育机会。为了能够给这些失学少年提供一个特别的接受教育的机会，健阳上师发心创办了这所唐卡艺术学校，希望让这些学生们不但能够掌握一门实用的技术，以解决他们今后的生计问题，传承和发扬这一藏传佛教艺术传统，而且同时还能够让他们学到基础的文化知识，接受基本的佛教信仰和修学，并为当地的社会、家庭在经济、生活等方面解决部分的后顾之忧。

健阳上师既是这些学童们的老师，又是他们的家长。学童们上课时专心致志地听上师开示、指导和手把手的示范，课余则围着上师嬉戏，要上师为他们摸顶、加持，整个学校就像是一个融融乐乐的大家庭。当天晚上，唐卡学校的学生们还在藏哇寺居士林的大厅内举行了一场别开生面的联欢晚会。孩子们自导自演，一个接着一个地上台演唱歌曲、吹奏乐曲，还集体跳起了快乐的锅庄舞，很是活泼、欢喜，用健阳上师的话说，"个个自信满满"。显而易见，这些学生们的人生因为有了这个唐卡学校而变得充满快乐、充满希望。整个晚会我都坐在健阳上师旁边，听他一个个地介绍这些小演员们的来历和特长，讲述他们各自很多有趣的故事。他爽朗的笑声，透露出对这些可爱的孩子们的无比热爱和对他们美好前途的热切期待。

我们这次藏哇寺之行时间虽然简短，但收获甚丰。我们亲眼看到了藏哇寺在健阳上师带领下正在成为康巴藏区藏传佛教大寺的美好前景，看到了觉囊派佛教传统走向复兴的希望。毫无疑问，在藏哇寺建立教学实习基地是我们十分正确的选择，将来国学院汉藏佛学研究中心的师生们将源源不断地来藏哇寺学习、交流，在这里开辟我们从事汉藏佛学研究的第二课堂。

原刊于《中国民族》2013年第12期

16
西藏、藏传佛教的真实与传说

> 关于藏传佛教的起源与历史、它与汉地与印度之间的关系，西方"西藏热"是如何兴起、其本质又是什么，如何看待国内现在的"西藏热"等等，沈教授为我们做了一个细致深入而又视野宽阔的解答。

1984年，在南京大学攻读硕士学位的沈卫荣开始随中央民族学院王尧教授学习藏语，从此进入藏学研究领域。1990年，他赴德国波恩大学主攻跨文化宗教和宗教史研究。在对藏学近30年的研究中，著述颇丰。关于藏传佛教的起源与历史，它与汉地与印度之间的关系，西方"西藏热"是如何兴起、其本质又是什么，如何看待国内现在的"西藏热"等等，沈教授为我们做了一个细致深入而又视野宽阔的解答。

一、本教、佛教与教派

三联生活周刊：在佛教传入西藏前，西藏本地的原始宗教是本教。本教与藏传佛教之间是一种什么样的关系？

沈卫荣：长期以来有学者认为，所谓本教实际上就是佛教，它本来就是从西域——大食，藏文叫Stag gzig——传过来的。它比后来认为正宗的佛教更早传到了西藏，被称为Bonpo，翻译成"本教"，实际上它也可能就是佛教。松赞干布时期佛教开始兴起，本教就被当成了佛教的一个对立面，有很多冲突。本教究竟是佛教，还是土著宗教，现在还很难说。大部分人，特别是本教徒，认为本教跟佛教是不一样的，它们是另一个传统。但到现在为止，本教所遗留下来的东西大多跟佛教是一样的，所以也很难说是另一个宗教。但西藏的历史书上都这么说：佛教兴起跟本教产生冲突，所以吐蕃赞普们，喜欢佛教的就拼命发展佛教，本教徒出来作怪，引起冲突，甚至最后导致了"朗达玛灭佛"。

三联生活周刊：你认为，是否真正发生过"朗达玛灭佛"？

沈卫荣：灭佛运动也不能确认是否真正存在过。因为我们现在见到的这些史书都是很后来的人写的，以前如何真的不知道。我们在敦煌的古藏文文献里没看到文书说有灭佛这样的事情。从现在的研究看，灭佛至少没有像我们焚书坑儒，把东西都烧掉，藏传佛教前弘期，也就是灭佛以前的佛教文献都留下来了，在藏文的《大藏经》中还都保留着。所以说灭佛运动时，寺院被拆了，佛经都烧了，喇嘛都还俗了，看来很靠不住。

后来又说"朗达玛灭佛"以后，有100多年是西藏历史上的黑暗期，佛教都没有了，但现在看来根本不是这样子的。那段时间是藏传佛教后期传统形成非常重要的时期。藏传佛教后来都变成密教了，而密教都是从这时候传过来，整个密教的传统都是在那时候形成的。有个美国学者甚至别出心裁地把这段时间称为西藏文化的"文艺复兴"时期，而根本不是什么"黑暗期"。但这个还需要更多的研究。

三联生活周刊：本教现在西藏还是很流行吗？

沈卫荣：本教现在不特别在西藏本土流行，因为西藏也是分区的，卫藏，东边原来分两个区，一个安多，一个康区——安多现在是在青海和甘肃，康区现在是在四川和云南。本教现在比较多的是在青海和甘肃，四川和云南也有，西藏本地反而很少。

三联生活周刊：藏传佛教内部还有很多教派，不同教派间主要是以地域来划分，还是其他因素？

16　西藏、藏传佛教的真实与传说

沈卫荣：最初，印度传过来的这些教法，有一派一派的传承，比如萨迦派的就信"道果"的修法，噶举派信"大手印"的修法，宁玛派信"大圆满"的修法……有大概七八个这样的传承。原来只有不同的传轨之间的分别，而没有明确的这些派别之间的分离，不是说噶举派跟萨迦派一定没有关系，萨迦派就一定跟噶当派——后来变成格鲁派的有差别，它原来只有不同的教法传承的差别，后来才慢慢形成这种所谓的派别的。

实际上粗分就是两大派：旧派和新派。旧派就是宁玛派，也就是红教；新派分了很多派。实际上不管旧派、新派都是密宗，旧派就是旧译密咒，就是早期翻译的密教文献，而宁玛本身就是古老的意思。宁玛派从其文献翻译的时间可以说是最早成立，在朗达玛以前就翻译密教的经典。但它也可以说是最晚成立，因为，它真正成为一个教派，有自己的寺院是很晚的17世纪的事情。

新派就是新译密咒，普遍认为是从后弘期大译师仁钦桑波才开始的，其下有萨迦派、噶举派，也就是俗称的花教、白教。白教里面还有很多派，噶举派里面曾经有八个支派，例如噶玛派，而后者又有黑帽和红帽两个大支。最后到了明代初年的宗喀巴时代，他又创立了格鲁派，就是黄帽、黄教。格鲁派最终形成是15世纪早期，是比较晚的，但它也是新译密咒的一部分，属于新派。

新派里面又分很多派，有些教派，比如香巴嘎举、直贡嘎举、达隆嘎举等，后来均慢慢不传、消失了。嘎举派目前最有影响的是噶玛噶举，最流行的就是大宝法王他们这一支。实际上这也跟当年的政治有关系，藏传佛教的每一派后来都受到当地的一些贵族支持，像萨迦派就跟地域和当地的土著贵族有关。萨迦是个地方，现在是在日喀则往西，本来那个地方就叫萨迦，萨迦的领主把宗教和政治统一起来，一个家族把政治和宗教都管起来。而格鲁派的宗喀巴来自青海，他依靠一些地方贵族背后的支持，才在西藏建立起新的教派，他是依教法而立的。嘎举派很多也是这个样子，也有贵族支持。所以现在分裂成很多的派别，表面看来修法不一样，传承不一样，但其修持的内容实际上大同小异，都是修密教的。

二、宗教与政治

三联生活周刊：从历史上看，藏传佛教不同教派之间的冲突是否激烈？

沈卫荣：他们经常有冲突，实际上有时候也很暴力。1996年在波恩开过一个讨论西藏神话的会就讨论过这个问题，大意是说，现在大家把西藏神话化了，认为西藏佛教徒从来就是非暴力的，一直爱护环境，互相之间友好相处，实际上也不尽然。有人提到西藏的中部藏区，也就是卫藏地区，很早就没有很多木头了，所以当时有些派别之间冲突的起因就是为了争抢木头。怎么抢呢？我打败你，把你的寺院拆了，木头拿来建我的寺院。还有，格鲁派长期以来受噶玛噶举派的压制，差不多两个世纪一直受压，后来格鲁派联合了蒙古人固始汗的势力，曾经很残酷地镇压过噶玛噶举派。

后来因为格鲁派影响太大了，不管是政治还是宗教，它的影响实在太大，引起了其他教派的不满。到了18世纪，西藏曾经出现过一个"宗教圆融运动"，又叫"利美运动""不分派运动"，这个不分派运动实际上是其他各个小教派联合起来反对格鲁派一家独尊，所以，西藏各宗教派别之间的冲突是一直有的。从这个角度，说达赖喇嘛从来就是西藏的宗教和政治领袖是不对的。实际上西藏各个教派都有自己的宗教领袖，宁玛派绝对不会认为达赖喇嘛是他们的宗教领袖，噶举派也不会认为他是宗教领袖。达赖喇嘛不能代表全西藏，因为西藏有很多不一样的教派。

三联生活周刊：所以，宗教的发展其实一直与政治密切相关？

沈卫荣：五世达赖以前，达赖喇嘛并没有任何足以号令

我们还是香格里拉的囚徒吗?

全藏政治影响力。后来五世达赖到清朝朝贡,和中央建立了关系,又得到蒙古固始汗的支持,才慢慢兴起,开始有政治影响。在这以前,格鲁派一直是被噶玛噶举派欺负的。五世达赖喇嘛后,清政府对西藏的控制进一步加紧,六世达赖喇嘛实际上是被清朝皇帝废掉的,害死的。

五世达赖以后,宗教领袖很多是中央政府直接扶植起来的。中央政府支持西藏的某一派是有历史的,最早萨迦派是跟元朝,明朝是噶玛噶举派。到明朝后期,中央政府对西藏影响比较小,三世达赖喇嘛曾经尝试通过蒙古王子俺答汗推介而寻求明朝中央政府的支持,但被当时的宰相张居正拒绝了。后来五世达赖喇嘛可以说是自己找上门的,他直接和清政府建立了联系。五世达赖喇嘛使得西藏有了一个有效的地方政府机构,而清中央政府对西藏有主导权。

宗教的发展没那么纯粹,宗教里面的斗争都很残酷。内部要靠外部支持,外部也要靠内部来实现对西藏的统治。格鲁派的宗喀巴属于宗教改革派,在宗教上影响力一直很大。达赖喇嘛能做成这么大的一番事业,当然跟他的宗教影响有关系,我们不能说达赖喇嘛完全是清朝皇帝扶植上去的,实际上他们双方是互相借势的。

三联生活周刊:六世达赖仓央嘉措最近几年非常"红",

那么历史上真实的他是什么样子？

沈卫荣：他是个很可怜的人，20多岁就死了。他是康熙皇帝、蒙古的拉藏汗和五世达赖的亲信桑结嘉措之间相互斗争的牺牲品。仓央嘉措是桑结嘉措立的，五世达赖喇嘛圆寂后，桑结嘉措15年秘不发丧，康熙皇帝偶然得知消息后，非常生气。为了惩罚桑结嘉措，认为他立的达赖喇嘛不能作数，所以要求把仓央嘉措押解到北京。在押解途中，路过青海他就死了，实际上应该是被害。后来有传说说他失踪了，或是出家了，但那也都是出于一些不愿意他这么死去的主观愿望胡编的，有人说他辗转到了内蒙古阿拉善，建立了南寺，又变成活佛，流传了下来。实际上，历史上的达赖喇嘛没几个活到成年的，所以他们转世的频率特别快。从五世开始到后来，只有十三世是真正掌握了政治权力的，这已经是到了民国时期了。

三联生活周刊：你怎么看待仓央嘉措情歌的流行？

沈卫荣：这多半是目前汉人，特别是有"小资"情调的人想象出来的，多半是我们把自己的情感投入到了所谓的仓央嘉措情歌中去了。目前流行的一些六世达赖情歌无疑是伪造的。我仔细地读过他的原作，好像一共是63首，从文字到内容都很简单，最初是于道泉先生翻译的。事实上，这些被称为情歌的东西是不是六世达赖喇嘛本人的作品也很难说，在我看来，这些诗歌很有可能是民间流行的一些歌谣，它们不像是一个很有学问的人写出来的。一般藏传佛教上师们的作品都涉及佛教义理，文字都极其典雅，而仓央嘉措的情诗都特别平直，就是民间那种直抒胸臆的风格，甚至很难把它们称为情诗、情歌什么的。我是读古藏文的，但在仓央嘉措的作品中并没有读出目前大家争相传颂的这些东西。

为什么现在有那么多人打着仓央嘉措的名义推销那些富有"小资"色彩的东西？这个现象值得研究。实际上是把我们的梦想，把人类对爱情的追求，把我们对失落了的过去的怀恋，全部都寄托到了六世达赖喇嘛身上。目前大家对六世达赖及其情歌的热爱真的是非常现象级的，非常有意思。

三、被标签化的密宗

三联生活周刊：我们从现在的藏传佛教上还能看出多少印度的影响？

沈卫荣：藏传佛教的最典型特征是密教，而密教的教法和修行都是从印度传过来的。以前对密教的来源有疑问，很多人说密教可能就是汉地的道教，但这种说法越来越不可信了。后弘期西藏所传的跟密教相关的传承都是印度的，当然西藏对它们也不是完全被动的接受，因为印度本身的佛教传统到13世纪就没了，而在西藏却一直发展了下来。现在要研究密教，尽管源头是印度的，但研究密教的重心必须在西藏、必须用西藏的文献，因为它们在印度已经消失了，留下的文献也很少。

有西方学者认为，西藏对世界精神文明的最大贡献，或许也是唯一的贡献就是密教。如前所述，虽然密教最初是从印度传过来的，但它的发展和流行是在西藏，修密教的人不会去印度，都要去西藏。藏传佛教前弘期是显教，和我们汉传佛教没有特殊区别，后弘期才传密教。藏传密教形成的地域并不仅在现在的西藏，而是整个西域，特别是敦煌那一带。今天西藏佛教文化里面多少是印度的成分，多少是汉地的成分，多少是西藏自己的成分，很难划分。但毫无疑问，印度对西藏佛教文化的影响是最深的，所以西藏有些后世的佛教史家甚至都把自己的祖先说成是印度人，说成是释迦家族的后裔，这当然只是佛教徒的一种狂热的说辞，并没有任何实际的历史意义。

三联生活周刊：简单说，藏传佛教与汉传佛教最大的区别是什么？

沈卫荣：汉传佛教和藏传佛教实际上同属于大乘佛教，是大乘佛教的两个不同支派，从根本上说它们是一致的，只是汉传佛教重显乘，藏传佛教重密乘。当然，汉传佛教里面也曾有过密教，但按藏传密教徒对密教的四分法来看，汉传密教还是

我们还是香格里拉的囚徒吗?

比较基础的,比较高档的密乘修行都只出现于藏传密教中。大家知道,佛教有小乘和大乘的区别,小乘佛教满足于自己的成就,而大乘佛教说的是普度众生。小乘佛教就是你自己修行,得道成佛就是成为罗汉,东南亚佛教比较多这样的。大乘佛教说,即使你自己修行不成功,还可以有菩萨来拯救你,你只要每天念诵"南无阿弥陀佛",念诵观音大悲咒等,到你死的时候还有菩萨会来救你,可以带你去阿弥陀佛的西方极乐世界享福。大乘佛教说你这一辈子修习佛教就可成佛,即即身成佛;而小乘佛教徒则至少要修七辈子才能成为罗汉。

密教则更进一步。一般的佛教徒重视的是戒除贪、嗔、痴这所谓三毒,这样就可以成佛,而密教则不一定需要戒除贪、嗔、痴,而是要把贪、嗔、痴作为成佛的道路,成为修行的一种方式,这样可以更快地成佛。密宗的修习是成佛的一条捷径,于是,喝酒、双修等表面上看起来和贪、嗔、痴相关的东西实际上都变成了密教修行的一部分,这是密教和显教的根本性不同。密教在唐朝的时候在汉地也有过传播,也曾有密教仪轨流传,但后来就失传了,故在汉地并没有真正建立起密教的传统。而藏传佛教接受和发展了印度密教的所有传统,例如,瑜伽女的修法、男女双修等各种属于比较高级的密教修法,只有在藏传佛教里有。这些修法在印度也是到了9世纪左右才比较流行的,而那时候汉传佛教已经停止从印度输入了,所以汉传佛教中没有这些内容。

藏传佛教的传统是11、12世纪形成的,但它们自12世纪初就在西藏以外的地区开始传播,它们先是在党项(唐兀)西夏人中间传,在回鹘(畏兀儿)人中间传,13世纪开始又在蒙古人中间传播。密教在西藏以外地区的传播自西夏开始,至元、明、清各代,从来都没有中断过。现藏于俄罗斯圣彼得堡的黑水城出土文书是目前所能见到的最早的历史和佛教文献,可以为我们提供确切的证据,说明藏传密教曾经很早开始就在中国广大的西域地区传播。黑水城文献是20世纪初俄罗斯探险家科兹洛夫在现在中国内蒙古自治区的额济纳发现的可与敦煌文献相媲美的多语种的历史和宗教文书。这些文书充分说明,在建立起庞大的蒙古帝国以前,很多蒙古人和汉人就已经开始修行密教了。例如,现在全世界都很流行的所谓《西藏生死书》,实际上指的是藏传佛教中的"中阴",或者"中有"修法,主要内容是引导处在"中有"阶段的人,即自临终到转生之间的49天内如何体认自己的佛性,即身成佛。这个修法的法本就出现在黑水城出土文献中,这说明它在西夏时期早就流行了,不但西夏人修,汉人也修。所以,历史上藏传佛教与汉传佛教的交往很多,只是以前我们不知道。最初是汉传佛教影响了藏传佛教,即文成公主入藏的时候,带去了很多汉传佛教的东西,后来更多的是藏传佛教影响了汉传佛教。汉地密教的修法都是从西藏来的。

当然,密教这个东西太复杂了,我们目前正在做一本书,叫《何谓密教?》。这本书今年就会出来。我们把国外比较好的12篇研究密教的文章翻译成了汉文,还写了很长的导论,希望对汉文读者认识密教有所帮助。我们中间很多人不知道什么是密教,以为密教就是双修,其实不是这样的,是被标签化了的,我们对它真正的意义、修法可以说完全不了解,还需要启蒙教育。

三联生活周刊:密教实际上是有一套复杂哲学意义的,内容也比较高深,为什么现在会被简单化、猎奇化,这是一种什么样的社会心理或是文化心理?

沈卫荣:这实际上也是很长的一个过程。为什么西藏被神话化、为什么密教被西方人那么快地接受,实际上也是从20世纪60年代开始,这跟当时的"新时代运动"(New Age Movement)很有关系。美国人以前都是新教徒,对性之类的东西非常保守,认为是原罪的来源,后来有人以密教为思想工具,来对抗这些被认为很伪善的东西,所以从20世纪50年代初就开始写瑜伽、性高潮与革命之类的书,大致在这个背景下，把这些东西传进去了。传进去之后为他们的吸毒、性解放、滥情、滥性，提供了合法化的理论依据。

当时很多喇嘛很受欢迎，最典型的是一位叫仲巴的活佛。这个人从1939年活到1987年，来自青海玉树一个很小的寺院。他在国内的时候并不有名，后来去英国牛津大学深造。他太太后来出了本回忆录，翻译成汉文在台湾出版，叫《作为上师的妻子》，很有意思。他太太是个英国人，是一个没落贵族家的小孩，上中学的时候，到了反叛期，不愿意好好读书，就寻找各种各样稀奇古怪的东西，有人介绍她去见这个活佛。第一次见面，活佛迟到两个小时，本来要说法的，结果轮到他说法的时候就昏倒了，喝醉了不省人事。过了一个月第二次去见他，活佛马上就请她上床双修，这女孩15岁，后来他们俩结了婚，成了大丑闻，整个事情很疯狂。还有，有人把根敦群培的《欲经》翻译成了英文，也说这是藏传佛教的东西，说是让人既可以达到身体的、物质的愉悦，同时又可以达到精神的超脱。实际上，《欲经》本来是一本印度的古书，与藏传佛教毫无关系，讲人生经验，其中有一段讲男女性爱的64种方法。后来西方人把它当成色情书，鼓吹这些东西，把密教与《欲经》混为一谈，并随着后者的畅销而日益受人注目。

藏传佛教的流行与这个有点关系，也不尽然。包括仲巴活佛,他写了很多惊世骇俗的书,有的写得很好,比如《剖开精神的物质享乐主义》(*Cutting through Spiritual Materialism*),阐释人对精神世界的追求与物质主义的关系,开创了心理治疗的先河。他对西方的问题看得非常清楚,然后用藏传佛教的东西作为治疗工具。他将新时代美国人对精神性和宗教的过分执着称为"精神的物质享乐主义"。他用癫狂的行为对这一主义的批判矫枉过正,又使它演变成对精神超越和物质享受同时的狂热追求。如果他只是双修,那就是恶魔了。

四、"想象的西藏"

三联生活周刊:你认为西藏现在是被西方人"香格里拉化了""精神化了",这个过程是怎么发生的呢?

沈卫荣:1933年,一位名叫詹姆斯·希尔顿的人写了一部题为《消失的地平线》的小说,讲述"二战"前一架英国使馆派出的飞机被劫持到了一个叫"香格里拉"的地方。詹姆斯·希尔顿在小说里写了很多对香格里拉的想象。在乌托邦式的想象下,《消失的地平线》中的香格里拉成为西方白人的伊甸园,实际上是西方殖民主义者梦寐以求的一个在东方的世外桃源。当然,香格里拉并不是西藏人的乐园,香格里拉的居住分布充分体现了这种平和的神权统治下彻头彻尾的种族等级体系：住得越高，地位就越高。而西藏人除了会微笑以及伺候他人外，似乎就再不会做什么了。总而言之，香格里拉是20世纪30年代欧洲人对于东方和东方传统文化的幻想，是西方人为自己创造的一个精神家园。

这几年，西藏及藏族文化在西方广受关注，一个根本原因就是西藏被西方人想象成了香格里拉，被整个西方世界当成了他们所期待的精神家园。这也是西方社会会出现如此持久的"西藏热"的主要原因。实际上，大部分西方人对现实的西藏并不了解，也不关心。他们只是关心他们心灵中的那个想象的西藏，或者说是他们虚拟的西藏，而这个西藏，就是香格里拉的一个变种和发展。

三联生活周刊：长期以来西方世界对于西藏持什么态度？

沈卫荣：西方对西藏有两种相反的传统：一个是妖魔化，一个是神话化。其实一直到20世纪80年代，西方对西藏的描述基本上是很妖魔化和负面的，如情色化和巫化西藏和藏传佛教就是非常典型的现象。即使在启蒙时代，东方整体是一个非常积极的形象，然而西藏却依然被认为是一个非常专制、愚昧、落后和非理性的地方。殖民时代的西藏形象当然就更不堪了，当时的传教士、佛学家、东方学家都对西藏非常不屑，认为藏传佛教是偏离原始、正宗佛教最远最堕落的一个分支，甚至根本就不配叫作佛教，而只能被称作"喇嘛教"。一直到20世纪80年代，一些西方人还把活佛转世制度当成是骗人的把戏，是一种政治工具。

但这中间也还有另外一个传统，就是神话化西藏。比如最初希罗多德《历史》里面说印度北方有一个地方叫"伯特"，这里到处都是黄金，有巨大的蚂蚁搜罗黄金，所以到现在还有人以为西藏是黄金遍地的。香格里拉的电影也是，里面讲的西藏根本不要劳作，多的是黄金。也有些人把西藏看得很哲学化。比如很多西方人认为，在远古文明时代西藏和西方已经有了联系。在现代化过程中，很多古老的智慧和哲学概念在西方已经失传了，只有在西藏这个没有经历过现代文化污染的地方还保留着原始智慧，他们便把西藏变为一个寻找终极智慧的地方。当时在西藏寻根的人很多，不光是寻找精神上的根，也寻找种族的根。现在被称为世界"藏学之父"的乔玛（Körösi Csoma Sándor），他到西藏原本是为了寻找匈牙利人的根。一位英国殖民军的军官认为西藏文化对英帝国主义有用，于是资助他研究西藏的文法，编纂藏英字典。

三联生活周刊：西方人是通过什么渠道了解西藏？

沈卫荣：在20世纪80年代以前，真正到过西藏的西方人没多少，因此每个到过西藏的西方人都自以为很了不起。例如法国女旅行家大卫·妮尔（Alexandra David-Neel）非常有名，写了很多有关西藏的书，在西方很流行，但很多人甚至怀疑她根本没有到过西藏，怀疑她书中的照片是伪造的。

20世纪50年代末三部小说《第三只眼睛》《来自拉萨的医生》和《然巴的故事》的出版，在西方掀起过一阵"西藏热"。作者自称"星期二洛桑然巴"（Tuesday Lobsang Rampa），说自己是西藏人的转世，讲他在西藏出生，后来打仗去了日本，又从日本到了英国。他讲的故事曲折、离奇，充分满足了西方读者对一个神秘的西藏的好奇心。很多西方人，包括我在德国留学时的很多欧洲同学，就是读了这三部小说开始对西藏着迷的。

长期以来，书中所展示的西藏和西藏文化的形象在西方深入人心。然巴的巨大成功曾令当时欧洲最权威的"西藏通"，即《西藏七年》的作者、奥地利登山运动员海因里希·哈勒（Heinrich Harrer）和曾任英国驻藏商务代表的黎吉生（Hugh Richardson）大为不满，他们想尽办法要揭露这位西藏喇嘛的真面目，最后通过私人侦探才弄清这位然巴喇嘛实际上是一位来自爱尔兰的水管工，真名叫Cyril Henry Hoskins，他写这三部小说前连他的村子都没离开过，更不会说藏语。可是，他以天才的想象力讲述的西藏故事的影响力却连哈勒的那部著名游记《西藏七年》也难望其项背，更不用说黎吉生那些解读西藏古代碑铭的学术著作了。不过，不管小说的真伪，它在当时确实形成了不小的影响力，以至于今天依然有人觉得这些小说中描述的西藏才真的是西藏。

三联生活周刊："西藏神话"何时到达顶端？

沈卫荣：在西方真正把西藏炒得比较热的不是藏学家乔玛。从神智主义、灵智学派的创始人布拉法斯基（Helena P. Blavatsky）夫人开始，西藏才慢慢被神话化了。这位俄罗斯女人最初的兴趣和职业是灵媒，曾到埃及学灵媒法术，最后据说辗转到了西藏，自称在扎什伦布寺附近随喇嘛学了7年密法，终于找到开启神智的钥匙。随后，她在喇嘛指引下来到纽约，创立了神智学会，很快风行一时。布拉法斯基夫人的书至今充斥于美国的大小书店，她的名著《西藏密法》中夹杂了一些藏文，一看就不像是一位跟随喇嘛教学了7年密法的人写出来的，因为几乎没有一个藏文字是正确的。书中内容其实是东、西精神学和神灵学的大杂烩，与藏传佛法实不搭界。可这位19世纪最有影响力的女性的崇拜者却遍布世界，神智学会发展神速，全世界都有其信徒和会员。其中汇聚了许多大名鼎鼎的人物，如日本的铃木大拙、法国的大卫·妮尔、瑞士的心理学家荣格、英国最著名的佛学家孔兹等等，都曾是布拉法斯基夫人的信徒。

《西藏生死书》（*The Tibetan Book of the Dead*）的出版，将西藏的神话化推进到一个新高度。在西方，这本书可以说是人人皆知，堪称西方最著名的东方精神经典之一。其作者亦是布拉法斯基夫人的"粉丝"，美国人伊文思·温慈。他曾在斯坦福大学学人类学，后追随布拉法斯基夫人的足迹往东方做寻找智慧之旅，最后也到了印度、西藏。一个偶然的机会，他从一个英国军官的手里拿到一卷书，并和一位喇嘛合作，把藏传佛教宁玛派所传的一本密法仪轨翻译成英文，起名《西藏生死书》。它的出版使西藏的神秘形象变得越发不可收拾了。总之，在灵智学兴起前，西方的神话西藏形象只是有一些苗头，因为西藏有特殊的地理环境，被称为世界第三极，它又对外隔绝，所以容易引起外人的遐想。而到了20世纪80年代以后，西藏逐渐被香格里拉化了，被看成是世外桃源，只重精神，不重物质，虽然它没有经历过现代化，但却成为西方后现代社会的一个精神超市，什么好东西都可以在里边找到。这是神话化西藏的最根本的一次提升。

它的背景与西方新时代运动的兴起有关，在这个运动中，"西藏神话"被广泛推行。"新时代运动"从20世纪70年代开始一直延续到现在,实际上它是各种不同的精神运动、生活方式和消费方式的一个大杂烩。在表面的杂乱无章下,贯穿的主题是对个人的颂扬和现代性的圣化,即对个人自我与生俱来的神圣性的根本信仰和诸如自由、平等、真实、自我负责、自我依赖、自我决定等西方现代性几个最基本价值观念的肯定。与20世纪60年代文化反动运动对物质享乐主义的否定形成强烈对比,"新时代人"转而肯定物质享乐主义,寻求精神性和物质繁荣、宗教超越和资本主义商业成功之间的和谐结合,视物质的富裕为精神觉悟的一种成果。

这个运动对"西藏神话"的诞生有着非常大的意义。在这个背景下,新时代人不受任何一种固定的宗教传统的束缚,根据个人的兴趣、爱好,在精神超市里找到各种各样他所喜爱的宗教因素,包括藏传佛教,然后组成一种自己的信仰系统。

三联生活周刊:你怎么看待西方这种"西藏热"?

沈卫荣:我认为西方人对西藏的热爱是西方"东方主义"的一个经典例证。他们观念中的西藏与现实、物质的西藏没什么关系,它是一个精神化了的虚拟空间,拥有西方文明中令人渴望却已经遗失了的一切美好的东西。说穿了,西藏是西方人心中一个不可或缺的"他者",是他们用来确定自己认同的坐标。好莱坞的一些明星,也以信藏传佛教为时髦事,这非常讽刺。因为他们本来就是对物质最渴求的一群人，像理查·基尔就是典型，一辈子风花雪月，穷奢极欲，但他为了树立自己的形象，故意把自己边缘化，把他们跟美国的主流、好莱坞的主流区别开来，走向西藏，以此来树立自己的形象。

三联生活周刊：除了西方的西藏热之外，现在最明显的就是国内兴起的"西藏热"，它又有什么样的一种背景呢？

沈卫荣：流行背后的实质是一样的。美国最早是20世纪60年代末开始，港台是在70年代末，到我们这里是90年代末开始。物质发展到一定程度，人们对精神的追求就会越发强烈，更加需要精神寄托。经历了现代化以后，人们自然会反思现代化，并对失落的过去产生怀恋等等。虽然过去并不见得一定很美好，但时间一过，时间越长以后，我们乐意记住的或都是好东西，容易把所有美好的东西都投射到过去那里，包括我们今天对六世达赖喇嘛仓央嘉措情歌的热爱等都是一回事。宗教性人人都有，只是以前我们没怎么注意，现在大家对这方面都有要求了，就开始把自己的情感、梦想投射到宗教或其他地方。"西藏热"也可能受到西方的影响，但实际上我觉得现在中国人在很多方面比西方人走得更远。

有时候我会批判西方人，说他们信佛都是伪的，以为自己每天在很舒服的客厅内打坐，想想慈悲、智慧一类的大道理，就认为自己是佛教徒了。而目前中国人信仰藏传佛教却很多不是这个样子的，比如五明佛学院，人家就在（四川省色达县）山沟沟里，信佛、修行……那也是因为中国人对宗教的追求在这时候比西方人更强烈，而且佛教本身对中国人来说更亲近，这里面有很多这样有意思的问题，值得我们进行进一步的思考。

五、藏汉交流

三联生活周刊：藏文化对汉文化，或者说对中原文化有什么影响呢？

沈卫荣：从佛教来讲，汉传佛教在吐蕃王国以后对西藏佛教的影响很小，按照藏文史学传统的记载，吐蕃时代汉地禅宗顿门派法师摩诃衍在一场宗教辩论中输给了来自印度的修持中观哲学的渐门派法师莲花戒以后，汉传禅宗佛教从此被赶了出去，不准在吐蕃境内传播了。所以，确实很长时间内，再也不从汉地翻译佛经了。直到清朝的乾隆皇帝才又开始组织从汉文佛经中挑选出藏文佛经中没有的部分，将它们翻译成藏文、蒙文和满文等。与此相反，藏传密教的东西被翻译成汉文的则有很多。前面提到过藏传密教的修行，从西夏开始就传入西域和中原，此后就一直没有间断过，一直到清、民国，从来没有断过，藏传密教一直是输出方。我们去年重新影印出版了一部汉译藏传密教宝典——《大乘要道密集》,它原本就是从清朝宫廷中传出来的,是汉地信众修习藏传密法的一部极其珍贵和少见的密法集成,这部宝典集中了西夏、元、明几朝翻译的藏传密法仪轨,说明这些东西从西夏到元,一直到民国时期都在汉地传播。(图16-1至16-4)藏传佛教在汉地曾经非常流行过,现在这个传统又回来了,因为对我们来说,它们不完全是全新的东西,它们老早就已经传播了。

三联生活周刊:西藏全民信教,除了寺庙外,宗教对于世俗生活的影响都有哪些方面?

沈卫荣:他们生活中很多内容其实都是一种宗教活动,比如藏民经常要去寺院磕头,加酥油,做供养,这些都渗入到日常生活之中了,很多人一辈子很多时间都花在上述这些宗教活动中。从城市规划和建筑上讲,藏语里的"廓",实际上就是转经的一个道,"林廓"是内的,"八廓"是外的,西藏人每天要转好几圈,这就是说,起居都是修行的一部分。

三联生活周刊:还有一个比较神秘的天葬,也与宗教教义有关?

沈卫荣:这个现在还不是很说得清。信佛教的人有很多,为什么独独就西藏有这个传统,其他地方没有呢?这可能还有其他原因。但佛教本身认为人的身体不过是一个皮囊,并不值

我们还是香格里拉的囚徒吗?

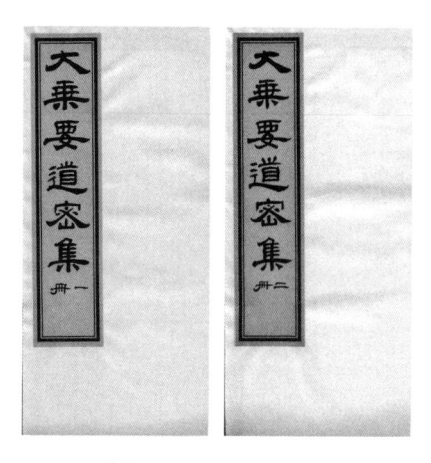

图16-1 《大乘要道密集》1　图16-2 《大乘要道密集》2

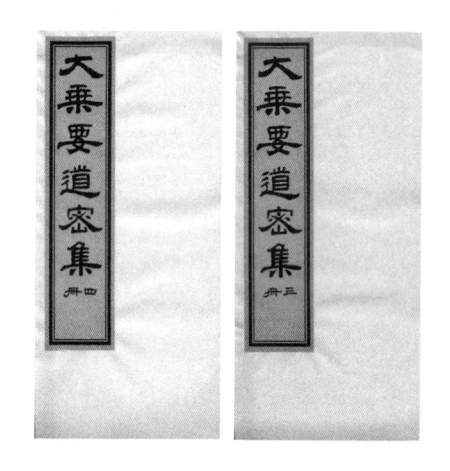

图16-3 《大乘要道密集》3　图16-4 《大乘要道密集》4

得那么珍视，而且佛教相信灵魂转世，到你死了的时候——《西藏死亡书》里面说到，头一天灵魂就离开身体了，灵魂就出去了，从此以后你拥有的是一个意识身，你是成佛还是转世为人，在这49天里有无数的可能性，你能做的就是要想尽办法成佛，实在成不了佛，那就转世到人间，转世到一个比较好的人家，这也是一种福报。因为只有转世到人间，你才能再接受佛的阳光雨露，才有可能成佛。所以，人生除了成佛没有其他意义，人死了以后，人的身体不值得保存，对死亡也没必要哀伤，因为死者已经在自己通往成佛的路上。另外，天葬也可以被认为是一种布施。

三联生活周刊：我们通常一讲起汉藏交流，就会提起文成公主。在长达数百年的汉藏交流史上，还有哪些其他值得被铭记的人？

沈卫荣：其实汉藏交流史上的代表人物还有很多。比如敦煌文献里提到的那个法成法师，他把很多藏文的佛经翻成汉文，又把很多汉文的佛经翻成藏文，在汉藏佛教交融、互动的历史过程中有过非常大的影响力。但我们今天实际上并不能确切地知道他究竟是汉人还是藏人。在汉藏佛教交流史上，还有很多这样的人，像明代初年有位叫莎南屹啰的译师，他翻译了大量藏传密教仪轨，《大乘要道密集》中收集的汉译藏传密教

我们还是香格里拉的囚徒吗？

文献中有一半是他翻译的，晚近我们还在北京国家图书馆和台北"故宫博物院"等地发现了更多由他翻译的藏传密教宝典。一听莎南屹啰这个名字，我们一定想他肯定是一位藏族译师，但是从他所翻译的那些藏传密教经典看，他的汉文好得不得了，他对汉传佛教经典又十分精熟，他很有可能是一位信奉藏传佛教的汉人，只是取了一个藏文名字。

其实，在历史上对汉文化掌握得非常出色的藏人，或是对藏文化掌握得非常出色的汉人多的是。从汉藏两个民族的起源来讲，虽然我们不能说汉藏完全是同宗同源，但双方在很多方面确实是一样的。西藏很多人是羌人的一支，汉人也有很多来源于羌人，台湾著名的人类学家王明珂先生有一本非常著名的书，题为《羌在汉藏之间》，实际上这个说法不够精确，应该说《羌在汉藏中间》。现在的羌族人很少了，因为他们中的很多人变成了藏人，很多人变成了汉人。同样，历史上很多西夏人或者变成了藏人，或者变成了汉人，对这类民族融合的历史大家还需要做进一步的研究。美国有位做汉藏语言学研究的学者，专门研究"吐蕃"这两字的发音，他的研究结果是，吐蕃在古代的发音应该就是"发羌"，这和汉文历史文献中说吐蕃是发羌的一支是吻合的。

汉藏文化之间的交流源远流长，最初是汉传佛教影响了藏传佛教，后来是藏传佛教影响了汉传佛教，二者交融的历史很长。可惜，大家现在不怎么谈论这段历史了，这是很遗憾的一件事情。希望我们不要忘记，文成公主对西藏文化发展确实影响很大，当时她不是一个人去的，而是带着一大批人去的，当时汉地使者来来往往很多，其中包括很多和尚，他们带去了很多汉地的文化传统。例如，汉地喝茶的传统，最早也是吐蕃时汉地使臣们带到吐蕃去的，著名藏文史籍《汉藏史集》中对此有很详尽的记载。有意思的是，其中还专门提到喝茶水平最高的就是汉地来的和尚。

三联生活周刊：西藏浓郁的文化特色得以保留，显然跟地域的相对封闭不无关系。但是西藏必然也要面对发展的问题，这个矛盾如何解决？

沈卫荣：的确，传统文化如何延续和保存，这是一个难题。就好像在北京，今天的北京还保留有多少我们汉人的传统文化呢？现在西方有种说法，叫tradition for sale，说的是贱卖自己的传统。包括云南的其他一些地方，很多东西都是这样做的，实际上我们在慢慢失去这种文化传统，这就是全球化带来的一个结果。

毫无疑问，如何保留民族的传统文化也是现在中国的民族问题变得越来越严重的根本原因之一。民族主义怎么来的呢？它在很大程度上就来自害怕失去自己的过去、失去自己的身份认同、失去自己的传统文化的恐惧。对我们汉人来说，对失去自己的民族文化认同的恐惧也许没那么大，但对于藏族同胞等少数民族来说，失去他们自己的文化和传统就等于什么都没了。

我们应该花力气帮助少数民族维持和延续他们的民族文化。不过这些做起来也很困难，一方面东西方观念上有分歧——我们觉得在西藏搞经济建设，这是帮助他们；但在西方人看来，这就是破坏。显然，西方人的想法也很成问题，因为他们设想西藏人不需要物质的进步。我们不能认为西藏就排斥发展，藏人同样向往现代化的生活。但是，我们应该更多地理解包括藏族同胞在内的少数民族对传统失落的恐惧。我们再回过来看看，北京和中国内地在这几十年内所经历的汉族传统文化的失落，西藏现在正在经历，这是一个非常重大的问题，这是现在中国面临的最巨大的挑战之一，也是最考验当政者政治智慧的时刻。

原刊于《三联生活周刊》2013年第34期

17

藏传佛教跟社会发展是一种有机结合

一

界面文化：你之前在公共平台上多次讨论了现代世界对西藏的想象问题，比如在学术著作之外刊文指出今天东西方共同建构的对西藏的"香格里拉"想象。而这一两年似乎情况有些变化，一方面是人们越来越批判"小清新"的西藏消费，二是文化上也涌现出了很多西藏题材的电影，比如《塔洛》《冈仁波齐》和《皮绳上的魂》（图17-1至图17-3），这些电影更加写实、更深入描绘西藏社会。这是否说明我们对西藏的想象有了一些改善？

沈卫荣：我其实没有看过《冈仁波齐》。不过看过一些评论也知道这部电影。这些作品里的西藏人仍然是精神追求性很高，没有什么世俗追求。我觉得它对于西藏的想象建构起的是

我们还是香格里拉的囚徒吗?

图17-1　电影《冈仁波齐》英文海报　　图17-2　电影《冈仁波齐》中文海报

17 藏传佛教跟社会发展是一种有机结合

一个推波助澜的作用。另外,现在我们也开始追求一种更多元的文化。有一些批判想象西藏的声音出现,但绝大多数的人仍然认为西藏人只有精神性的追求。比如有很多对西藏文化感兴趣的人来问我问题,仍然是集中在对西藏文化的崇拜上,想要知道西藏文化是如何美丽。总的来说,对西藏的神化近些年可以说是有增无减。而且在我们这个后现代社会的语境下,这种状态会持续很长时间,至少二三十年。

界面文化:汉地和西方人,在信仰藏传佛教时有什么不同表现吗?

沈卫荣:汉族人信佛的目的相当一部分的确很功利,很直接,比如说去求子,求事业顺利,求得安全感等等。他们会花很多钱去供养上师,寄希望于这种信仰的方式可以给他们带来世俗方面的成果。当然也有小部分人的确是去追求精神上的东西。而西方人里大概较少有会花大量金钱去供养上师的。西方人一开始崇拜藏传佛教是在追求精神上的东西。他们在新时代运动(New Age Movement)里追寻一个西藏这样最遥远的地方来实现自己的想象。除了藏传佛教以外,也有追寻大乘佛教的其他传统的,或者道教的。不过这归根结底也是一种很功利性的追求,是一种精神的执着和功利。其实,那些信徒中很多是一些有钱、有闲的人,利用对藏传佛教的信仰来显示自己在精神上超越他人，或者是为了突破传统上新教的束缚。藏传佛教其实是被他们用作为一种标签，去追随藏传佛教可以来显示他们自己的先进性。

界面文化：那么对西藏人来说，也存在一种对汉地的虚构想象吗？汉地对他们来说意味着什么？

沈卫荣：以前，汉藏两种文化之间存在很多误解。就比如说我们汉人曾经把喇嘛教看成是一种很落后、愚昧、野蛮的宗教。其实藏人看汉人也一样。西藏历史上曾经就发生过"吐蕃僧诤"，从此西藏佛教徒就认为汉人的佛教是不正宗的，认为汉传佛教所说的"顿悟"是不究竟的。所以他们把汉地的佛教称为"和尚教"。从十一二世纪开始，特别是自印度佛教衰亡以来，他们要建立自己作为世界佛教中心的地位，所以他们认为汉地的佛教是不如自己的。

界面文化：这种误解自古就有吗？

沈卫荣：是从十一二世纪开始有的。特别是到了印度佛教灭亡，13世纪以后。他们就认为藏传佛教才是世界佛教的中心，实际是看低汉传佛教的。以前朱清时教授（中国科技大学前任校长）曾说过，他在零几年的时候到西藏跟喇嘛们交谈，喇嘛们告诉他说汉传佛教不正宗。而现在真正的问题是汉藏佛教之间的交流根本就不够。根据我的经验，汉地的上师和西藏的喇嘛交流的时候互相都是有所保留的。

我们在2009年就提出汉藏交融这个概念。在2008年,我在人大建立了汉藏佛教研究中心,希望能够增强汉藏佛教两种传统之间的了解。中国不只是汉族、藏族、蒙古族,而是中华民族。而要认同这个中华民族,首先汉藏之间需要互相认同。

界面文化:今天的西藏,有体现出对消费主义文化的向往吗?

沈卫荣:问西藏有没有对消费主义的向往这个问题本身就是有疑问的。西藏人跟我们是一样的人,我们有物质欲望,怎么就能假设他们就没有呢?其实拉萨一直到90年代我出国前,甚至比我们汉地在经济上有更多的优势。当时的拉萨经济文化都发展得很好。1988年我去的时候,发现拉萨比南京洋气多了。当时西藏人比较富裕,我们内地大学毕业一个月工资五十块,在西藏工作的话是二百五十块。他们的物质生活一点都不比内地差的。当然现在情况不完全一样了,不会说比内地好了,但他们的经济条件一直都不差。以前他们的住宿、生活条件都比我们的好。所以说他们没有物质欲望只是我们对他们的一种想象。你看现在喇嘛拿着iPhone,开着车,穿着很漂亮的皮鞋,这是很正常的。这不见得是受了汉地的影响,这或许是全球化背景下的一个普遍现象。

我们还是香格里拉的囚徒吗?

界面文化：在研究和演讲中，你常提到，我们对于藏传佛教有一种情欲化的想象，这跟现代化的过程有关系吗？

沈卫荣：这个是古代就有的。从马可波罗、从元朝就开始了。说藏传佛教以前就有男女双修这样的仪轨和修行，以讹传讹，大家就觉得西藏的喇嘛都是这样的，西藏人对性似乎没有什么限制。但想象发展得最厉害的时代在中国是20世纪80年代。80年代有着非常严酷的性禁锢，那时一些前卫的年轻人想要打破这些性禁锢，所以就想到找到西藏人，认为他们没什么禁忌又能歌善舞。又比如说那时的年轻人还找到了云南少数民族的泼水节、西藏的洗澡节，把这些传统都变成了一种感官上的东西。那个时候的关注点都在性上了。现在这样的想象慢慢地也就消亡了。中国的社会已经这么开放，人们现在不一定要到想象的西藏中去才能体验到性开放。

界面文化：所以为了打破性方面的禁锢，人们会去向外寻求，这跟美国的新时代运动（New Age Movement）是一样的性质吗？

沈卫荣：对。比如说举个例子，我们上大学的时候一直听人在讨论寻根文学，而寻根文学经常关注的南美，当时搞不懂。现在想来，其实就是想要寻找自己文化里面缺失的、自己向往的东西，而这些东西只能到其他文化、异域去寻找。以前我提到过一个概念叫做内部东方主义（Internal Orientalism）。以前汉族作家喜欢写苗族傣族等等，都要去采风，到异域去寻找不一样的东西。同样，美国人在20世纪60年代的时候为了要打破新教的伪善，打破男女之间的禁忌，就在西藏密教和印度密教里找证据，比如说性瑜伽，说它能同时达到精神的解脱和身体的狂喜。因此一下子他们就喜欢上了藏传佛教。他们也是用藏传佛教来打破自己传统的东西。从方法上来说和中国80年代的情况是一样的。

实际上，藏传佛教的神秘化每个阶段都是不一样的。比如说我研究汉地想象西藏的历史，本质上研究的是汉地的思想史、社会文化史，跟西藏史是没关系的。西方寻找香格里拉的历史也跟西藏没什么关系。

二

界面文化：想请你谈一下宗教的世俗化。你认为宗教和现代化之间是一种怎样的关系？

沈卫荣：我把整个藏传佛教的发展都看成是一个世俗化的过程。什么是藏传佛教？一方面是僧侣在寺院里面修行，严格遵守戒律。另一方面是老百姓的信仰，比如说要磕长头，逢年过节、宗教节日要去寺院里朝拜，做佛事。可是现在的藏传佛教发展不一样了。现在人们会花很多钱去建大寺庙,做很多大法会,收很多的弟子,可是如此发展这个宗教的内核慢慢就没有了。这样的境况跟现代化是相辅相成的。比如一个本来什么都没有的穷乡僻壤建起来了一个寺院,那么或许旅游业也随之发展了,地方渐渐就变成了一个小有规模的镇。现在西藏很多城市都跟大寺院是连在一起的。所以佛教发展跟现代化是平行的,可以说是带动了经济发展。我一直在致力于把觉囊(藏传佛教的一个分支)推成典型。因为壤塘把藏传佛教和地区发展有机地结合在一起,一方面寺院发展,一方面地区发展。在地区发展里面发扬西藏的传统文化,比如绘画、音乐和藏医,像这样带动当地产业,真正摆脱贫困,不需要靠救济。这就是宗教和现代化积极结合的例子。

通常来说我们提到现代化对宗教的摧残,是当地人都物质化了,拜金主义盛行,另外一方面就是比如我们的城市把传统寺院拆掉建现代建筑。但现在在西藏的情况却不是这样。西藏是个很复杂的问题。现在对西藏的宗教的保护没有什么问题。而西藏在物质上的发展是前所未有的。以前一个寺院哪有那么多人给那么多钱。宗教不光是大寺院。它还是得要传承,要教法,还要有守戒律的僧人。但这些在西藏反而越来越少了。如此轰轰烈烈地发展下去,以后可能会面临彻底的世俗化,属于宗教内核的东西就消亡了。就比如在汉地，真正在寺院里呆得住的僧人很少的。现在甚至有很多有钱人造了寺院，然后去招聘和尚。和尚的工资比教授都高得多。

界面文化：也就是说，城市里的这种商业化运作方式，你是不太支持的？

沈卫荣：我是希望佛教跟社会发展是一种有机结合。特别像西藏这样的地方，像壤塘（位于四川阿坝州）这样的地方。壤塘是没有任何GDP的，没有任何产业。他们所有的支出、生活都来自国家的救济。但靠着救济，最多只能到温饱。不可能像北上广一样富裕。永远靠着救济肯定是不可能的。以前不开放的时候，壤塘可能就是个与世界相隔绝的地方。你当然也可以说这个地方的人就是安贫乐道，但实际上这在今天是不可能的。在全球化背景下喇嘛们都有手机有网络，能看到外面的世界是什么样的。他们当然也希望自己能受到好的教育，有一个好的工作，好的生活。但如果只靠救济的话，永远达不到这样的标准。所以他们当然要发展，要一个更好的生活。但是，他们不太可能去走发展工业这条路子。那么对他们来说什么样的路子是好路子呢？就是要跟当地的传统文化结合起来。健阳乐住活佛就是一个很好的例子。他的理念就是要把当地城镇的发展和藏传佛教文化有机地结合在一起。他建了一个唐卡学校,专门接收没有机会上学的小孩。这样就既保存了他们传统的文化,又有经济效益。一幅唐卡可以卖很多钱,小孩们也受到了教育。除了唐卡,他还发展了藏医、佛学院、藏香等等,真正将传统的发展和城镇的发展结合了起来。(图17-4)这样的一种结合才是有前途的。他们以后既可以养活自己,又推广了自己的文化。

三

界面文化:在藏学研究中,语言文字方面的训练占多大的比例?你觉得语言训练作用如何?

沈卫荣:语文是学术研究的一个基础。不会语言的话是没法开始做研究的。上大学最好一二年级就开始语言学习。我的学生告诉我大学的课程,很多都是毫无意义的,所以一上来多学几门语言就会有很多益处。很多学生大学四年毕业时,回想这些年的学习生活觉得学会了一门新的语言才是真正的、看得见的收获,而其他好像都很难说自己学到啥了。我自己也总相信多一门语言,就多了了解这个世界的一个窗口。一个会多种语言的人,他对世界的了解也会和只懂一种语言的人完全不一样的。所以,我觉得有条件的,或者有志于研究民族文化的

17 藏传佛教跟社会发展是一种有机结合

图 17-3 电影《皮绳上的魂》

图 17-4 壤塘非遗传习所学院用缂丝工艺制作的觉囊祖师像

话，应该从一开始就多学几门语言。对于年轻人来说，学语言也没这么难，学会了则终身受益。当然，做文本研究，做历史研究，不只是学几门语言的事情。光学语言是不行的，就比如说研究历史，文本上的东西和历史上实际发生的东西相差很大的，所以历史研究要求的不只是语言的训练。

界面文化：在很多地区研究，比如印度研究中，有人批判说他们太过依赖于英国殖民者的影响，过于注重婆罗门经典的研究，在藏学里也有类似的情况吗？

沈卫荣：我觉得西方的东方研究中更严重的一个问题是所谓"文本化"（texturalization）的问题。比如说研究南亚佛教、印度宗教的人，他们只注重书面的文本，不重视口传文化的研究，也不认为口头传统有价值。他们认为写下来文本的才有权威，东方研究主要是东方文本语文学研究。这是一个错误的观点，很早就开始被批判了。比如有本书叫做 *Curators of Buddha: The Study of Buddhism under Colonialism*，里面有篇 Charles Hallisey 先生关于早期南亚佛教研究的文章，就把"文本化"这个问题说得很清楚了，这是一篇非常经典的好文章。

"文本化"研究对象是所有东方学研究，或者说是对非自己文化的研究中出现的一个普遍的问题。比如说一个研究汉学的，天天在看孔夫子、苏东坡、王阳明的东西，就说中国文明

17 藏传佛教跟社会发展是一种有机结合

了不起,很伟大。然后又看到现实中的中国人与他们在文本中读到的完全不一样,中国人还在随地吐痰,所以就觉得中国人没有文化,堕落了。这大概就是把一切都"文本化"的结果。认为文本上读到的才是中国的文化,文本上没有的就不是,现实的永远达不到文本中的那个高度,所以现实是堕落了,失去了过去灿烂的文化传统了。这样的观念在所有的东方研究里都很普遍。

藏学里也是一样的。历史上很多西方的藏学家读了很多藏传佛教的文本,觉得藏文文本写得博大精深,但一接触现实中的喇嘛们,觉得现在的喇嘛怎么不像过去的喇嘛们那样有学问啊,怎么啥都不懂啊。其实这是很片面的,就是"文本化"藏传佛教的结果。喇嘛并不是不懂,而是你不了解他,喇嘛们传承的是一个活着的传统。就比如我1988年第一次去夏鲁寺,因为那里曾经出过布顿大师,伟大得不得了,写了很多非常精神的东西,加上他又在那里编过藏文大藏经,所以我去夏鲁是带着朝圣的态度去的。那时我们从日喀则租了一辆手扶拖拉机开过去的,一看那个地方,这么穷啊,还这么破,怎么也难以想象得到这里曾经是一个藏传佛教的文化中心啊。当时我见到的那个夏鲁寺,寺院里也啥也没有了,我一下子就震撼了。怎么可能在元朝时这么辉煌的藏传佛教文化出现在了这里呢?所以，"文本化"文化是一个很大的问题。毫无疑问，布顿大师就出在这里，那个时候这里也很穷，可是就有这么一个仁波切在那里，创造了这么高深的佛教文化，以至于到现在我们还在读他的书。

界面文化：那在藏学里现在是怎么面对，或者说怎么解决文本化文化的问题的？

沈卫荣：传统藏学就是一种文本研究。比如说以前如果一个学者能看懂敦煌藏文文献，那就是最厉害。能读得懂藏传佛教文献，那也很厉害。藏学以前是不重视人类学、社会学和艺术研究的。近年来情况开始很不一样了。现在人类学在西藏学领域内发展速度很快，做藏传佛教艺术研究的也越来越多。目前在我们中国做当代西藏研究大概是最多的，比如做人类学、社会学、大众传媒、政治学等等。每年参与社科基金申请的评审，发现申请项目中最多的是当代研究。但是，做当代西藏研究也不是一件很容易做到的事情，不管是研究当代西藏，还是研究现代西藏，首先总也得有个明确的学科分野和研究方向吧。不能说写出一个像通讯报道一样的东西就叫做学问了——索玛大娘怎么说，扎西大爷怎么说——很多搞宗教调查的全都是这样。而人类学研究有它严格的学科规范，做田野调查也是一门精细的学问，与做文本、做历史研究一样，有一整套的规范和方法的。田野调查研究的结果,最好也能和文本研究相结合。

再比如说做佛教艺术研究,我总希望对艺术作品的研究能够和文本对照起来。要研究一个图像,最好能找到可以解释这个图像的文本。如果张口就是这个风格,那个笔法,那么,这对于研究佛教艺术的历史来说意义是不大的。佛教艺术、图像都是有严格的规定和规范的,不是说可以随便多画一只眼睛或者多画一个手。研究它们,如果不把这个文本找出来,你就随意地说这个风格哪个来源,我怎么能相信呢?

界面文化:这些年"新清史"在中国有很多讨论。你之前在一次访谈中说,明代和清代的皇帝都有信奉藏传佛教的。那么,为什么只有清代的藏传佛教被放到了"内亚"维度来考虑?明清信奉藏传佛教的方式有什么不同吗?

沈卫荣:我认为现在的新清史学家们都没有把所谓的"内亚维度"这个概念给说明白。他们提到清代统治有内亚的维度和内亚的特性,讲的最多的就是乾隆皇帝如何信仰藏传佛教。把这个作为内亚维度的一个重要方面,这个我是无法信服的。如果以信仰藏传佛教来作为区别的话,那永乐皇帝也一样信奉藏传佛教,那明朝不也是一个内亚帝国了吗?显然信仰藏传佛教与否不该是一个标准。与对清代汉化的研究比起来,对清代内亚维度的研究还不够。对于内亚这个地缘政治概念的定义还是不明确的。元明清三代的藏传佛教信仰实际上有一个继承关系。元朝皇帝信仰藏传佛教,明朝取代了元朝,同时藏传佛教信仰也继承下来了,清代也一样。乾隆皇帝宫廷秘典里发现的很多藏传密教的文本,都是从元朝和明朝继承下来的。所以说不能因为有皇帝信奉藏传佛教就说清朝的皇帝是一个内亚的皇帝。藏传佛教并没有给他提供一种统治帝国的意识形态。西藏本身都是四分五裂的,没有军事力量,也没能统一各个教派,它怎么可能给大清帝国提供一种帝国意识形态呢?这是不可能的。当时清朝皇帝最最重要的称号应该还是一种文武皇帝的概念,当然清代也还超越了这个基础。乾隆皇帝既是满族人的领袖、又是文武皇帝,又是菩萨皇帝、又有个伊斯兰的名称。当然,明代的武宗也是这样的。他是汉地皇帝,也是法王,也有穆斯林的称号,他们都是"universal king"。所以他们在汉人面前是汉人皇帝,在蒙古人、西藏人面前是文殊菩萨的转世,在穆斯林面前又是一个穆斯林的领袖,在满族面前又是满族的领袖。不同的人群面前他有不同的形象和称号。

界面文化:也就是说在元明清三代,藏传佛教在统治里所占的位置是没什么变化的?

沈卫荣:在我的研究看来,信仰藏传佛教,永乐和乾隆这

17 藏传佛教跟社会发展是一种有机结合

两人是顶峰。雍正也信。但这些皇帝们说的话经常是矛盾的。乾隆皇帝一方面信仰藏传佛教,另一方面也说过对黄教和活佛很不敬的话,吹他如何如何严惩不守法的活佛等等,还说他可以这样做,其他皇帝敢吗?因为藏传佛教自元朝开始在汉地历史上形成了一种很不好的话语。汉人认为是藏传佛教引进元朝宫廷的"秘密大喜乐法""演揲儿法"等,引起了元末宫廷的腐败,是因为喇嘛不好,才导致了元朝一百年不到就灭亡了。所以乾隆如果要做一个好皇帝的话他就不应该这样重蹈覆辙,他应该撇清和藏传佛教负面那部分的关系。乾隆皇帝对外说喇嘛们腐败,他不会对他们宽容。其实,他对藏传佛教的理解是很精深的,可以说是比任何皇帝都精深。但是他为了统治,把这些话说来给汉人听。

原刊于《界面文化》2017年9月16日,访谈人:《界面文化》高久媚

18
全球化背景下的藏传佛教与藏传佛教研究

近年来,追随活佛和上师、信奉藏传佛教在中国风靡一时,在网络上甚至流传着"朝阳有三十万个仁波切"的说法。在沈卫荣先生看来,藏传佛教从早先的边缘位置一跃而至全球舞台的中央,成为一种另类的"世界宗教",这得益于全球化。但"成也全球化,败也全球化",全球化同时亦使得藏传佛教彻底变了味道,人们尊奉上师、活佛,或是出于物质利益的满足,或是追求小我心灵之安宁。换言之,人们也很容易会接受西方主流世界对藏传佛教的想象和改造,自觉地自我东方化,遂将藏传佛教推上心灵鸡汤和精神拜金主义的邪路。

本文旨在讨论藏传佛教在目前这个全球化的时代所面临的困境、机遇和出路,特别是今日西藏的仁波切和密教一方面成了后现代社会广大小资、先进们的新宠或最爱，但另一方面却又被他们不断地误解、误导，遂使藏传佛教变成了心灵鸡汤，原因何在？其实，正是全球化让藏传佛教跨越雪域而走向了世界，使它成为了可供他人任意选择的一种另类的"世界宗教"，但同样也是全球化让西藏变成了香格里拉，让藏传佛教最终变成了别人家的梦想和希望。"成也全球化，败亦全球化"，全球化对于西藏和藏传佛教的影响值得我们展开进一步的研究和讨论。

一、如何理解全球化？

在展开主题论述以前，本文先概述下笔者对全球化的一些基本看法。全球化是20世纪80年代开始出现的一场涉及政治、经济、军事、地区、民族、资源、环境、宗教、文化、意识形态和生活方式等各个方面的全球性运动，它来势迅猛、势不可挡，在短时间内即有可能瓦解世界现有的格局和秩序，并彻底改变人类的生存方式。迄今为止，全球化对世界各民族、各种宗教和传统文化已经造成了巨大的冲击，其影响之大、之深远，实在还难以估量。

其中更有两个具有典型意义的特征，一是世界明显地变小了，朝夕之间就沦陷为地球村，而世界不同民族、地区和文化之间的差异性，从表面看来是变小了，甚至消失了，人类的口味也变得越来越单一。今天有人喜欢喝可口可乐，有人喜欢喝百事可乐，其中的差别实在是小到了可以忽略不计的地步；二是世界并没有因为全球化而变得更加繁荣、和平与美好，相反它越变越复杂了，越变越麻烦了，地球村的出现反而使不同民族、地区、宗教和文化传统之间的矛盾和冲突彰显了出来，并不断加剧，今天全球范围内民族主义的兴起和泛滥，以及各种形式的宗教原教旨主义和激进、狂热的恐怖主义行动的爆发，渐渐成为全球化时代的两个标志性的特征。

为什么全球化会给世界带来这样可怕的后果呢？为什么全球化给时空带来的从观念到实践的双重改变，并没有让我们这个世界变得更加统一、和平和繁荣，让各种宗教和文化传统可以各美其美、美美与共呢？

一个重要原因大概就是全球化对于那些弱小民族和非主流宗教文化传统，特别是对它们的认同和利益的解构和破坏是灾难性的，如果对这种负面的影响不及时地予以预防和阻止，它们都有可能瞬间灰飞烟灭。所以，构建和强化自己的民族、宗教和文化认同，捍卫自己的生存权利，便成为当下世界许多相对弱小和非主体的民族、宗教和文化传统需要面对和为之拼搏的一项最迫切的使命，甚至可能是一场顽强的生死之战。而当他们坚守自己的民族和宗教认同、捍卫自己的生存权利的努力得不到正确的引导和有效的控制时，就很容易会走上激进、不理智，甚至暴力的道路，这就是目前我们这个地球村所面临的一大困境。

二、全球化对藏传佛教的影响

全球化到底给藏传佛教带来了哪些影响？其实，西藏早已经被卷入了全球化的洪流之中，因此，如何在快速实现现代化与维持西藏传统文化、保护西藏自然环境之间寻找到一条相对平衡和稳妥的前进道路，也早已是摆在我们面前的一大难题。在这个大背景下，一方面由于尽快实现现代化、发展经济、改善人民生活已是当下西藏建设的重中之重，于是如何维护以藏传佛教为主体的西藏民族文化即面临严重的挑战，藏传佛教信仰也因为西藏社会的日益世俗化而不断地被动摇、削弱；另一方面，藏传佛教的传播和发展又被作为维持藏族传统文化的一项重大举措，得到了全社会的鼓励和支持，而藏族同胞建构自己之民族和文化认同的努力也成为推动藏传佛教强势复兴的原动力。这两股潮流有时可以并行不悖，甚至相辅相成，如建设藏传佛教寺院、开发藏传佛教的传统资源等，都可以成为推动西藏现代化建设和发展的动力；但有时也会引发激烈的矛盾和冲突，因为快速和过度的经济开发势必会影响甚至破坏西藏的自然和人文景观，而难以抑制的世俗化、商业化也必然会给藏传佛教的信仰和实践带来严重的损害。

值得庆幸的是，藏传佛教作为一种非主流的、历史上又常遭贬损和谴责的宗教传统，它不但没有在全球化大潮中被消灭，相反得到了前所未有的发展。虽然现代化和世俗化的进程使得藏传佛教在其原生地的生存遭遇了严重的挑战，但它却在更广阔的舞台（全球化了的世界）上获得了新生。全球化使得藏传佛教超越了地域和民族的界限与束缚，走向了全世界，成为眼下世界上流传最广、影响最大的一种"可供选择的宗教"（an alternative religion），它是世界上，特别是西方世界，许多民族在其自己固守的宗教传统之外，最喜欢的、最可以接受的一种外来的、可供他们随意选用的另类宗教传统。从其目前流传和影响的广度来看，我们甚至可以毫不夸张地称藏传佛教为一种"世界宗教"，或者"宇宙宗教"。

藏传佛教在西方世界的较广泛的传播开始于20世纪60至70年代，那时就有人将它称为"可供选择的神坛"（an alternative altar），自此随着全球化的愈演愈烈并弥漫至全世界，成为世俗化时代异军突起的一种最有影响力的特殊宗教形式。而在今日之中国，藏传佛教于西藏以外地区的传播和发展之迅猛也同样令人瞠目,传说北京朝阳区有十万仁波切,虽然这听起来十分夸张,但至少表明今天藏传佛教在汉人信众中传播之广和受欢迎的程度与西方人对藏传佛教的热衷相比早已经是有过之而无不及了。不得不说,这种现象的出现显然也与无孔不入的全球化有关,来自西方的想象西藏和神话西藏的热潮也深深地影响和改变了中国民众对藏传佛教的认知和立场。

颇令人不解的是,全球化所带来的时空观念的改变似乎丝毫也没有减弱我们人类"想象异邦"的欲望和能力,虽然现代交通的便利已使今天的西藏早已不再是那个可望而不可即的"第三极"了,但是像"想象西藏"这样一个延续了上千年的全球性的思想工程却并没有因此而消退,相反它依然是全球化时代一场愈演愈烈的世界性精神运动。在其影响下,今天的西藏再次变成了香格里拉,并从原本的西方帝国主义、殖民主义想象中的殖民乐园,蜕变成了后现代人自我设计、自我构建的一张主题公园式的绿色、和平的未来世界蓝图。与此同时,藏传佛教则被想象成为后现代世界的一个琳琅满目、任客人予取予求的精神超市,也是全世界民众都非常爱喝的一锅心灵鸡汤。

一方面,全球化使得藏传佛教以前所未有的速度在世界范围内得到了最广泛的传播,以前人们说什么"铁鸟腾空、佛法西传",但"天鹅入湖"是一个极其缓慢的过程。及至20世纪70年代,佛教在西方的传播极其有限。即使是铃木大拙的"禅"(Zen)这样十分西化的伪佛教的冒牌货,它在西方传播和被接受的程度也是相当有限的。只有在全球化的背景下,藏传佛教的传播才会变得如此迅速和广泛,且势不可挡,这也是今日之世界会出现"Free Tibet"这样一个全球性的政治运动的重要原因。我们常常忽略的是,形成这一运动的背后有着极其深刻的宗教文化背景,假如没有藏传佛教的广泛传播和被接受所形成的深厚的群众基础,假如世界上没有像国际香巴拉(Shambhala International)这样国际性的藏传佛教社团的出现和支撑,很难想象西藏会变成如此令世人迷醉并愿意为之抗争的一个后现代的乌托邦。而这种形式的宗教(文化)和政治(社会)的相互影响和纠结,也是全球化时代的一个标志性特征。

另一方面,全球化又使藏传佛教彻底地变了味道,原汁原味的佛教不见了,而心灵鸡汤则充斥于市、随处可得。目前世界上流行的藏传佛教,我们或可以称之为"虚拟的藏传佛教"(Virtual Tibetan Buddhism),它是一种想象和建构出来的事物,与藏传佛教的本来面目南辕北辙。从前,藏传佛教曾被西方学者们认为是离佛祖所传正法最遥远的、最堕落的一种宗教,根本就不配被称为佛教,所以只能称其为喇嘛教,甚至是萨满教。更有西方传教士曾把藏传佛教视作魔鬼的作品,或者说是上帝的恶作剧,因为它的外观太像罗马天主教了,可它所传的又绝不是上帝的福音,所以应该被消灭。但是,在今人眼里,藏传佛教却是最具慈悲和智慧的一种宗教,是可以达到物质享乐和精神解脱之双运成就的最高级别的佛法。

今天,藏传佛教流行于全世界,修行者可以是西方人,也可以是东方人,他们或坐在自家舒适的客厅里,或坐在精心装饰的禅房中,藏传佛教成为一种随时可以修行的极其时髦、高尚和随心所欲、即时成就的宗教。当然,与来世的精神解脱和成佛涅槃相比,人们更热衷的是从活佛、上师那里得到神通和加持,企求的是现世物质利益的满足和小我之心灵的安宁。他们不想对佛法有多深的领会,却对各种瑜伽修习和法事仪轨十分的向往。显而易见,这样的信佛和修佛偏离了践行佛法之正道,堕入了精神拜金主义的泥潭,有百害而无一利。

然而,这种世界性的新形式的藏传佛教,也对藏传佛教在西藏本土的发展产生了严重的影响。藏传佛教在今天能够成为一种"世界宗教",这一现象本身就给它在西藏本土的强劲复兴给予了莫大的鼓励和推动。(图18-1)可是,与此相随的是,外部世界对藏传佛教的重新设计和构建,也为它在西藏本土的

我们还是香格里拉的囚徒吗？

图18-1 藏传佛教的发展俨然成为西藏传统文化复兴的支柱之一

重建和规划设定了基本的框架和发展方向。就像人们总会自觉或者不自觉地按照西方人对香格里拉这一后现代乌托邦的想象来设计现实西藏的未来发展蓝图一样，人们也很容易会接受西方主流世界对藏传佛教的想象和改造，自觉地自我东方化，遂将藏传佛教推上心灵鸡汤和精神拜金主义的邪路。这就是全球化对藏传佛教的生存和发展所造成的最严重的负面影响，必须引起我们的高度警惕。

三、藏传佛教研究的"虚假繁荣"

在上述背景之下，世界范围内的藏传佛教研究也呈现出一片繁荣景象，只是这种繁荣在很大程度上是虚假的。今天如果我们上一家西方的购书网站，如Amazon.com，输入Tibetan Buddhism这一条目，或者走进一家西方的实体书店，寻找有关藏传佛教的书籍，即不难发现这类书籍的数量十分巨大。不幸的是，其中绝大部分只是心灵鸡汤类的"法本"（dharma books），而真正研究藏传佛教的学术著作则数量不多，且完全被前者所淹没。自20世纪60—70年代以来，在西方传播藏传佛教的西藏喇嘛和他们的西方弟子们一起，撰写、出版了大量宣扬藏传佛教的作品，但为了迎合洋弟子们的口味，他们不遗余力地将藏传佛教改变成为符合"新时代"（New Age）或者后现代人口味的精神食粮,用藏传佛教的旧酒瓶,装入西方人爱喝的新酒,于是这种新时代的"藏传佛教"便大行于世。

1990年代中期,一本名义上由索甲活佛著作的《西藏生死书》开始风靡全球,这本书是一部专门为西方读者撰写的、充满了西方哲学、思想和灵异传统的冒牌货,它与藏传佛教宁玛派所传的《中阴闻解脱》,或称《西藏度亡经》之间的距离,大概正好是可以用来丈量当今西方流行的虚拟的藏传佛教与原汁原味的藏传佛教这两个不同版本之间距离的一把尺子。再譬如,近年来六世达赖喇嘛仓央嘉措的情歌风靡全中国,成为数目越来越众的都市小资们的最爱,他的情歌不断被重新翻译、解释,甚至伪造、虚构,同时他的生平事迹也被不断地演绎、捏造和神奇化,可谓一千个人眼中有一千个不同的六世达赖喇嘛,而每个六世达赖喇嘛又都不过是那些想象者们自己梦想和理想的化现和化身。

需要强调的是,藏传佛教于全球范围内的这种虚假繁荣绝不只出现于社会大众层面。即使在西方大学这样的学术机构内进行的藏传佛教研究,也明显受到了上述这种倾向的深刻影响。例如,美国有史以来最著名的两位藏学家,一位是美国哥伦比亚大学现任宗喀巴大师讲座教授Robert Thurman,一位是美国弗吉尼亚大学荣休教授Jeffrey Hopkins,他们都属于"垮掉的一代"（Beaten Generation）中的豪杰。1960年代初，他们相继从哈佛退学，随后进入卡尔梅克蒙古喇嘛格西旺杰在新泽西建立的一座藏传佛教小庙中，开始修学藏传佛教。应该说，他们原本只是藏传佛教的超级发烧友，Thurman还曾经削发出家当过一年多的喇嘛，但后来他们又都回到了大学，摇身一变成为美国学术界最权威的藏传佛教专家，培养出了一批很有出息的弟子。可惜的是，他们所做的藏传佛教研究常常严重偏离学术轨道，其中可见有浓重的发烧友式的气息和烙印，对西方世界想象西藏或者神话西藏起了推波助澜的作用。

例如，20世纪前半叶著名的西藏"疯僧"根敦群培撰写过一部与藏传佛教毫无关系的、专门讲述如何行男女之乐的《欲论》，Hopkins教授将其翻译、改编成了一部异性恋、同性恋者都可以受用的性爱指南书，并把它说成是藏传佛教最精华的一部宝典，是指导佛教行者同时获取身体喜乐和精神解脱的不二法门，可谓荒唐之极。（图18-2）而Thurman则把藏传佛教说成是人类迄今为止最尖端的心灵科学，西藏喇嘛是世界上成就最高的心灵科学家，是心灵宇航员等。显然，尽管Hopkins和Thurman等人都具备极其出色的藏语文水准，对藏传佛教的理解也相当透彻，但他们故意十分夸张地把藏传佛教抬举为超越时空的宇宙真理，可见他们从事藏传佛教研究的目的绝不仅是

我们还是香格里拉的囚徒吗？

图18-2 《西藏爱的艺术：性爱、性高潮和精神治疗》

为了学术，或者说根本就不是为了学术，而是为了要神化藏传佛教，而他们自己则作为这种"宇宙宗教"的代言人，登上了至高无上的学术顶峰。然而，正是通过他们的鼓吹和推动，才使藏传佛教最终成为了一种可供西方人自由选择的另类神坛。

在想象西藏或者神话西藏的背景下，西方藏传佛教研究的另一个特色就是对藏传密教研究的高度重视。曾有一位名为Geoffrey Samuel的西方人类学家在他的名著《文明了的萨满人》(*Civilized Shamans*)中说过这样的一句话：藏传密教是西藏文明给世界精神文明作出的最大的，甚至可以说是唯一的贡献。因此，即使藏传密教的修行，或者说整体的印藏密教传统早已接近失传，至少在其发源地印度已难觅其踪影，而且传统上西方早期的佛教研究者们通常也把密教作为佛教发展史上的最后一个时期，亦即佛教衰亡期才出现的一种堕落、邪妄的形式，但是，藏传密教却成了今日世界上大量准藏传佛教徒们，或者说伪藏传佛教徒们最热衷的一种佛教修行方式。这种倾向也开始于20世纪的60—70年代，藏传密教曾经为风靡西方世界的性解放运动、新时代运动注入了强劲的推动力，曾对以暴力、毒品和滥交为标志的西方60年代经验赋予了精神上和政治上的意义，为其合法化提供了宗教上的帮助，一度成了打击基督教的伪善和假正经的有力工具，被认为是对西方世界的一个及时和必要的治疗。

与此相应,国际佛学研究界对藏传密教的研究也空前地重视和发展了起来。然而,不管是谈论世人对藏传密教的热衷也好,还是谈论学者对藏传密教的学术研究也好,呈现出来的也还是一片虚假的繁荣景象。今天如果我们在Amazon.com上输入Tantra,即密教这个术语,跳出来的将会有成千上万个条目,但它们中的绝大部分又与严肃的学术研究无关,其内容五花八门,无奇不有,其中不少甚至与色情有关,真正经得起考验的严肃的学术著作则是凤毛麟角。对藏传密教研究的发展速度和水准似乎远远跟不上人们对藏传密教之热衷的迫切程度。

以上所说就是全球化对藏传佛教与藏传佛教研究所产生影响的基本情形。前者对后者无疑有强有力的推动,甚至使其成为了一场世界性的宗教运动,但这种推动引出的结果并不都是有益和积极的,在虚假的繁荣景象背后也潜藏着误导信众,并致使藏传佛教变质变味的巨大危险。

四、全球化、神话西藏与藏学研究

当然,若我们尝试跳出嘈杂的大众视野,离开喧嚣的红尘世界,而把我们的视角投向同时飘逸出书香和酸腐之气的学术象牙塔内,则不难发现这里还是有着十分深入和学术的藏传佛教研究。虽然学术无法与现实政治,无法与帝国主义、殖民主义、东方主义等物质上的侵略和精神、思想观念上的渗透绝缘,但学术终归还是学术,它毕竟是一种人类精神性的思想活动,有其自身的运行规律,它不可能长期停留在为现世的世俗需要服务这一层面上。特别是西方佛教学者凭借其悠久和扎实的语文学(philology)传统对藏传佛教文献所作的整理和研究取得了极其丰硕的成果,它们无疑是西方学术和思想的一笔十分丰富和宝贵的遗产。

即便虚拟的西藏取代了现实的西藏,藏传佛教不再是西藏和藏族同胞们独有和信仰的一种佛教传统,而成了全世界人都乐于接受的一种可供选择的另类宗教形式,但在东西方学术机构内也还总有一批"板凳甘坐十年冷,文章不写一字空"的学究们,他们孜孜不倦地整理、翻译、解释藏传佛教文献,探究中观、唯识等藏传佛教精义,解密藏传密教的种种瑜伽修习法及其象征意义,取得了令人瞩目的成就。即使是在Hopkins和Thurman开创的美国藏学和藏传佛教研究传统中,在他们之后的新一代藏传佛教研究者们,与他们的导师也已不再完全走在同一条道路上了,他们中有的非常沉痛地反思他们的前辈和自己,即所谓"拜倒在喇嘛脚下"的一代美国藏学家们走过的心路历程,激烈地批判他们推动西藏神话化的错误,以及他们在东方主义、文化帝国主义思想影响下所作的学术研究之成果的种种不足；或者更多地回归学术研究的常轨，走上了欧洲学术传统所重的语文学研究道路；或者自觉地与美国学术传统中的比较宗教学研究接轨，藏传佛教研究渐渐与社会的精神和宗教文化运动脱轨，其于近年来所取得的成就也可谓是可圈可点。

总而言之，全球化造就了神话西藏的诞生，推动了藏传佛教在全球范围内的广泛传播，也促使了藏传佛教研究在世界范围内的繁荣。在经历了对东方主义、文化帝国主义及其对西方藏传佛教研究之影响的批判和反思之后，国际藏传佛教研究也开始更加循行传统的佛教语文学的学术轨道，自觉地回归美国比较宗教学研究的范畴和轨范之中，其发展速度之快和取得成绩之多，是有史以来所不曾见到过的。

然而，非常令人遗憾的是，近年来国际藏学研究领域所取得的丰富和精湛的学术研究成果对大众想象西藏，或者说对祛魅西藏和藏传佛教的影响非常有限，西方世界有关西藏和藏传佛教的那一套早已深入人心的话语的形成，本来就与作为学术的藏传佛教研究关联不大，它是在多种因素的交互、综合作用下产生和发展起来的，其中包括西方自身之政治、社会和文化的发展、东西方宗教文化的互动、地缘政治的演变等，它又与当今世界上几个最强有力的话语，如民主、自由、人权、和平、环保、民族自觉、传统文化的保护等，都有十分紧密的联系。与此相应，今天我们若要尝试解构这套全球化背景下形成的西藏话语，当不是仅仅依靠出版一两部研究藏传佛教的高大上的学术著作就能办得到的，人们宁愿相信他们早已习惯了的那套令人鼓舞和迷恋的西藏神话，而不愿意劳神费力地去研读藏学家们皓首穷经、费尽心力所撰写的那些佶屈聱牙的学术作品。

与20世纪最伟大的西藏学家、意大利学者图齐（G. Tucci）先生的传世学术名著《西藏画卷》（*Tibetan Painted Scrolls*，首次出版于1949年）比较起来，来自奥地利的登山运动员哈雷（Heinrich Harrer）的自传性作品《在西藏的七年》（*Seven Years in Tibet*，首次出版于1953年）显然更受普通读者的喜欢，也对西方人了解和想象西藏有更大的影响；而若拿《在西藏的七年》与化名为洛桑然巴（T. Lobsang Rampa）的英格兰管道工、小说家Cyril Henry Hoskin于20世纪五六十年代相继出版的畅销小说作品《第三只眼睛》（*The Third Eye*）、《来自拉萨的医生》（*Doctor from Lhasa*）和《然巴故事》（*The Rampa Story*）作比较的话，实在可以说是小巫见大巫了，这三部自传体小说的作者在其完成写作之前从未离开过英伦三岛一步，他用超级的想象力杜撰出的纯属虚构的故事，对20世纪五六十年代西方世界对西藏的想象产生巨大的冲击和影响,这是任何严肃的学术作品所无法望其项背的。

最后,我想说的是全球化并没有消除神话,相反它依然在不断地制造新的神话,并以前所未有的速度将这种新的神话传遍世界。如果我们无法识别这类神话,将别人设计的"虚拟的现实"(Virtual Reality)误以为是我们自己身处的现实,那我们就很不幸地落入了全球化的陷阱了。

原刊于《文化纵横》2017年第1期

19

铸牢中华民族共同体意识与藏传佛教中国化

一

"铸牢中华民族共同体意识"是党的十九届四中全会系统总结的我国国家制度和国家治理体系具有显著优势的重要内容之一。实现中华民族伟大复兴的中国梦,要以铸牢中华民族共同体意识为主线,把民族团结进步事业抓紧、抓好,以推动中华民族走向包容性更大、凝聚力更强的命运共同体。而藏传佛教不但是中国佛教的重要组成部分,也是中国古代历史之西夏、元、明、清等多个朝代占重要地位的宗教文化和思想传统。它不但是西藏传统文化的主体和精华,而且也曾是连结汉、藏、蒙、满和古回鹘人(畏兀儿)等多个民族的文化纽带。藏传佛教中国化的成功与否和今日中国的民族团结密切相关,它是锻铸中华民族共同体的重要举措之一,与实现"铸牢中华民族共同体意识"的伟大目标有着紧密的联系。

从根本上说,铸牢中华民族共同体意识首先是为了要更加明确地定义中国,厘清"何为中国"和"谁是中国人"等最基本的问题,其根本点则是要将中华民族作为一个由众多民族和不同文化传统组成的多元一体的现代民族国家认同,转化成为一个能被全中国各族人民,乃至全世界人民普遍理解和接受的共识,由此而在全中国各族人民中间牢固地树立起一个大家共有共通的中华民族共同体意识。只有当全中国各族人民都能发自肺腑、不言而喻地认同中华民族,都能自觉自愿、同心同德地把自己当作是中华民族的一分子,都能自然而然地把中华民族当作中国这一现代民族国家的唯一身份认同,都能积极踊跃地为中华民族新时代伟大复兴贡献自己的力量时,中华民族共同体意识才能深入人心,得以真正的铸牢。

笔者现在是清华大学中文系的一名教授,但长期以来也是一名研究中国边疆、民族和宗教的学者,是专注于研究西藏历史和藏传佛教的一名西藏学家。多年前,清华大学中文系正式建立起中国少数民族语文专业,这突破了我国高校中文系以汉语言文学研究为主体的学术传统和建制,是一个非常具有现实导向和象征性意义的学科改革。它明确表明中国语言文学不仅仅是汉语言文学,而且还当包括中国边疆各民族、地区众多的少数民族语言和文学【文献】。对中国语文做这样的理解，就像与我们此前所积极倡导的"大国学"理念一样，无疑对我们今天所倡导的铸牢中华民族共同体意识有重要的启发意义。从笔者个人于海内外的学术经历和从事民族历史和宗教研究的经验出发，笔者深刻地体会到，铸牢中华民族共同体意识不应该只是事关中国的边疆地区和少数民族的事情，不应该把工作的重点只集中在边疆和民族地区，同样重要的是要在占中国人口绝大多数的汉族百姓中树立和铸牢中华民族共同体意识。只有当全国广大的汉族群众能够彻底地破除大汉族主义观念，平等、自然、无分别地与边疆少数民族百姓同舟共济、和谐共处、休戚与共，我们才能够真正把五十六个民族融为一体，形成一个以中华民族为唯一身份认同的现代民族/国家。唯有如此，全国各族人民才能牢固地树立起统一的作为中国人的中国公民意识，都会为自己是中国人而感到自豪，由此国家的边疆安全和祖国的统一和强盛，以及民族文化的延续与发展，各民族人民和文化之间的交流、交往和交融，各美其美、美美与共，才会有一个坚实的保障。

其次，铸牢中华民族共同体意识，将中华民族作为中华人民共和国唯一的民族国家符号，并将它切实地落实在我们的国际政治、外交和对外文化传播等活动中，以此破除他人长期以来有意无意地把历史上的中国（China）当作一个纯粹的汉人国家的误解和歪曲。近年来，国内学界对海外"新清史"的评论和批判是一个持续升温的学术热点，而"新清史"的一个十分重要的主张就是将大清帝国截然地分为一个"汉人的帝国（中国）"和一个"内亚的帝国"两大部分，以示一个由满洲皇族统治的、充满内亚特性的大清帝国具有与传统中国不同的性质。显然，这样的分割是缺乏真实的历史依据的。不管是历史，还是现实，中国从来就不曾是一个纯粹的汉人国家，它从来都是一个众多民族共同生活的家园，是众多宗教和文化共同绽放的大舞台。不论是处于分裂，还是大一统时期，不论是汉族建立的王朝，还是其他民族统治的王朝，历史上的中国一直都是一个包含了众多民族和多元文化的共同体。中华民族不是一个想象的共同体，它的萌芽、形成和发展已经有了悠久的历史和丰富多彩的实践内容。

值得指出的是，在当今的国际政治条件下，铸牢中华民族共同体意识也是一场国际性的努力。在我们自己努力铸牢中华民族共同体意识的同时，我们还应该努力让别人也心悦诚服地理解中国的性质和身份认同是一个由五十六个民族组成的中华民族的现代民族国家。若能做到这一点，我们就可以消除西方人习惯于把西藏、蒙古、新疆等地都排除在他们习惯于认为

19 铸牢中华民族共同体意识与藏传佛教中国化

的"汉人中国"之外的误解,从而正确地理解历史的中国和现实的中国之间不可分割的关系。中国有着特别悠久的历史,当下的中国是从历史上的秦、汉、隋、唐、五代,到宋、元、明、清等历代古代王朝延续、发展和变化而来的,这些王朝的历史无疑都与我们今天的中国和中华民族的形成息息相关。但是,我们既不能孤立地以历史上某一个王朝的地域、边疆、民族和语言、文化传统等,来对中国,特别是今天的中国和中华民族这个概念做出狭隘和片面的界定;与此同时,我们也不能把其中的任何一个王朝,特别是那些非汉人统治的王朝,排除出历史中国的范畴。不管是唐代中国(Tang China)、宋代中国(Song China),还是元代中国(Yuan China)、清代中国(Qing China),它们都是古代中国的组成部分,它们的历史都是中国古代历史不可分割的组成部分。总而言之,中国从来就不是一个纯粹的汉人国家,中国人不等于汉人,中国和中国人的概念都有一个很长、很复杂的变化和发展过程。而于当下中国,我们不仅有 Han Chinese,也还应该有 Tibetan Chinese, Mongolian Chinese 和 Uygur Chinese 等等,尽管他们过去的族属不同,但他们现在都是中国人,都是中华民族的一分子。在汉族、藏族、蒙古族、维吾尔族等不同的民族认同之上,他们还共同拥有一个统一的中华民族的和中国人的身份认同。

我们还是香格里拉的囚徒吗？

与此相应，既然中国是一个中华民族共同体，而不是单一的汉族共同体，那么，我们理解和认同的海外华侨也不应该只是海外华人（汉人），而应该同时包括移居海外的其他中国少数民族的同胞们，如自中国移居海外的藏族、蒙古族、维吾尔族、哈萨克族和朝鲜族同胞等等。这些侨胞们的祖先都曾经是中华民族的一分子，是我们今天应当团结和友好相待的同胞。据笔者多年在海外生活时的观察，虽然这些海外同胞们或许曾有不同的政治立场和宗教信仰，但这种差异并不影响他们中的很多人对中华民族的强烈认同。中华民族这个概念并不是从今天才开始出现的，很多已移居海外好几代的侨胞对曾经的祖国和中华民族依然有着很强的归属感，他们对中国和中华民族的认同感甚至比很多改革开放以来移居海外的华裔新移民来得更加深刻和强烈，所以，加强与他们的情感联系亦有助于在我们国内各民族百姓间铸牢中华民族共同体意识。

为了能够在全国各族人民中间更好、更快地铸牢中华民族共同体意识，我们或有必要对历史和现实中的民族、边疆和宗教问题的理解和表述方式做出相应的调整。首先我们应该突破汉族和少数民族这种截然二分和对立的话语方式，作为中华民族的共同成员，中国各民族人民在历史上都为中华民族的形成和发展作出了不可磨灭的卓越贡献。所以，今天在理解和处

19 铸牢中华民族共同体意识与藏传佛教中国化

理中国的历史和现实问题时,我们都必须要如中共中央政治局常委、全国政协主席汪洋同志所指出的那样,"我们要始终坚持各民族一律平等。民族平等是党的民族政策的基石,也是载入宪法的一项基本原则。各民族没有高低优劣之分,任何民族都不应有特权,任何民族的正当权利都不能被限制。要依法保障各民族享受相同的权利,承担相同的义务,确保各民族平等权利是全面的、真实的、彻底的。大汉族主义要不得,狭隘民族主义也要不得。不能把欠发达民族地区当作发展的'包袱',更不能把少数民族同胞当作'外人'"。唯有如此,当我们叙述和评价中国历史上不同民族所建立的朝代或政权的历史及其成就时,才不会仅仅从汉族本位主义的立场出发,对一切非汉民族均采取对立或者否定的态度,也才不会仅仅强调和维护汉人王朝、汉文化、汉族中心主义和汉族大一统理念的历史和政治意义。相反,我们必须同样正面和积极地认识和评价如北朝、五代、西夏、辽、金、元、清等非汉族建立和统治的王朝或政权在中国古代历史上的地位和它们对于中华民族共同体之形成和发展的意义和贡献,自然和平等地把它们视为中华民族历史的一个不可分割的组成部分。例如,我们应该充分认识蒙古、满族所建立的大元和大清帝国对于中华民族的形成、延续和发展所做出的重大的历史贡献,承认它们对于今日中国疆域范围的形成所作出的巨大贡献至少毫不逊色于中国历史上的任何一个由汉族所建立和统治的王朝。唯有如此，我们才能有力地回应和批判西方学者对这两段历史所作的与我们完全不同的叙事，不拘守西藏、蒙古、新疆自古以来就是中国领土之不可分割的一个组成部分这样刻板的叙事和话语方式，明确西藏、新疆和蒙古之历史发展和加入中华民族的具体进程和形式都是不一样的，例如，藏族自松赞干布和文成公主时代就与唐代中国有了十分紧密的政治文化联系，西藏自元代开始就已明确地成为中国领土不可分割的一个组成部分。中华民族历史上有很多非汉族的族群先后加入，并主导和推动了中华民族今后的历史发展进程。

二

2020年8月，习近平总书记在中央第七次西藏工作座谈会上提出了"要积极引导藏传佛教与社会主义社会相适应，推进藏传佛教中国化"这一重大方略。习近平总书记这一重要论述无疑为我们在西藏和西藏工作中如何铸牢中华民族共同体意识指明了一个切实的着力点，是关系到我们如何在新时代国家治理体系框架内全面构建中国宗教的全新叙事方式和话语体系，以及如何使藏传佛教与中华民族的伟大复兴和新时代中国大国

19 铸牢中华民族共同体意识与藏传佛教中国化

崛起相适应的问题。所以，它不但是新时代西藏工作的一项重要内容，而且也是铸牢中华民族共同体意识的一项重要举措。习近平总书记提出"藏传佛教中国化"这个号召至今已经一年有余，可今天对如何理解和落实习总书记的这一重要论述依然还是一个值得我们做进一步讨论和明确的问题。

笔者以为，我们必须首先明确的是，正如西藏是中国领土之不可分割的一个组成部分，藏传佛教本身就是中国佛教之不可分割的一个重要组成部分，长期以来它就是中国佛教的半壁江山，在中国佛教悠久的发展历史上具有不可忽视的重要影响。特别是自西夏开始，历经元、明、清三代，藏传佛教于中国的中原和西域地区均得到了十分广泛的传播，并于历代皇室宫廷和统治上层长期占明显的主导地位，不但曾经得到了这几朝统治者的推崇和积极扶持，而且其信众包括了藏、汉、党项、畏兀儿、蒙古和满等众多民族的百姓。从某种程度上说，藏传佛教是西夏、元、明、清时代的国家宗教，西藏喇嘛曾贵为帝师、国师，极受推崇，元代时享有"领天下释教"的崇高地位，所以，历史地看藏传佛教，它显然并非仅仅是藏族百姓独家所有的佛教信仰，它本身完全可以称得上是中华民族的一种宗教传统。

其次，我们也不应该把汉传佛教等同于中国佛教。毋庸置疑，汉传佛教是一种十分汉化了的佛教，以前西方人习惯于把汉与中国等而视之，认为中国就是一个汉人的国家，所以习惯于称"佛教征服中国"（Buddhist Conquest of China）或者"中国征服佛教"（Chinese Conquest of Buddhism），即把已经十分汉化【地方化】了的汉传佛教自然地等同于"中国佛教"。然而，当我们将中华民族确立为作为一个现代民族国家的中国的身份认同时，我们就不应该继续将内地等同于中国，将汉传佛教和中国佛教等而视之了。显然，汉传佛教并不是中国佛教的全部，它不能笼统地代表中国佛教，在中国不但同时还有藏传佛教和南传佛教等其他佛教传统，而且，严格说来汉传佛教本身也不仅仅是汉族独家的信仰，它同样来源自印度，在它自印度传入中原汉地的漫长而艰难的历程中，又有很多非汉民族的西域佛教译师和高僧们曾为佛教的广泛传播和各种佛教传统在"中土"的建立作出了辛勤的努力和巨大的贡献。而汉传佛教的发展和对外传播最终还远远超越了当下中国的领土范围，它早已经是日本和韩国等民族和国家之佛教信仰的主体，汉传佛教早已如西方学界习称的那样是"东亚佛教"了，所以，今天我们绝不能简单地把汉传佛教定义为中国佛教。进而言之，不管是汉传佛教，还是藏传佛教，今天我们都不能简单地把它们仅仅与一个单一的民族——汉族或者藏族——连结在一起，它

19 铸牢中华民族共同体意识与藏传佛教中国化

们从来就不是一个单一民族的信仰,它们传播和发展的历史都已经证明佛教作为一种"世界宗教",早已是许多民族共同的宗教信仰。于今日这个日益全球化的时代,理解佛教之超越单一民族的世界性意义,对于我们今天贯彻落实佛教中国化这一任务的意义愈发明显和重要。

再次,汉传佛教和藏传佛教在中国佛教千余年的发展历史中,有着十分广泛和深刻的互动、交流关系,早已是你中有我,我中有你,不可互相分割。汉传佛教曾是藏传佛教的重要源头,而当以新译密咒为主流的藏传佛教【密教】传统建立之后,它很快就传入了中原和西域地区,并对汉传佛教产生了深刻的影响。早在西夏时代,汉藏佛教和显密佛教就已经紧密地圆融在了一起,我们很难将这两种佛教传统明确地区分开来,所以,我们可以给西夏佛教的一个最合适的称号应当就是汉藏或者藏汉佛教。与西夏佛教相同,历史上蒙古族和满族的佛教信仰在很大程度上同样也是结合了汉传佛教和藏传佛教两种传统,也是一种典型的汉藏佛教。曾有美国佛教历史学者提出了"清世界主义"(Qing Cosmopolitanism)的说法,以此来回应和批评"新清史"学者把大清帝国截然地区分为一个"汉人的中国"和一个"内亚的帝国"的做法,他们以汉、藏、满、蒙诸民族于五台山共同实践的文殊崇拜等

367

佛教信仰为例，说明蒙、满两个民族的佛教信仰从来都是兼容并蓄汉藏两种佛教传统的，显示出明显的"世界主义"倾向。这种所谓的"清世界主义"的文化倾向无疑就是中华民族文化传统的一个典型标志，它兼容并蓄不同民族、不同文化的传统，发展和形成一种包涵性更强的新的传统。总而言之，仅仅是汉传佛教或者藏传佛教，都不足以代表中国佛教，不足以涵盖中国各民族或者中华民族的佛教信仰，而汉藏佛教或者藏汉佛教无疑才是中国佛教最主要和最重要的身份认同。所以，今天我们说中国佛教必须要强调汉藏和藏汉佛教之间交往、交流和交融的性质，重点突出汉藏佛教这一身份认同。

最后，与铸牢中华民族共同体意识相应，我们今天讨论佛教中国化或者藏传佛教中国化，要重视建构中国佛教界的共同体意识。正如中华民族是一个由五十六个民族共同组成的命运共同体，中国佛教同样也是一个由多种不同的佛教传统组成的共同体。除了汉传和藏传佛教之外，中国佛教同样还应该包括今天主要在中国西南地区传播和实践的南传佛教传统，而历史上曾信仰藏传和汉传佛教的蒙古佛教徒，目前亦正在发展出具有鲜明蒙古民族特色的蒙古佛教，汉传佛教和藏传佛教本身又都各自划分为许多不同的教派传统，所有这些不同源流、不同

19 铸牢中华民族共同体意识与藏传佛教中国化

宗派的佛教传统之间有必要加强进一步的交往、交流和交融，共同成为中国佛教的有机组成部分。藏传佛教中国化的成功实践将为"宗教中国化"树立起一个良好的典范，是对铸牢中华民族共同体意识的有力助缘和推动。

或值得进一步讨论的是，当我们谈论藏传佛教中国化时，我们必须明确这个"中国化"到底应该是怎样的一个概念？如前所述，藏传佛教本来就是中国佛教的一个重要组成部分，它何以还需要"中国化"呢？这"中国化"的实际内容到底是指什么？又怎样才能使藏传佛教中国化呢？日前见到有西文媒体将藏传佛教中国化翻译成为"the Sinicization of Tibetan Buddhism"，即"藏传佛教的汉化"，这显然是一种明显的误解和歪曲。在当下要铸牢中华民族共同体意识的语境下，国家强调的不仅是"藏传佛教中国化"，而是整体地要求努力实现"宗教中国化"的目标，此即是说包括汉传佛教和中国本土的道教等也需要实现中国化的理想。显然，国家的"宗教中国化"目标绝不可能是指使所有宗教"汉化"，而更应该是要使它们"中华民族化"。藏传佛教中国化作为佛教中国化和宗教中国化整体战略步骤的一个重要组成部分，其具体实践不应该是要把它"汉化"。若倡导藏传佛教中国化就是要将藏传佛教"汉化"，或者说将藏传佛教改变成为汉传佛教，这势必会打破汉藏两种佛教传统之间原有的交融与和谐的状态，以至引起汉藏佛教之间激烈的矛盾和冲突，引发巨大的灾难，这无疑与铸牢中华民族共同体意识的初衷和努力背道而驰。无论如何，藏传佛教中国化绝对不应该是汉化藏传佛教，而是要使藏传佛教与我们眼下对中华民族共同体意识的建构，以及与新时代"中国梦"理想的实现紧密地联系起来，把对藏传佛教的传承和发展作为中华民族伟大复兴计划的一项重要内容。藏传佛教从来就是中华民族的佛教，它是中华民族优秀传统文化的重要成果，我们必须积极维护藏传佛教的延续和发展。近年来，藏传佛教为了适应汉地信众们的需要正在做出许多改变，它或将成为一种结合汉藏特色的佛教信仰。藏传佛教中国化显然有利于汉藏各民族之间的团结和亲和关系的培养，可以为铸牢中华民族共同体意识做出特殊的贡献。（图19-1）

三

作为一名研究中国少数民族语文的学者，近年来笔者自己积极倡导和推广"大国学"理念，专心学习和研究民族历史和宗教文化的一个深刻体会是，能否实现藏传佛教中国化的理想涉及的一个很重要的问题是，我们在铸牢中华民族共同体意

19 铸牢中华民族共同体意识与藏传佛教中国化

图19-1 2020年9月16日,班禅在扎什伦布寺强巴佛殿祈福(中国西藏网)

识的进程中应当如何来看待少数民族语文和宗教文化传统？这是我们能否铸牢中华民族共同体意识的一大关键因素，对它们的认识和处理妥当与否，是对我们能否实现中国梦理想的一大考验。

近几十年来，在风起云涌的全球化进程的猛烈冲击下，少数民族语文、宗教和文化都受到了巨大的冲击，不是杞人忧天，我们的一些少数民族的语文和宗教文化传统确有可能会在短时期内彻底消失，就像许多汉语方言和很多具有鲜明地方特色的汉族文化和宗教传统已经开始消失和不复存在一样。我们要旗帜鲜明地反对狭隘的民族主义，包括大汉族主义，与此同时，我们亦应该倡导"大国学"理念，维持中华民族传统文化的继承发展，积极支持各民族都尽可能地保全和传承自己民族的语言文字和优秀文化传统。试想几十年后，如果中国的少数民族语文及其优秀的文化传统都毫无意外地变成了亟待抢救的"冷门绝学"，那么，在这全球化背景下的急速转型期中，它很可能会引起很多不理性的反弹和对抗，从而严重影响我们铸牢中华民族共同体意识的努力，影响新时代中国梦理想的尽快实现，而且中华民族原本丰富多彩的语言、文化和宗教传统将会变得单一、乏味，光辉灿烂、交相辉映、美美与共的盛景不复存在，这与中华民族伟大复兴的美好愿景是背道而

19 铸牢中华民族共同体意识与藏传佛教中国化

驰的。

值得再次强调的是,铸牢中华民族共同体意识的前提是必须要旗帜鲜明地反对和去除任何形式的狭隘的民族主义的思想和行为,维护民族团结和国家统一是我们每一个中国人都必须承担的责任和义务。但是,铸牢中华民族共同体意识绝不是要求我们去除各民族独有的语文和文化传统,不是要去除各民族鲜明的民族特色和优秀的民族文化遗产,相反,它应该是要令各民族各美其美、美美与共,或者百家争鸣、百花齐放。在坚守中华民族的身份认同和铸牢中华民族共同体意识的前提下,各民族都应该努力保全和传承自己的语文和文化传统,颂扬自己民族的优秀品德、特性,为自己优秀的民族语文、历史和文化传统自豪,这些都不应该被理解为是狭隘的民族主义的表现。各民族百姓积极树立、传承和发扬广大各自优秀的文化传统,使它们成为中华民族百姓共同喜爱、欣赏和传承的美德和传统,成为中华民族优秀文化的组成部分,这才是铸牢中华民族共同体意识的正道。与此相应,我们对"国学"和中国文化的定义也必须突破汉学和汉族传统文化的藩篱,它们必须同时包括全中国各族人民的优秀文化传统。中华民族文化的对外传播也必须与中华民族的民族国家身份认同相适应,与铸牢中华民族共同体意识的目标相一致,我们在海外传播中国文化时不应该仅仅致力于对外传播汉族文化，只教授汉语文，而应该教授和传播中华民族各种具有鲜明民族特色的语言、文化和宗教传统，这对于在海外改善中国的国际形象，彰显作为中华民族共同体的国家身份认同，铸牢广大海外侨胞的中华民族共同体意识，都具有极其重大和积极的意义。

在过去的一年中，于中国的网络媒体上出现一个瞬间红遍全国、且持续升温的"丁真现象"，这值得引起我们认真的思考。（图19-2）藏族小伙丁真（bsTan 'dzin）身上所凸显出的纯真、阳光、善良和时尚，令人耳目一新，得到了全中国各族人民共同的欣赏和推崇，这是一个十分可喜的现象，对铸牢中华民族共同体意识显然是十分有益的。然而，值得我们高度警惕的是，如果我们并不是自然、平等地把丁真当作我们中华民族大家庭中的一员，而依然只是在丁真身上尽情发挥我们内部东方主义（Internal Orientalism）式的想象，在丁真身上寄托我们自己对人性、自然和美好生活的期待和理想，而不把他作为与我们休戚与共的兄弟姐妹，不把他身上凸显出来的那份纯真和美德化为全中国人民的理想追求，化为中华民族共有的精神气质，那么，我们要铸牢中华民族共同意识的理想将依然只是一句空话。丁真应该不只属于藏族，他是属于中华民族的，甚

19 铸牢中华民族共同体意识与藏传佛教中国化

图19-2 丁真的世界

至是属于全世界的,我们应当以世界主义的境界和情怀,来欣赏、赞美和发扬丁真的美好,将丁真所代表的一切美好的东西转化为中华民族共同拥有的美德。

原刊于《中华民族共同体研究》2022年第1期

20

汉藏交融与国家文化认同的建构

一、"汉藏佛教艺术"与"藏汉佛教艺术"

笔者接触汉藏佛教、从事汉藏佛教历史研究已经有很多年了,接触金铜佛像等汉藏佛教艺术品也有近十年了。这些年来,我一直在思考和与人讨论这样一个问题,即汉藏佛教艺术,除了它们作为艺术品的价值以外,它们还有没有比艺术更高一层的意义?更高一层的价值?我们以前曾经借出版李巍先生收藏的金铜佛像图录《汉藏交融:金铜佛像集萃》(中华书局,2009年,图20-1)的机会提出过"汉藏交融"这个概念,今天我们所参观的这个展览又以"汉风藏韵"来命名,这本身即表明,我们一直在思考,我们应该可以将对汉藏佛教艺术这个问题的讨论提高到更高的层次,而这个更高的层次就是我们今天要讨论的国家的文化认同问题。

我们还是香格里拉的囚徒吗？

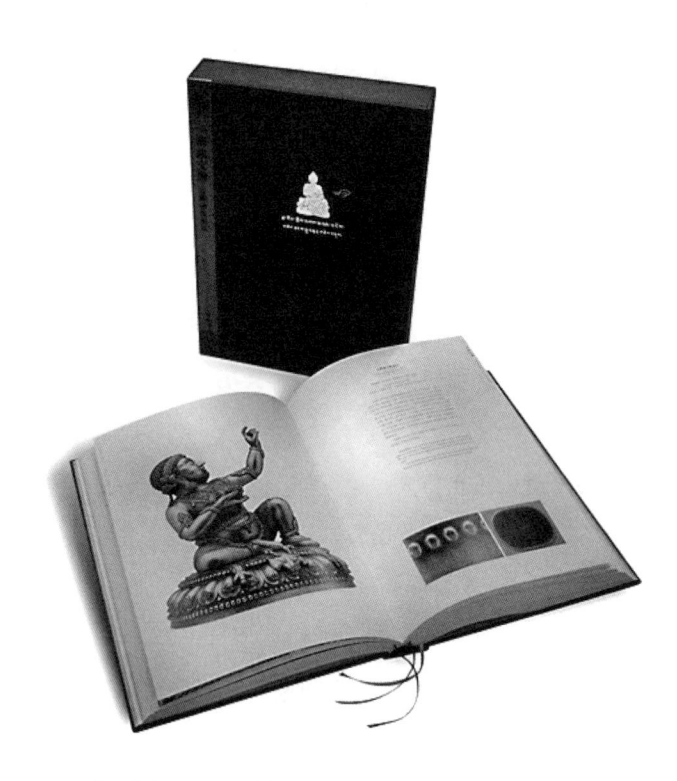

图20-1 《汉藏交融：金铜佛像集萃》

20 汉藏交融与国家文化认同的建构

以往我们对藏传密教于明代中国传播的历史所知甚少，甚至很不情愿相信像永乐这样有作为的皇帝也曾经是一位藏传密教的信徒，更想不到藏传佛教在他的支持和倡导下，曾经在中原得到了十分广泛的传播。可是，随着今天大量明代，特别是永、宣年间的汉藏佛教艺术品的再发现，以及大量明代汉译藏传密教文献的发现和认定，这一段长期被遗忘和忽略的历史才重新被人记起和重视。人们终于认识到，藏传佛教于明代中国的传播是汉藏两个民族、两种佛教文化传统之交流和交融历史上的一个重要篇章，也是中国文化史上一段非常值得珍惜的佳话。前几年，上海藏家刘益谦先生用天价买下了一张明代永乐年间御制红阎摩敌刺绣唐卡，引起了全社会对明代汉藏佛教艺术品的广泛关注。与这幅永乐年间御制红阎摩敌刺绣唐卡类似的明代汉藏佛教艺术品，其数目之巨大十分令人吃惊，近年来还不断有新发现的作品重见天日，而它们共有的一个最显著的特点就是它们完美地融合了汉藏两种佛教艺术传统，可以说它们是中国古代汉藏佛教艺术交流、交融的结晶。

以往西方的艺术史家们通常把明代出现的佛教艺术品，特别是金铜佛像，贴上"汉藏佛教艺术"（Sino-Tibetan Buddhist Art）的标签，细究起来"汉藏佛教艺术"这个名称实际上包含着深受中原汉地艺术风格影响的藏传佛教艺术和深受藏传佛教图像和艺术影响的汉传佛教艺术两个既有明显的不同,但又难以截然分离的佛教艺术传统。晚近有学者建议分别用"汉藏"(Sino-Tibetan)和"藏汉"(Tibeto-Chinese)两个不同的名称来表征汉藏佛教艺术的两个不同的方向。其中,"汉藏佛教艺术"指的是那些在西藏生产,其图像学特征明显是藏式的,但却反映出明显的汉传佛教艺术风格的绘画与雕塑。而"藏汉佛教艺术"则指那些在汉地生产,但其图像特征和艺术风格带有明显藏式影响的佛教艺术作品。"藏汉佛教艺术"传统事关图像学和艺术风格两个方面的融合,而"汉藏佛教艺术"传统则主要是艺术风格的合流。尽管,艺术史家们对"汉藏佛教艺术"有这样细致的区分,但真要从明代流传至今的大量汉藏佛教艺术品中明确地区分出这两种不同的传统,则并不是一件十分容易的事情。事实上,在汉地制作的藏传佛像与在西藏,甚至尼泊尔等地制作的藏传佛像形制十分相近,即使是专业的佛教艺术史家也很难仅仅依靠对传统艺术风格的把握而将这两种传统的艺术作品精确地区分开来。

二、何谓中国文化?

那么,何以在研究汉藏佛教艺术时,我们会联想到对国家的文化认同问题的讨论呢?汉藏佛教艺术以及它所反映出来的汉藏交融的特点，又与我们国家的文化认同有什么关联呢？在此，我们暂且放下汉藏佛教艺术，先来讨论一下国家的文化认同问题。

什么是国家的文化认同呢？提出这个问题说到底就是要我们来回答到底什么是中国文化这一问题？再进一步的来说，国家的文化认同实际上也就是我们国家的认同，就是我们这个民族的认同，甚至就是要讨论谁是中国人的问题。大家或许会说，这个问题难道还需要讨论吗？我们都是中国人啊！但是，这个问题实际上还是很值得讨论的。因为我们今天在座的绝大部分都是杭州人，是汉族人，所以说我们都是中国人，大家对此或许没有疑义，可是我在国外碰到不少人，这些人有意无意间显然更乐意强调他们作为中国人以外的少数民族身份。而我们平常说话的时候，特别是在国外，自称是中国人，实际上指的通常都是汉人，因为在西方人的词汇里Chinese基本上可以与汉人画等号。在西方语境中，China也通常被认为是一个汉人的国家，而实际上这样的纯粹汉人的国家从来就没存在过，严格说来，古代中国任何一个王朝都不是纯粹由汉人组成的。

更为明显的是，当我们谈到中国文化的时候，一般只讨论汉族的古代文化。有人说中国文化的主体是儒释道，但很多人

我们还是香格里拉的囚徒吗？

或许连这样的说法都不那么乐意接受，因为其中的"释"，即佛教，它本来就不是中国古代自己的文化传统，而是来自印度的一种宗教传统。以前，笔者在中国人民大学国学院工作，我们常常要讨论的一个问题是：什么是国学？有不少人认为国学就是四书五经，国学就是我们汉族所传承的儒家文化传统。对此，笔者个人非常地不认同，如果说中国的国学就是儒家文化，就是四书五经的话，那么佛教文化就不再是中国文化的一部分了。再进一步讲，我们藏族的文化、我们蒙古族的文化、我们维吾尔族的文化、我们满族的文化呢？它们是不是中国文化的一部分？如果不是，那所谓的中国人不就只是汉人了吗？再进一步说，那中国不就只等于汉人居住的"中原汉地"了吗？那以后我们就只能说我们的国家"人口众多"，但再也不能说我们的国家"地大物博"了。所以，在很多的场合，我们不管是有意还是无意，实际上我们都没有想清楚，更没有说清楚这样一个问题，即谁是中国人？什么是中国文化？我们自己对我们的民族文化、我们的民族认同有着很多的误解或者很多的错误认识。

说到底，这些把中国人等同于汉人、把中国文化等同于儒家文化的想法和说法是很不恰当的。我们经常说我们中国，是一个多民族组成的、多元文化一体的国家。可是，当我们在谈具体民族和文化的时候,却有意无意地会说"他们新疆人""他们西藏人""他们蒙古人"等等,这很容易会伤害到少数民族同胞们的感情,从而损害民族和国家的利益。今天,我们讨论这些问题的目的,就是要探索如何来认识我们国家的文化认同和如何来构建包括所有五十六个民族在内的中华民族的民族认同问题。我们千万不能认为中国地大物博,文化源远流长,好像都是汉族的事情,都是儒家文化多么厉害,多么了不起!当我们介绍中国五千年的文明时,绝不能只看到汉族的文明。

在2008年奥运会的开幕式上,张艺谋导演借助声光电技术美轮美奂地向全世界介绍我们中国五千年的文明,给观众留下了不可磨灭的印象。可是,他对中国五千年文明的介绍,为何截止于明末呢?持续了三百多年的清朝呢?难道它不是中国文化的一部分吗?我们想一想,今天的中国,要是没有清朝这一段三百余年的历史行吗?清朝的历史文化被一笔勾去的现象,层出不穷,很多这样的现象,在我们看来或许是无意的,可正因为如此,说明这样的意识是根深蒂固的,它非常突出地表明我们对我们国家的文化认同、民族认同,实际上是有很多的误解和缺陷的。

可是,当别人明里暗里对清朝是否可以算是中国提出疑

我们还是香格里拉的囚徒吗？

问时，我们又特别地敏感，甚至不惜用赤裸裸的政治语言来批评西方包装得十分精致的学术作品。近年来，在中国学术界最受关注，也最能引出火药味的一个议题就是对西方所谓"新清史"的讨论和批判了。因为"新清史"不但对传统中国古代历史研究中的汉族中心主义思想给予了批判和解构，重新评价了"汉化"和"朝贡体系"这两个最传统的历史概念对于清代历史研究的意义，而且指出清实际上是由"中原的"和"内亚的"两个帝国组成的，现代中国形成一个新的和更大的国家，实际上是清的创造和遗产。按照他们的这种说法，清政府与内亚的交涉或比他们与中原汉地的交涉更加深入，而像西藏、新疆和蒙古等所谓内亚地区实际上也是在清代才被并入中国版图的，所以，如果我们同意清不只是一个中华帝国，而且还是一个内亚帝国的话，那么，西藏、新疆和蒙古的归属问题就变成一个很敏感和不确定的历史遗留问题了。新清史家们不但没有很清楚地说明"清中国"与当代中国应该是什么样的关系，反而认为正因为西藏、新疆和蒙古等所谓"内亚地区"的归附是大清的创造，所以今天当我们要把中华民族的认同推广到西藏、新疆和蒙古等地区时，自然就会遇到问题和抵抗。大概正是因为这个原因，"新清史"才会触动那么多中国学者的神经，而本来很多中国老百姓对大清与当代中国的关系同样也没有弄得那么清楚，甚至一点也不敏感。

显而易见，对国家文化认同、民族认同的讨论和确认在今天变得越来越重要，越来越迫切。我们现在被人认为是大国、强国了，还能说我们实际上还说不清楚什么是中国吗？因此，近年来不少人在讨论到底什么是中华民族，或者说到底有没有一个中华民族。中华民族是一个想象的共同体，还是一个现实的存在？在我看来，树立起一个国家的文化认同，树立起一个中华民族的认同，一个所有中国人乐于接受的全民族的认同，并用这个认同来消减我们对汉族认同、藏族认同、维吾尔族认同等等地方、区域、民族及其文化的认同的执着，这是非常必要和有意义的。我们不能只想当然地以为我们心里早已经确立了中国人和中华民族的认同，而应该去除在这个问题上的误解和迷思，积极地思考作为中国人的身份认同及其与此相应的特征、责任和义务。而今天我们讨论汉藏佛教艺术，讨论汉藏交融与国家民族、文化认同的关系，不过是想以汉藏交融为例来说明，即使是在古代中国的历史上，不同的民族、不同的文化也曾经是如此紧密地联系在一起的，它们之间很难被割裂开来，它们的历史共同组成了中国的历史。所以，今天我们不应该单方面地强调或汉或藏的单一民族/族群的认同，而应该找到汉藏之间共有的特征和共有的身份认同，找到连结汉藏两个民族、两种文化之间的共性，从而自觉自愿地认同这个我们共同属于、共同拥有的中华民族及其文化。

三、全球化背景与国家文化认同

近年来，思考我国民族问题、宗教问题还有一个更大的、很决定性的维度，这就是20世纪80年代开始愈演愈烈的全球化的背景。我们探索解决目前出现的与民族、宗教相关的各种具体问题的正确途径无疑应该和全球化这个背景连在一起。

为什么表面看来现在世界好像大同了，世界好像一体了，今天的世界交通那么发达，信息交流那么迅速，而我们人与人之间、民族与民族之间、宗教与宗教之间的距离反而没有越来越近呢？或者说，虽然眼下我们全球人的生活，我们共同分享的物质文明差别越来越小，多年前曾听人这样说过，西方人和东方人，我们之间曾有过很多的差别，但在全球化后东、西方人的差别也就是有的人喜欢喝可口可乐，而有的人更喜欢喝百事可乐而已，并没有多大的区别了。但是，眼下全球各个民族之间、各种宗教信仰之间、不同的文化传统之间的冲突为什么不但没有停止，反而不断地出现和加剧了呢？我觉得这跟我们所处的全球化背景是紧密相连的，后者对当今世界出现的民族主义情绪、行为和冲突的加剧有非常大的影响。

不可否认,全球化对于一个弱小的民族来说,对于一个在政治上、经济上、文化上相对来说比较弱势的民族来说,具有不可避免的摧毁性的打击。所以,面对来势汹涌的全球化大潮,他们一定会非常地担心,甚至恐惧自己的民族文化认同、自己的民族身份会变得越来越淡漠,越来越薄弱,甚至被取消,失落了。全球化的进程是如此的迅猛,我们甚至来不及思考,来不及抵抗,很快就已经恐惧地发现,我们珍视的那些可以作为自己民族之身份认同的民族和文化特点在不知不觉间就已经很快地消失了。事实上,即使是像中国这样的大国,或者说像我们这样具有悠久历史传统的汉族和汉族文化,今天我们身上可以作为自己民族、文化身份认同的那些特性也在很快地、持续不断地消失。我们现在走到北京街头,也已经很难找到真正可以代表中国传统文化的东西了。在很多方面我们已经被全球化的浪潮裹挟着往前走,我们已经自觉不自觉地受西方种种话语霸权的压迫而按着别人的设计在走路。但是,对此我们大概并没有那么警觉,也并没有那么害怕,因为我们是泱泱大国,有足够的民族和文化自信,尽管这样的自信有时是很盲目的。

可是,如果你设身处地为那些人口不多,文化也没有那么强势的少数民族想想，为那些传承者不够众多、影响不够巨大的宗教或者文化传统想想，他们当然有足够多的理由会担心，会害怕他们或许很快就会失去自己的民族认同，失去自己的文化认同了，所以，他们自然会因此而抗拒，或者以各种各样的方式来对抗全球化的进程。在这当中，一个十分常见和明显的表现形式就是特别强调其民族和其民族文化的种种特性，积极地建构属于其自己的民族和文化认同，以至于忽略甚至遗忘和别的民族之间在长期的交流和共存过程中形成的许多共性，甚至导致不客观、不理性的地方民族主义倾向的出现和泛滥。

以前笔者对全球化背景与世界各地出现的民族主义倾向的泛滥和不同文化、宗教之间的冲突层出不穷这一现象之间的关联，并没有特别深刻的理解，直到去年我在德国柏林工作一年期间，注意到德国那个原属于东德的著名城市德累斯顿成了一个部分极端的德国人聚集起来反对外国人、反对伊斯兰的大本营，那个地方每个周末都有一伙德国人定期组织起来的反伊斯兰、反外国人的游行。德国的主流社会，像我当时居住的柏林这样的大城市，主流的声音是要建立一个各民族共处的多元文化社会（Multi-Kulti Gesellschaft），看起来很先进，也很和谐。但先听德国朋友说，再注意德国的新闻报道才知道，德国很多地方的排外倾向很严重,而像德累斯顿这个城市,实际上很少有外国人,城市内几乎就没有什么外国移民,跟德国其他城市比较,伊斯兰教在那里的影响几乎可以忽略不计,可是为什么偏偏在这样一个地方却每周都会有不少人举行反外国人和反伊斯兰的示威游行呢?后来,有人对这些参与排外游行的人进行了调查,其结果发现正是因为那个地方是相对比较纯粹的德国人聚居的地方,所以他们就特别地担心,德意志民族和德国文化终有一天会被那些外来的民族和外来的文化所淹没、吞并和消灭,他们德国人会失去他们的民族和文化认同,因此他们要组织起来抵抗外国人和外来宗教、文化对德意志民族和文化的侵袭。当时我就想,像这样一个强盛、有悠久文化传统的德意志民族,都在担心在全球化的过程当中,在有很多移民进入德国,很多外来宗教、文化进入德国的时候,他们也会失去他们的民族和文化认同,那么在世界上还有那么多的弱小的民族,那么多文化、宗教、语言、经济都十分弱势的民族,他们心里会怎么想?当时笔者很受震撼,对此有了非常深刻的体会,全球化的过程在很大的程度上就是引发了世界上很多民族、宗教和文化之间的激烈和直接冲突的一个重要原因。

在这种全球化引发民族主义高涨和宗教、文化冲突愈演

我们还是香格里拉的囚徒吗？

愈烈的大背景之下，当站在自己民族、文化的角度上来谈民族和文化认同的时候，人们自然首先会强调本民族的认同，强调"我是藏族""我是维吾尔族""我是蒙古族"，"我跟你们都不一样"。如果不强烈地坚持和建构自己的民族文化认同，那么有人就会担心他们这个弱势的、弱小的民族，也许很快就会被吞并了，不存在了，他们生长于其间，而且引以为傲的宗教和文化传统也将永远地消失了。在这样的时候，不管是从历史的角度，还是从现实的考量，我们都会有意无意地去忘记，我们中国的各个民族之间，不管在历史上还是在现实中，都有非常紧密的亲和关系，我们的宗教、文化经历了长期的交流和融合，有很多共同的特性。我们往往会更多地去注意我们之间的不同，去寻找民族之间于宗教、文化上的种种不同点，以说明彼此实在是不一样的。这样的努力如果引导得当，则将有助于维护和传承民族的宗教和文化传统，但若努力过头就会走上激进的民族主义的道路，势将对自己民族之宗教和文化传统带来严重的损害。

四、汉藏交融

今天（2016年8月20日），当我们来参观"汉风藏韵：中国古代金铜佛像艺术特展"，来欣赏汉藏佛教艺术时，发现一个显而易见的事实，那就是，在我们今天所见到的众多金铜佛像里面，几乎很难分辨出哪些是汉族的佛像，哪些又是藏族的佛像。汉藏佛教艺术在这里本来就是十分完美地结合在一起的，不管我们称它们是"汉藏佛教艺术"，还是"藏汉佛教艺术"，其最关键的特点就是汉藏交融。如果再扩大一点范围来说，以前我们经常说汉藏同宗同源，或者说西藏自古以来就是中国领土的一部分等等，这些说法当然都很值得推敲，因为"汉人""藏人"或者"西藏""中国"等等，都不是古已有之的概念，都是在不断变化、发展中形成的概念，若不把这些概念首先根据不同的时间和空间加以界定，我们就无法笼统地讨论上述这些问题。当然，我们更不能因此而走向反面，否认汉藏之间长期存在的民族上的亲和关系和精神文化上的交融状态。譬如说，关于汉藏同宗同源的问题，最近西方做史前人种研究的学术成就渐渐表明，汉藏原本确实同宗，汉藏分离实际上是相当晚才发生的事情。若从行政统治的角度来谈汉藏关系，则同样有很多的误解和误区，不但汉族的古代历史上根本没有民族、国家、主权等等概念，藏族历史书写传统中也没有这些近代才出现的政治意识，而且在讨论西藏是否自古以来就是中国领土一部分的时候，我们首先要弄清楚的是我们究竟应该怎么来定义"中国"？怎么来定义"西藏"？因为在历史上我们只有一个个的朝代而没有一个具体的中国，中国是一个近代的概念，民族国家都是近代的概念。同样，西藏也是一个近代的概念，是历史长期变化、发展而形成的一个地域概念，同样并非古已有之，一成不变。松赞干布时候的吐蕃与今天的西藏是两个完全不同的概念，不可同日而语。

我们没有办法否认的一个事实是，汉藏两个民族之间不管是论民族、人种之间的亲和关系，还是论我们之间的宗教、文化关系，上千年来，都有紧密的亲缘关系。今天，我们一定要把历史上形成的民族和文化上的亲缘关系作为一种文化和情感资源，发挥其积极的作用，用来构建我们共同的国家和文化认同，构建我们中华民族的认同。虽然，汉藏两个民族有各自不同的历史和文化传统，但是，二者之间有很多的共同点，那些相同或者不同的特点，都应当成为我们共同的民族文化的一部分，成为我们这个统一的多民族国家的组成部分。笔者就是从这个角度来欣赏展览中的金铜佛像，来理解汉藏佛教艺术对于构建中华民族之国家和文化认同的积极意义的。我们研究汉藏宗教文化交流的历史，欣赏汉藏佛教交融所结成的成果，要把它们视作我们中华民族的巨大和宝贵的精神文化财富。我们在构建和形成我们对中华民族的认同感的时候，一定不要忘记，我们汉藏是一家。

原刊于《文化纵横》2018年第1期,题为《汉藏佛教艺术与国家认同的建构》,系根据笔者于2016年8月于浙江美术馆举办的"汉藏佛像艺术与国家文化认同论坛"上的主题发言整理而成

21

从现实出发,保护和弘扬藏族传统文化

一

一个民族、一个国家在进入全球化时代和全面实现现代化的过程中所面临的一个最艰巨的挑战,无疑是如何既能够在政治、经济、社会、民生和科技等各个方面保持与这个世界、这个时代的发展同步,同时又能够保持自己的民族和文化认同,保护好自己独特的民族文化遗产,并确保自己的民族文化传统得到延续和进一步的发展。如果在这二者之间无法达到某种程度的平衡,那么我们不但无法享受高速发展的现代化为我们日常生活的各个方面所带来的好处,相反它们将成为一种削弱民族文化传统、改变自然生态环境和激发狭隘民族主义情绪的负能量。如果一个民族、国家的现代化发展必须以破坏各民族固有的文化传统,并以各民族独有之精神文明的丧失为代价,那

21 从现实出发,保护和弘扬藏族传统文化

么它一定是不成功的,也势必会给这个民族和国家带来灾难性的后果。

自改革开放以来,伴随着现代化的高速发展,人民生活水平的不断改善,我们在生态环境、文化遗产的保护等方面也都已经付出了极其高昂的代价。特别是最近一二十年来,一方面我国实现现代化进程速度之快史无前例,整个国家的面貌日新月异,人民的日常生活方式发生了巨大的改变;另一方面我们也日益感受到经济、社会基础设施和科技的高速发展对我们国家的生态环境和人文传统带来的种种负面影响,感觉到我们的内在精神、文化传统随着外部环境的翻天覆地变化而发生巨大改变,我们的内心世界、文化生活受到了外来文化、外来观念的强烈冲击和挑战,我们不但已经开始追怀我们曾经拥有过的青山绿荫和小桥流水人家,而且也开始怀念曾经推崇过的仁义礼智信和温良恭俭让。我们目前正在忍受的遍及全国的雾霾和经历的种种骇人听闻的恶性气候和环境事件都在告诉我们:现在必须要花大力气来治理已经直接影响到所有中国人身心健康的生态环境,来弘扬、复兴中国优秀的传统文化了。近年来,国人对国学的复兴投注了极大的热情,显然这是我们热切地希望保护中国传统文化、弘扬中国优秀文化遗产的一个集中表现。

我们还是香格里拉的囚徒吗?

在现代化发展和保护民族文化传统之间维持一种必要的平衡无疑十分重要,但这同样也是一件十分困难的事情。迄今为止,我们已经有过很多失败的先例和十分痛苦的教训。即使是有着五千年灿烂的文明传承和十多亿人口的汉族,今天我们尚且不得不担心自己的文化传统在现代化、西化和全球化的大潮中丧失殆尽,而这对于那些人口、地域规模均无法与汉族相比较的少数民族而言,要保持他们自己的文化传统和物质、精神文化遗产则一定是难上加难。今天全球的少数民族均处在强势语言、文化的包围和冲击之中,处在强大的经济和科技力量的统治之下。他们很容易会在全球化和现代化所带来的巨大改变之中失去其民族赖以存在下去的民族特征和文化传统,并最终失去其民族的认同,以致引发出他们强烈的焦虑和负面情绪。因此,加强对少数民族传统文化遗产的保护和弘扬,应该是国人在实现中国梦过程中必须十分重视的一件大事。

二

谈到少数民族传统文化的保护和发展,我们自然也会想起藏族传统文化的保护和发展。保护西藏的文化遗产、维持西藏独特的生态环境、继承和发扬西藏的传统文化,这是我们必须要正视的。(图21-1至图21-4)西藏高原不但拥有奇特的自然

21 从现实出发，保护和弘扬藏族传统文化

图 21-1 西藏雅鲁藏布江河谷

图 21-2 西藏羊卓雍湖畔

我们还是香格里拉的囚徒吗?

图21-3 藏族姑娘的头饰

图21-4 酥油花

21 从现实出发,保护和弘扬藏族传统文化

生态环境,是滋养中华大地的两条大河的源头,而且还拥有独步于世界文明之林的藏传佛教文化,其密教传统是藏族人民为世界精神文明所贡献的最独特和最宝贵的财富之一。藏族文化吸收了古代印度和汉地两大文明传统之精华,具有十分悠久和光辉的历史;在雪域高原上,藏族先民为我们留下了丰富多彩的物质和精神文化遗产,它们是藏族人民创造的宝贵财富。对它们予以保护和光大,我们义不容辞。近年来,藏传佛教也越来越受到世界各国人民的关注,在世界范围内得到了广泛的弘扬和传播,具有世界性的影响。西藏生态和人文的任何变化都牵动着国际社会的注意力,维护好西藏的自然环境和人文传统,对于中国的外交战略和国际形象都具有十分重要的意义。

但是,如何维护好西藏的自然环境和人文传统?这无疑是一项非常艰巨的任务。它不但需要我们从物质、资金、技术方面积极地投入,而且更需要发挥我们的才智,正确地处理好发展进步和维护传统这一对难解的矛盾,否则难免顾此失彼,造成不可挽回的损失。毋庸置疑,今日的西藏和藏传佛教都不再与现代世界和现代化绝缘,早已卷入了时代的大潮之中,同全世界其他民族、文化一样,面临着如何在现代化的发展进步与保持自己独特的文化传统之间维持必要平衡这一严峻的挑战。受西藏独特的地理环境和历史发展进程所限,从外在的物质条

件来看，迄今包括西藏自治区在内的广大藏族聚居区，依然是现代化程度较低的地区，社会基础设施的建设还很落后，广大藏族同胞的生活水平与其他民族比较而言也还有一定的差距。所以，在西藏自治区和其他藏族地区开展现代化建设，改善藏族人民的生活水平乃大势所趋，势在必行。有人乐于假设信仰藏传佛教、更关注精神解脱的藏族同胞并没有利用高科技等现代化手段来建设自己家园的要求，认为他们最关心的是来世的解脱，而并没有要改善自己今生的生活质量的强烈愿望。这样的想法无疑是后现代人的一厢情愿，是不切合西藏实际的。藏族人民理所当然应该和其他各民族人民一样有权利享受现代化的文明成果，有必要大幅度地改善其生存环境和生活质量，相信在西藏进行持续有序的现代化建设是符合广大藏族人民的要求和愿望的。

事实上，当20世纪80年代后期所有中国人开始集体反思自己落后挨打近百年的痛苦历史，急切地希望早日实现四个现代化的时候，无论藏族还是汉族，都有很多人认为是自己的传统文化、传统宗教太愚昧、太顽固、太落后，以至严重地阻碍了自己的民族和国家的现代化进程。他们激烈地批判他们自己的文化传统，甚至天真地以为只有摆脱传统文化加在自己身上的束缚，或者彻底地抛弃自己的文化传统，张开双臂拥抱"蔚

21 从现实出发，保护和弘扬藏族传统文化

蓝色的大海"，民族才能获得新的活力，国家才能有所发展。否则，如果我们固守自己的传统，不经受欧风美雨的滋润，我们面临的将是被"开除球籍"的噩运。令人感叹的是，这种矫枉过正的反思很快就随着中国经济发展进入90年代以后的突飞猛进而走向了另一种极端，即对失落了的过去的怀恋和美化，传统文化很快就不再是我们曾经弃之如敝履的累赘，而不分良莠都成了我们的最爱。

在这个让人有点看不明白、难以捉摸的遽变背后，起作用的无疑就是来势汹涌的现代化和全球化大潮。饶有兴趣的是，当有人还在把自己的传统文化，特别是藏传佛教看成是导致自己的民族愚昧落后的根本原因时，西方世界包括已经率先进入了现代化的部分亚洲国家和地区，早已经开始了他们神话化西藏文化传统、神话化藏族佛教的过程。在这个愈演愈烈的运动中，某种程度上藏族同胞被塑造成了不食人间烟火的非物质的精神人类。所以，他们想当然地被认为是拒绝现代化、拒绝改善物质生活条件，甚至是拒绝进入这个全球化时代的特殊人类。在全世界都在为自己的民族、国家实现现代化而积极努力的时代，却独独要求西藏同胞停留在前现代，专注于他们的精神世界、专注于今世的觉悟和来世的解脱，这显然有失厚道。自然环境的严酷和物质生活的匮乏并不是追求精神解脱的必要

我们还是香格里拉的囚徒吗？

条件，当我们可以坐在四季如春的客厅里思想智慧和慈悲、实践精神的超越时，为何我们如此肯定，且必然认定藏族人非得在极其严酷的自然条件下才能实现超越这个世界之苦难的觉悟呢？

三

与全国其他地区一样，西藏近年来的现代化速度十分惊人。虽然原来的经济基础较差，社会发展的进程也较其他地区缓慢，但它得到了国家的高度重视和巨额的经济投入，各兄弟省市给予了大力的援助，所以西藏的发展突飞猛进，社会和生态面貌日新月异。在这种高速现代化的背景下，如何来维护好西藏的文化遗产、延续藏族传统文化，便成为中国政府和人民所需要面对的一个特别严峻的考验。

西藏的文化遗产和藏族的传统文化博大精深，具有悠久的历史、广阔的影响力和深刻的渗透力，不但至今影响着藏族百姓社会生活的各个方面，是他们构建自己的民族和文化认同的最重要的基础，而且近几十年间它又风靡世界，成为世界精神文化宝库中的一块非常醒目的招牌。因此，如何在西藏本土延续这样一种既古老而又在世界范围内获得了新生的文化传统实在不是一件容易的事情。它不但要求我们对这种文化的历史

21 从现实出发，保护和弘扬藏族传统文化

和内涵本身有深入、细致的了解，而且也要求我们就藏传佛教对于形成藏族社会、文化传统及其精神气质的重要意义，乃至它对世界精神文明所做出的积极贡献有充分的理解和肯定。只有如此，我们才能够真正发自肺腑地尊敬和欣赏藏族传统文化，深刻地认识到保护好藏族传统文化对于藏族人之日常生活，对于西藏的现代化建设的积极意义，进而从西藏的实际出发采取切实有效的保护措施，并促使它获得进一步的发展和进步。

如前所述，藏族传统文化也曾一度被人认为是阻碍西藏社会、经济、文化发展的巨大包袱。比如，长期以来人们对藏传佛教就有过很多形形色色的偏见，认为它是一种十分落后、愚昧，甚至邪恶的宗教形式。古今中外都有不少人认为藏传佛教根本就不是正统、正经的佛教，而是喇嘛教，是相当于迷信、萨满一类的十分原始的民间宗教。这无疑是十分错误的认识。伴随着这种误解，人们不但对藏传佛教何以于后现代的西方社会受到如此热烈的追捧大感不解，而且每每将它当作一种与现代化发展不相适应的、应该被扬弃了的旧传统。无疑，从根本上破除这些不正确的观念，树立对藏传佛教的正确认识是我们能够保护和延续藏传佛教文化传统的最基本的前提。我们首先应该明确的是，藏传佛教与汉传佛教一样，是现存大乘佛

教最全面、最有生命力和最有影响力的传承之一，它更以其密乘佛教的传承独步于佛教世界，是业已消失了七八百年的印度佛教的最完整和最直接的继承。在其形成、发展的1300余年的历史中，藏传佛教与汉传佛教有着千丝万缕的联系，不但其源头深受汉传佛教的影响，而且其密乘佛教的传统也曾在汉传佛教中得到了广泛的传播，汉藏佛教曾处于交融状态之中。有鉴于此，我们理所应当尊重和保护藏传佛教文化传统，敬仰和推崇藏族文化和精神文明。这既是对世界文化遗产之宝贵财富的珍重，也是我们保护好藏族文化遗产，保证藏族人民的民族、文化认同不因为高速现代化而丧失，并确保其文化传统和民族精神得以延续、发展的原动力，也是培育汉藏两个民族间在宗教和文化上的亲和关系，促进团结、友好与和谐的重要前提。

至于在高速发展经济的同时如何保护好藏族传统文化，使得藏族物质、精神文化遗产不遭受严重损失，这不但需要我们付出积极的努力，而且也需要我们借鉴世界人民的集体智慧，借鉴以往的成功经验和失败教训。这无疑是在全球化背景下开展的一项系统工程。首先，当我们在西藏地区开展大规模基础工程建设的同时，同样需要投入大量的财力、物力维护好现存的藏族传统文化，尤其是要对曾经遭受严重损坏的藏传佛教寺院进行妥善的重建和维修。任何大规模的基础工程建设的开展,应该以不破坏西藏原有的文化景观和文化遗产设施为前提。保护好西藏的神山圣水,保护好藏传佛教的圣地和胜迹,这是对于我们在实现西藏的现代化过程中确保藏族传统文化进一步延续的最基本的要求。其次,文化的传承不仅需要物质的支持,而且更需要精神的延续。诸如藏传佛教,除了修复和重建佛教寺院、保护好物质文化遗存以外,我们也需要培养有正信、有抱负的青年学僧,给他们创造一个安宁和平静的学习环境,让他们心无旁骛地修习和研究藏传佛教之甚深义理,将藏传佛教文化的精神特色一代一代地传承下去。同时,对于藏传佛教寺院和藏传佛教信众举办和开展有传统可依的、合情合理合法的宗教活动应予支持,以保证这类宗教仪轨和传统能够继续延传下去。再次,应当积极地发掘和拯救现存的大量珍本藏文佛教文献,及时地将它们整理、出版,使它们能为广大读者利用,并将它们永久地保存下去。与此同时,要积极鼓励学界充分利用这些文献,对藏传佛教进行高层次的研究,努力提高中国藏学研究的水准。总而言之,藏传佛教文化的延续和发展不能仅仅停留在诸如寺院的重建和修复这样的物质层面的建设,而应该从传承精神文明、精神遗产这样的高度出发作坚持不懈的努力。

我们还是香格里拉的囚徒吗?

四

值得指出的是,近代以来,西藏日渐被人尤其西方人当作寄托自己梦想的人间净土,藏传佛教文化也被神话化为一帖包治百病的灵丹妙药,乃至西藏成了一个西方帝国主义时代创造出来的乌托邦——"香格里拉"的代名词。

这无疑妨碍了我们对现实西藏和西藏传统文化的了解认识,也给我们建设新西藏、保护西藏传统文化的努力制造了新的难题和障碍。毋庸置疑,我们必须为保护西藏文化遗产做坚持不懈的努力,但我们绝不应该把实现一个莫须有的乌托邦理想当作我们今天建设新西藏和保护藏族传统文化的奋斗目标。我们绝不应该把藏传佛教简单化为专为后现代人设计和创造的心灵鸡汤,将其演绎成为后现代人渴求的精神超市。只有根据西藏现实的生态和人文环境来设计现代化西藏的图景,才能保证西藏在现代化的过程中继续保持其民族和文化之根,保证其独特的民族和文化认同不被今日弥漫于世界的"香格里拉"神话吞噬和取代。

当今西方理想化的西藏形象将往昔西藏描述成了一个绿色环保的桃花源,一个与物质世界绝缘的精神世界,一个人人平等、富足的人间乐土,这无疑只是一个后现代理想中的乌托

21 从现实出发，保护和弘扬藏族传统文化

邦。这样的一个精神化的西藏不仅在历史上从来没有出现过，也不可能在将来的西藏出现。我们理想中的西藏当然不应该是一个只可供人观赏的主题公园，我们要将本来生活条件十分严酷的西藏，建设成为能够使藏族百姓安居乐业的一块乐土。任何不切实际的幻想，以及脱离实际的过高期待，不但丝毫无助于我们实现现代化西藏和保持西藏传统文化的理想，而且势将成为我们应对和处理西藏现实问题的障碍。对待西藏的传统文化，我们也不应该采取不加区别、全盘照收的态度，甚至一概地将它们理想化、浪漫化，相反，我们应该坚持取其精华、去其糟粕的态度，在积极地吸收、继承和光大藏族优秀文化传统的同时，也对一些与现实西藏，或者与这个全球化了的时代不相适应的内容采取批判和扬弃的态度。例如，西藏传统中的政教合一制度显然早已不符合现实西藏的发展要求，也与欧洲中世纪以后国际社会所坚持的政教分离原则背道而驰。对待这样的传统，完全没有必要非将它们固守下去了。另外，我们今天对藏传佛教的尊重和对藏传佛教传统的维护，并不意味着我们一定要在一个日益世俗化的时代人为地再造藏传佛教的繁荣，再造一个人人向佛、一心觉悟的"菩萨化土"或者"喇嘛王国"，更不意味着非要全体藏族百姓放弃对现实生活的物质追求，全身心地投入到藏传佛教的信仰和实践之中。

总之,将日趋现代化的现实西藏拉回到莫须有的精神的"香格里拉",这无疑是不现实、不公平的非分之想。而建设"富裕西藏、和谐西藏、幸福西藏、法治西藏、文明西藏、美丽西藏",才是西藏的光明未来。

原刊于《中国民族》2014年第1期

22

我们应当如何看待身份认同

一、变化的世界与身份认同危机

自进入21世纪以来,身份认同(Identity)这个词变得越来越常见,它在我们日常生活中的意义也越来越重要。生活在今天这个世界的每一个人的身份认同,都早已不像从前那样简单和单一了,他们居住的地点、接受的文化、民族、职业和身份地位等,都不可能像从前一样一辈子固定不变。随着每个人的成长和人生经历的展开,我们与当下这个急剧变化中的世界的物质、政治和文化关系都在不断地发生变换和变化,随之,我们的身份认同也会相应地出现各种各样的变化,很多人在不同的人生阶段拥有不同的身份认同。面对这样的身份变化,我们难免会担心自己可能在这个飞速变化着的世界中彻底地迷失自我,每当我们回头审视和反省自己的人生经历时,常会觉得今日之我早已不是那个昨日之我了,真切地感受到"认同危机"(identity crisis),所以非常希望能够切实地找到自己的位置,能够明确地知道我到底是谁?我的身份认同应该是什么?由此可见,身份认同对于我们活在当下的每一个人都是一个不可忽略的东西。

个人如此,一个民族、国家亦同样如此,它们都正在经受着巨大的变化,所以常常要思考它们的身份认同问题。近年来,不断有人发起"何谓中国""何为中国"这样的讨论,这即表明中国的知识分子们对如何明确地表达变化中的中国的身份认同尚未达成完全一致的意见,或者说我们对如何来建构作为一个现代民族国家的当代中国的身份认同还有着各种各样的疑问,对传统中国如何转变成了西方政治学理念中的现代民族国家也还没有十分清楚的理解,所以,尝试着要从历史和现实、民族和国家、区域和世界等各种不同的角度,来对它进行更合理的和更确切的定位和解释。

今天的中国被明确地定义为一个多民族、多元一体的现代民族国家,56个民族共同生活在一个被称为中华民族的民族大家庭之中。但是,不管是从其持续的居住地、悠久的文化传统,还是从其长期保持下来的民族语言、文字和宗教信仰等来看,事实上,56个民族都拥有许多和其他民族不同的、独特的政治、地理、语言、历史和文化特征,所以,它们都曾经拥有,并继续保持着自己与众不同的民族心理意识和身份认同。中国形成今天这样的面貌,经历了上下五千年的历史演变。在这个漫长的过程中,各个民族在不同的历史时期都各自扮演了各种不同的角色,它与其他民族交往和相融的历史有长有短,方式也千姿百态。虽然,今天它们都是中华人民共和国不可分割的一个组成部分,同为中华民族的一分子,但是,它们都曾经有着各自不同的历史和文化身份认同。所以,在中国这样一个历史悠久、民族关系复杂的现代民族国家中,每个个人或都同时拥有作为单一民族的(族群的)和作为整个国家的(中华民族的)两个甚至多个不同的身份认同。

眼下我们正处在一个全球化急速发展的时代,世界正在变小,不同地区和民族间的此疆彼界早已经被打破,各民族之间的交流和互动已经成为人们日常生活的一个组成部分,它们之间的文化和社会差异正在日渐消失,人们对生存环境、生活方式和审美趣味的追求也渐趋一致,总而言之,它们在政治、经济、文化和意识形态等众多领域,都不同程度地结合成为了一个有机的整体。显然,各民族固有的独特的文化传统和生存习惯难以经受住现代化、全球化的强烈冲击,它们或正在渐渐地远离我们而去,直至完全消失。许多使用了几千年的民族语言、文字和地方方言等也正被无情的舍弃，乃至直接被人遗忘。不敢相信，统治了中国三百余年的清王朝被推翻至今也才不过百有余年，但满语已几成绝唱，满学成了绝学，整个中国今日能通满语文者已寥寥可数。还有更多历史上使用过的民族语言和长期以来被持续使用的少数民族语文，眼下却被越来越少的人使用，濒临消亡，亟待抢救。毋庸讳言，近几十年来中国之政治、经济、文化和社会的巨大发展，给中国各地区、民族、社会和传统都带来了史无前例且翻天覆地的变化，这也使我们目前正面临着一场前所未有的危机和挑战。

二、对"民族"与"中华民族"认同的冲击

毫无疑问，现代化和全球化对整个中国，对中国境内所有民族、地区的传统和现实都产生了巨大的影响和冲击。现代化和全球化的来势越凶猛，过程和速度越迅猛，它对我们各个民族的文化传统和身份认同的冲击也就越大，与此相应，我们就必然会越发珍视我们自己的历史和文化传统，越发会努力维护我们的政治、经济利益和文化遗产不受侵犯，并严格保持我们作为民族国家之主权、领土和身份认同的完整和统一。比较而言，现代化、全球化对于中国的边疆和少数民族地区所造成的观念上、传统上的冲击比对汉族和汉族地区更为显著。由于以

往我们对民族（族群）和国族（民族国家、中华民族）等概念没有做出明确的区分，以至长期以来在思想观念上和具体实践中都对民族和民族国家这两个不同的概念产生了许多混乱，迄今为止，我们对中华民族这一理应成为全中国人民共同接受的身份认同的构建和宣传做得也远远不够，这导致了目前在中国生活的不同民族的同胞不但同时拥有民族的和民族国家的两种不同的身份认同，而且，对这两种不同的身份认同的理解也有不同程度的混乱。

在席卷世界的全球化浪潮的冲击下，世界上许多民族都感觉自己正在失去，或者已经失去了自己与生俱来的、独一无二的那些民族传统和民族特性，担心自己使用的民族语言文字不再能够继续存在下去，自己民族固有的精神特性（mentality）也会在一夜之间消失。这样的担忧和危机自然绝非杞人忧天，其严重影响已波及全中国包括汉族在内的所有民族，令他们或多或少都经受了这种严重的身份认同危机，他们也在不同的时间以不同的方式对现代化和全球化作出了不同程度的反应和反抗。而且，这种以现代化和西方化为主要表现形式的全球化对中国的影响，或更会以特别显著和激烈的形式出现在中国的一些边疆和少数民族地区。与人数众多的汉族相比较，对于那些人数较少、地处偏远、语言和文化流传不广的少数民族而言，他们抵抗现代化和全球化之冲击的力量相对弱小,他们赖以存在的民族和文化认同更容易在短时间内被剥夺。所以,他们的自我认同危机远比汉族强烈,故愈加重视自身民族和文化之身份认同的建构和保护,他们对现代化和全球化的抵抗也一定更加激烈。

特别是,如果我们在对这些地区开展大规模的现代化建设的同时,不能很好地注意到对这些地区传统的民族语文、文化、宗教信仰,以及其经济和生态环境的保护和维持,就势必会对这些民族的文明传统和身份认同的维护造成巨大的困难,由此而引发激烈的反弹和冲突。值得再次强调的是,少数民族、边疆地区出现的这种身份认同危机,以及由此而引发的各种矛盾冲突,与我们尚没有能够完备地构建和确立一个包括所有56个民族的整个中国的身份认同有直接的关联,而它反过来也对我们进一步确立中华民族这一应该属于全中国人的身份认同造成了更多的困难。当我们自己还无法说清楚"何谓中国"或者"何为中国"的时候,我们自然会更重视自己属于的某个族群的身份认同,而较少地强调自己的国家认同,这样就难以解决全球化浪潮下出现的这种因出现了民族的(汉族和各少数民族的)和民族国家的(中华民族的)这两种不同的身份认同所带来的严重危机。

三、民族文化传统的复兴运动

值得肯定的是，因这种身份认同危机而激发的各民族对本民族文化传统的积极保护和维持，显然是进入新世纪以来推动中国各民族文化事业复兴的一个不可忽略的重要原因。为了明确自己的身份认同，彰显自己于这个世界中独一无二、与众不同的身份地位，我们自然首先要对自己的民族文化传统有明确的界定和深入的了解，进而才能够塑定自己的民族形象和身份认同，并不遗余力地向世界宣传和推广本民族的文化传统。从这个时代背景出发，我们或就不难理解为何自21世纪初开始，中国各民族都表现出了对保护和弘扬本民族文化传统的巨大热情。例如，在全中国出现的轰轰烈烈的，且至今方兴未艾的"国学热"中，我们就可以深切地体会到国人对此前一度曾经十分遭人嫌弃的中国古代文化传统所表现出来的前所未有的热情和执着。（图22）这是一场以全社会倡导"国学"为标志的复兴中国古典文化，特别是汉文化的群众运动，它的兴起显然与中国经济的崛起和回应全球化的冲击、重塑中国人的文化身份认同有密切的关联。从其积极的一面来看，"国学"的复兴对于我们理解和传承中国的传统文化，建设中国社会的精神文明，重建中华民族的文化自信等等，都具有积极的推动作用。

我们还是香格里拉的囚徒吗？

图22　2021年9月28日，辛丑年公祭孔子大典在曲阜孔庙举行

与"国学热"相应,"西藏热"也在中国蓬勃兴起。近二三十年来,中国的藏学研究得到了中国社会各界的协力推动和积极支持,藏传佛教更是得到了全社会各阶层的热情追捧和推崇,已经成为越来越多人的精神信仰的重要组成部分。回顾这最近二三十年的历史,我们不难发现中国西藏事实上正经历着一次文艺复兴式的传统藏传佛教文化复兴运动。于西藏和藏区重建、扩建和新建的藏传佛教寺院之多史无前例,与它们同时修造的佛之身、语、意三所依,即佛像、佛塔和佛经的数量之众则更是难以计数。近几十年来,从政府到民间,众多个人、机构和团体都在从事收集、整理和出版藏传佛教(包括本教)各宗派的传世经典和各种类别的藏文文献,其规模同样史无前例,它显然已经远远超过了"利美"运动时诸多不分派运动的藏传佛教领袖们汇集、整理和重印藏传佛教文献时的规模。目前,以唐卡为主的藏传佛教艺术传统不但在西藏和藏区得到了精心的保护和研究,新一代的唐卡艺人的培养和发展得到了全社会的支持和鼓励,而且唐卡艺术还在整个中国遍地开花,得到了前所未有的推广,业已成为中国佛教艺术的一朵奇葩。中国的藏学研究由于得到了政府和全社会的积极支持,形成了世界上最庞大的藏学研究队伍,其中藏族学者的数量及其研究成果的比重正在不断增长之中,中国藏学研究的领域也得到了持续不断的拓展,从文本、历史、考古、艺术研究,到政治、经济和社会的人类学田野调查等等,都取得了极为丰硕的成果。随着信仰藏传佛教的汉族信众之数目不断扩大,以藏传佛教为主的西藏传统文化在整个中国生根开花,业已成为中国大众文化中一个十分醒目的元素。

显而易见的是,不管是全民的"国学热",还是持续升温中的"藏传佛教热"和中国藏学研究的巨大发展,它们都对中国传统文化的重建和中国人之身份认同的构建和确立作出了重要的贡献。特别是藏传佛教的大规模复兴和它在整个中国的广泛传播,对于推动汉藏两个民族文化之间的交流和理解,加强汉藏两个民族之间的情感联系,作出了十分特殊的贡献。以藏传佛教为主的藏族文化传统在整个中国的流行,对于建立一个各民族各美其美、美美与共的多元文化社会具有积极的典范意义。

四、在一体化中"美美与共"

然而,不可否认的是,这种复兴各民族文化传统、界定各民族身份认同的努力,如果引导不当、推进过猛,有时也会适得其反,产生明显的负面影响。假如我们为了构建自己独特的文化认同而不惜片面和过分地强调本民族的文化传统,同时忽视、贬低或者排斥其他民族的文化传统,这就必然使得这个建立"认同"的过程,同时变成为一个"认异"的过程,进而导致不同民族和文化间产生隔阂和冲突。例如,当我们自觉或者不自觉地将"国学"界定为汉族的传统文化,甚至更加狭隘地将它界定为以四书五经为代表的儒家文化,这就错误地把汉族文明以外的中国其他民族文化传统都排除在了"国学",即中国的古典文化传统之外,这样的"国学"无疑与作为一个多民族多元一体的中国的国家定位严重不符,它对于构建中华民族这一当代中国之身份认同也势必将有百害而无一利。

所以,当我们努力建构和确立自己的民族和文化认同时,我们一定要对其他民族的文化传统保持一种开阔和包容的心态,求同存异,各美其美,美美与共,而决不能对它们采取狭隘的藐视和排斥的态度。从以往他人建构民族文化传统之身份认同的各种事例和经验中,我们可以观察到以下三种常常会出现的偏颇和有害的倾向。一是为了建构自己的文化身份认同,加强和提升自己文化传统的价值和地位,不惜创造出一些自己民族文化中原本并不存在的传统,进而把它们标榜为自己民族所特有的自然和人文特性;二是过分强调自己文化传统的独一无二性,否认自己的文化传统实际上与他人的文化传统具有很多相似或者相同的特点,否认很多文化传统本来是两个或者多个民族共享的,或者是在多个民族长期交流和交融的过程中共同形成的;三是因担心自己的民族文化传统不够强势,它会因受到其他文化传统的侵袭而削弱,从而滋生出了一种强烈的文化保守主义倾向,认为别人是无法理解自己民族所独有的思想、宗教和文化传统的,只有自己懂得自己,只有自己才能够传承和光大自己的民族文化传统。以上这三种倾向,无疑都不利于正确地确立自己的民族身份认同,也不利于建立起一个多民族和谐共处、共同发展的多元文化社会。

早在1994年,美国著名的文学理论家、东方主义理论的创始人萨义德(Edward Said, 1935—2003)先生就曾经在他的名著《文化与帝国主义》中说过以下这一段发人深省的话:

> 没有人今天纯粹是一个东西。像印度人,或者女人,或者穆斯林,或者美国人这样的标签,不过只是各种出发点而已,假如紧接着进入实际的经验,那么一会儿它就很快会被彻底丢弃。在一个全球的范围内,帝国主义巩固了各种文化和认同的混合。但是,它的最坏的、最荒谬的礼物是让人相信他们只是、主要是、完全是白人或者黑人,西方人或者东方人。然而,就如人类制造他们自己的历史一样,他们也制造他们的文化和族群认同。没有人可以否

认悠久的传统、持续的居住地、民族的语言和文化地理的延续不断的连贯性,但是,除了恐惧和偏见,似乎没有其他理由让人坚持执守他们[与他人]的分离性和独一无二性,好像这就是人类生活的全部。事实上,生存就是事物之间的联结;用艾略特的话来说,现实不能剥夺"住在花园里的其他回响[花或者相应物]。"与只想"我们"相比,具体地、富有同情心地、设身处地地去想想别人,则更有益处,也更困难。但这也意味着不要试图去统治他人,不要去将他们分类或者在他们中间划分等级,最主要的是,不要反反复复地重申"我们的"文化或者国家何以是第一(或者就此而言,不是第一)。对于知识分子来说,没有那些也已有足够的价值可做了。(Edward W. Said, *Culture and Imperialism,* New York: Vintage Books, 1994, pp.335–336)

今天距离萨义德先生说上述这段话时已有25年之久,今日世界各个民族、国家和文化传统之间的联系与二十余年前相比自然更加紧密不可分了,同一个国家中不同民族和地区在政治、经济和文化等各个层面也更趋向于一体化了,没有一个人纯粹地只拥有一种特定的身份认同,也没有一个民族能够长久地保持自己独有和纯粹的民族语言、居住地区、宗教信仰和文化传统，因此，人们要对自己的种族、民族和文化认同作出壁垒分明的划分和构建，于今天无疑更是一件十分复杂和困难的事情。正如萨义德先生所说，我们也"没有其他理由让人坚持执守他们［与他人］的分离性和独一无二性"，因为这绝对不是人类生活的全部。对于今日人类的生存至关重要的更应该是世界各个民族、文化和社会之间的互相联结，所以，只有消除民族、地区、种族、阶级的划分施加给人们的局限，设身处地为他人着想，我们这个世界才能继续生存下去，我们的生活也才会变得更好。

总之，我们无疑应该继续努力保护和维持我们自己民族的语言、生活方式和文化传统，同时更开放地对待和接纳其他民族的文化传统。只有这样，我们才有希望建立起一个既丰富多彩，又和谐友爱的多元文化社会。我们或可以同时拥有多种不同的身份认同，但决不应该过分地强调自己特有的民族和文化身份认同，同时排斥他人的文化传统和生活方式，更不应该对全体中国人共同属于的中华民族的身份认同有丝毫的疑虑。

原刊于《中央社会主义学院学报》2019年第6期

23

想象西藏：揭露与批判

一

"想象西藏"是一个于人类文明发展史上持续了很多世纪、且遍及全球的有趣现象，即使在今日这个解构、祛魅的时代，它依然经久不衰，愈演愈烈。由于西藏在地理和文化上举世无双的独特性，它给西藏以外的世界提供了无边无际、无穷无尽的想象和设计空间。长期以来，东、西方不同的民族、在不同的时间阶段内，凭借其各自天才的想象力，设计和创造出了一个又一个五花八门、匪夷所思的西藏形象。其中既有香格里拉式的迷人的神话世界形象，也有混沌未开、暗无天日的洪荒世界形象，有时它被当作"约翰长老的王国"（The Kingdom of Prester John）而受人期待，有时它又被视为神权专制的"喇嘛王国"（Lamaist State）而遭人鄙视。然而，不管

我们还是香格里拉的囚徒吗?

是东方,还是西方,今天的西藏则已普遍成为一个人们热切向往的地方,它是一个净治众生心灵之烦恼、疗养有情精神之创伤的圣地。在这人间最后一块净土,人们可以寄托自己越来越脆弱的心灵和所有的愿望。藏传佛教之上师,不管是活佛,还是喇嘛,在"精神的物质主义者"(Spiritual Materialists)眼里都变成了成就非凡的心灵科学家,是他们争相皈依的精神导师。

按理说,随着交通条件的日益便利和数据化时代的到来,今天的西藏和外部世界之间的物质距离早已经不再和以前一样遥远和不可及了,出入西藏即使对于你我这样的普通人来说也已不再是一件不可完成的使命了,而且,西藏发生的一切每天都在通过各种信息渠道传遍全世界。可是,人们依然没有停止对西藏的想象,相反,这种想象变得越来越善巧,越来越精致,也越来越离谱。近些年来,六世达赖喇嘛仓央嘉措的情歌流行全中国,业已成为大量知识人和小资阶层最喜爱的心灵鸡汤和包治情感百病的灵丹妙药;时常看到网络上有人总结中国当今养成"新土豪"的种种特点,其中居然有"从汉人变成藏人"和"从狐朋狗友变为活佛同门师兄妹"等等。可见"想象西藏"于当今的中国是一件非常流行和非常时尚的事情,国人对西藏和藏传佛教的想象和膜拜甚至已经超越了20

世纪七八十年代的欧美的"新时代人"了。从当今潮人们创造和设计的"西藏形象"中,我们可以感受到当今这个时代之社会和文化的一些热切的诉求和典型特征。总而言之,西藏在今后很长一段时间内无疑还将继续是人们最愿意倾注他们丰富的想象力的"异域","想象西藏"还将是一项长期持续的精神建设工程。不管是被神话化的、还是被妖魔化的"西藏形象",它们都不过是人类于不同时期"想象西藏"的阶段性作品,它们与西藏的历史和现实常常缺乏必要的联系,反映的只是想象者们自身所处的社会和文化面貌以及他们的精神境界。

二

对西藏和西藏文化的热望和追捧之风气于西方世界之弥漫远早于今日之中国,与此相应,西方学术界对"想象西藏"这一现象的警觉和批判也已经有相当一段时间了。揭露和批判西方人自己设计和创造的天方夜谭式的"神话西藏"和千姿百态的"西藏形象",显然是后现代西方学术界开展后殖民主义文化批评,特别是开展对西方的"东方主义"和"文化帝国主义"之批判的最典型和最有说服力的例子。早在1989年,正当西方的"西藏热"踊跃走上前台的时候,彼得·毕夏普(Peter

我们还是香格里拉的囚徒吗？

Bishop）出版了一部题为《香格里拉的神话：西藏、游记和圣地的西方创造》(*The Myth of Shangri-la: Tibet, Travel Writing and the Western Creation of Sacred Landscape*, Berkeley: University of California Press, 1989)的著作，从文学批评和文化人类学的角度揭露西藏如何被西方人塑造成为一个圣地（香格里拉神话）的过程。及至18世纪中期，对西方世界而言西藏还近乎"只是一个谣言"（a mere rumor），对其知之甚少。然而在紧接着的工业化世纪中，西藏却渐渐地演变成为一个维多利亚浪漫主义想象中的世外桃源，它差不多就是世界上硕果仅存的最后一个圣地，其中集中了以往所有人类曾经历过的传统的圣地所拥有的神秘、力量和暧昧。在这部可称经典的作品中，Bishop先生通过对西方人的西藏游记的阅读和分析，追溯了这个神话般的圣地的创造、圆满和衰落的轨迹，说明"旅行并不发现世界，而更是构建了世界"。毕夏普（Bishop）站在心理学家荣格的"无意识"理论的立场上，揭示西方出现的"每一个西藏（形象）在一个时代的各种表述（现）中都是无意识作用下的创造，这种想象的行为【中的创造】则被理解为真实，而真实又将被重复不断地修正。每一代作家均借助他们对西藏的设计【和想象】将无意识化为有意识，表露他们自己的各种最热切的关注、未遂的心愿，以及恐惧和希望等等。"通过追寻西方传教士、士兵、外交官、商人、探险家、神秘主义者和诗人们留下的踪迹，毕夏普揭露了西方之西藏想象的深层结构，标明了它在"西藏神话"形成过程中的转化。

毫无疑问，毕夏普先生的这部著作对读者了解西方人构建的有关雪域的神话，以及这个神话在形成西方对于东方之理解和成见的过程中所扮演的角色具有无可替代的作用，不管是其理论深度和其批判性的态度，还是其对于西方西藏游记的全面掌握和细致的阅读，《香格里拉的神话：西藏、游记和圣地的西方创造》都是一部极有启发意义的优秀作品，是这一研究领域的开山之作。但是，它的写作和出版之时，正是西方之"神话西藏"开始走向全盛之日，当时人们还更多地陶醉于对香格里拉的迷恋之中，尚缺乏对这种神话作集体反思和批判的愿望和能力，而且毕夏普的研究也没有直接地和对当时代的"西藏想象"的批判联系起来，所以他的这部作品并没有在学界之外产生很大的影响力。

西方学术界首次大张旗鼓地集体反思和批判"神话西藏"或应当开始于1996年春天在德国波恩召开的一场题为"神话西藏"（Mythos Tibet）的国际学术讨论会。1996年好像是德国的"西藏年"，不但达赖喇嘛频频到访，而且德国各地纷纷举办了与西藏相关的各种文化活动。如在波恩新落成的艺术馆中举办

我们还是香格里拉的囚徒吗?

题为"智慧与慈悲"的大型藏传佛教艺术展,在法兰克福举办西藏电影节等等,把德国民间的"西藏热"推向了一个新的高潮。可就在这个时候,就在举办"智慧与慈悲"藏传佛教艺术展的艺术馆中同时举办了这场名为"神话西藏"的国际学术讨论会,来自世界各地的著名藏学家们,其中也包括著名的流亡藏人学者,旗帜鲜明地与西方社会的主流话语唱起了反调,他们以权威的姿态开始解构和清算由西方传教士、启蒙思想家、殖民侵略者、神智主义者、遁世主义小说家、嬉皮士和藏学家们联手创造出来的"神话西藏",明确指出这个"神话西藏"是西方人自己的设计和幻想,与西藏的历史和实际无关,西藏在"过去和现在都不是一个思想或者行动的自由主题",西藏并不如今天的西方人所想象的那样从来都是一个和平、慈悲、智慧、环保的人间净土。这次学术会议的论文结集《神话西藏:感知、设计和幻想》(*Mythos Tibet: Wahrnehmungen, Projektionen, Phantasien,* Köln, DuMont, 1997)大概是西方学术界第一部集体批判和清算西方"神话西藏"中的东方主义和文化帝国主义倾向的学术著作。可惜,这部论文集最初以德文出版,它的英文版《想象西藏:现实、设计和幻想》(*Imaging Tibet: Realities, Projections, and Fantasies,* Boston: Wisdom Publications, 2001)延迟到了2001年才在美国出版,很大程度

23 想象西藏：揭露与批判

上限制了它的影响力的发挥。

对西方"想象西藏"的历史和现状作了最系统、最深刻的揭露和批判，并在西方社会产生了巨大影响的著作当首推唐纳德·洛佩兹（Donald Lopez Jr.）的名著《香格里拉的囚徒们：藏传佛教与西方》(*Prisoners of Shangri-la: Tibetan Buddhism and the West*, Chicago: University of Chicago Press, 1998)。（图23）洛佩兹将他对殖民时代和后殖民时代文化研究的深刻领会巧妙地应用到了他对西方"神话西藏"之历史和现状的研究之中，他选择了喇嘛教、《西藏生死书》、《第三只眼睛》、六字真言、唐卡、美国的藏学研究和作为香格里拉的囚徒的达赖喇嘛等七个最具代表性的西藏文化符号（cultural icons）作为他的研究的切入点，揭露了西藏如何在西方浪漫主义、文化盗用、学术误导和东方主义、文化帝国主义的大合唱中，最终失去其历史、地理、时间、宗教和现实的根基，沦为一个精神的、虚幻的、非人间的香格里拉的过程，对西方人的"神话西藏"和他们在构建这个神话的过程中所表现出来的东方主义、殖民主义和文化帝国主义倾向作了痛快淋漓和入木三分的揭露、刻画和解构。洛佩兹的这部《香格里拉的囚徒们》名噪一时，其影响远远超越了国际西藏学界，不但成了西方后殖民时代文化批评领域内的一部经典作品，而且也对西方世界普遍发烧的"西

我们还是香格里拉的囚徒吗?

图23 《香格里拉的囚徒们:藏传佛教与西方》

藏热"泼了一瓢冷水，不管你愿意承认与否，问题可已经摆在那儿了："你是香格里拉的囚徒吗？"

除了以上这三部作品以外，与批判"神话西藏"相关的西方学术著作还有很多，其中著名的还有奥维尔·谢尔（Orville Schell）的《虚拟的西藏：从喜马拉雅到好莱坞寻找香格里拉》（*Virtual Tibet: Searching for Shangri-la from the Himalayas to Hollywood*, New York: Metropolitan Books, 2000）、马丁·布劳恩（Martin Brauen）的《作为梦幻世界的西藏：西方幻影》（*Dreamworld Tibet: Western Illusions,* Bangkok: Orchid Press, 2004）和迪比希·安纳德（Dibyesh Anand）的《地缘政治的异国情调：西方想象中的西藏》（*Geopolitical Exotica: Tibet in Western Imagination*, University of Minnesota Press, 2008）等等，它们从通俗文化、大众传媒和地缘政治、国际关系等不同角度，对西方西藏形象的塑造及其背景、影响作了进一步的揭露和研究，加深了人们对西方"想象西藏"这一巨大工程的历史源流以及它对现实的西藏事务所造成的巨大影响的理解。

三

阅读上述这几部作品于我无疑是一次十分奇妙和痛快的

经历，首先它们帮助我揭开了长期郁结于胸的谜团，了解了西方"想象西藏"的历史及其现状，明白了当今西方世界为何如此热衷于西藏和西藏文化的缘由，进而也对今日国际社会出现的所谓"西藏问题"的真实面目与本质有了较清晰的体会；其次，它们对"神话西藏"本身的刻画和解构，和对西方那些曾令人高山仰止的学术权威们和他们的著作的批判和解构，彻底掀掉了他们令人眩目的外衣，揭穿他们"东方主义""殖民主义"和"文化帝国主义"的本质，读来实在是一件让人痛快淋漓的事情；还有，阅读一部"想象西藏"的历史实际上就是阅读一部西方的社会发展史和文化史，于我就像是一次全面接受西学教学的基础训练。围绕着"想象西藏"这一主题而发生在西方和西方人身上的种种故事是如此的离奇和引人入胜，一次次地把我引入了别有洞天的奇妙世界，令我难以自拔。如西方启蒙运动中的"浪漫东方"、19世纪最有影响力的女性布拉瓦茨基（Blavatsky）夫人创立的"神智学"（Theosophy）、瑞士心理学家荣格的"集体无意识"（Collective Unconscious）、新时代运动（New Age Movement）的嬉皮士和迷幻药等等，都曾经令我迷醉，都想刨根问底，一窥究竟。

阅读这些作品也让我们深受启发，认识到了研究"想象西藏"在东方，即探讨汉族传统文化中的典型的西藏形象及其由来的必要性和重要意义。显而易见，东方主义作为一种思想方式不见得只是西方人的专利，在东方各民族之间互相交往和互动的历史进程中，同样出现过相互间的想象和设计，同样出现过因此而造成的无数的误解。像中国这样一个以汉族为主体的、众多民族共存的国家里，不管是在历史上，还是在当今的现实中，在民族与民族的交往过程中，无疑都存在"东方主义"，或者说"内部的东方主义"（Internal Orientalism）的倾向，对此同样值得我们进行深入的探讨和研究，并做出深刻的反省和批判。例如，在汉族的传统文化中，"西藏形象"千变万化，于不同的阶段，在不同的人眼中，无疑都有一个不同的西藏。而每一种传统的、典型的"西藏形象"的形成势必都有其特殊的历史背景，也或多或少对我们了解和理解今日的西藏和西藏文化有明显的影响，因而我们有必要对我们汉族传统中的典型的西藏形象及其形成背景进行深入、细致的研究。值得指出的是，上述这些西方学术著作之所以取得如此的成功，其中一个十分重要的原因无疑就是因为这些作品的作者对西方殖民主义和后殖民主义文化的大背景有着极其透彻的了解，所以他们才能够对西方"神话西藏"的东方主义和文化帝国主义本质做出如此犀利的批判和深刻的反省。而与西方的学术同行相比，我们对自己民族的历史背景和文化传统显然有着更加深入和透彻的了解，所以我们有能力对我们的传统中对西藏和西藏文化进行想象的历史做出认真的梳理，并对我们的传统中对西藏和西藏文化的误解、歪曲进行深刻的揭露和批判，揭示造成这些误解和歪曲的时代、政治、社会和文化背景。

原刊于《读书》2015年第11期，原题为《"想象西藏"之反思》

24

香格里拉，谁之梦想？

一

如今云南的香格里拉已是一个家喻户晓的旅游名胜，大概很少有人再会去追究它的来历，也很少有人再会将它和詹姆斯·希尔顿（James Hilton）写于20世纪30年代的遁世小说《失落的地平线》（*Lost Horizon*）中的那个香格里拉等同起来。（图24-1至24-3）然而，不能否认的事实是，至少今日云南香格里拉的名称无疑就是从《失落的地平线》中描述的那个海市蜃楼延续下来的，所以人们对一个物质的香格里拉的憧憬和期待，无疑还会受到对那个曾经于西方深入人心的理想型乌托邦之原型的怀恋的影响。

不仅如此，香格里拉毕竟是人类有史以来创造出来的最著名的、流传最广的几个乌托邦之一。它不只是一个远古、空

我们还是香格里拉的囚徒吗?

图24-1 《失落的地平线》的作者詹姆斯·希尔顿

24 香格里拉，谁之梦想？

图24-2《失落的地平线》初版本　图24-3　中文译本《消失的地平线》

泛、"不知有汉,无论魏晋"的桃花源,其原型有其洗刷不掉的殖民时代的典型痕迹,附丽于其上的丰富的象征意义势必对现实中的香格里拉的设计和建设有着不可忽略的影响。既然这两个本来风马牛不相及的东西因缘际会,被牢牢地连接在了一起,我们必须对这两个不同时代的不同层级的香格里拉,即一个虚无的乌托邦和一个物质的香格里拉之间,做出严格的区分。同时,香格里拉在当今的西方世界又被赋予了全新的意义,它日益成为一个"虚拟的西藏"(virtual Tibet)或者"精神的西藏"(spiritual Tibet)的代名词。人们自然而然地把对香格里拉的向往转变成对西藏的热望和关切,把希尔顿对香格里拉的天才的想象和设计,融入了对西藏的神话化和精神化的精彩和精致的设计之中。这也应当引起我们对此的高度警觉。

作为人类的一种梦想,香格里拉理当只存在于我们的内心之中,我们每个人心中或许都有一个仅仅属于我们自己的香格里拉。香格里拉应该永远是可望而不可即的,它的内在设计也一定是千变万化、神秘莫测的。迄今为止,香格里拉的神话已经凝聚了东、西方好几代人的梦想。这个梦想无疑依然还会在我们和我们的后代中间延传下去,并不断翻出新的花样来。

说到底,对香格里拉的向往不过是人类追寻与自己所处现实形成鲜明对照的一个理想社会的经典例子。在每个特定的时代，东、西方人各有各的追求，各有各的梦想，他们心中的香格里拉从外观到内核都应该是千差万别的。在《失落的地平线》中的香格里拉和今天云南的香格里拉寄托的是完全不同的时代、完全不同的人的完全不同的理想，二者不可同日而语。

二

显而易见，《失落的地平线》中的香格里拉本来是一个帝国主义、殖民主义者心中的世外桃源。除了它的地理位置被它的设计者安排在神秘的东方青藏高原的雪山丛中之外，它的一切内在的设计都是一个彻头彻尾的西方式的乌托邦。香格里拉不过是西方帝国主义者梦想在东方建立起来的一块理想的物质和精神的殖民地，是他们梦想在东方安享的一块世外乐土、净土。20世纪30年代初年，西方经济危机阴霾不散，二次大战山雨欲来。在这危机四伏的当口，希尔顿别出心裁地为他焦虑不安的同胞们在遥远的东方、在高绝险胜的雪山丛中，专门辟出了一块名唤"蓝月谷"（Blue Moon Valley）的胜地——香格里拉，并在这里精心地设计出了一个远离战乱、远离危机、天然祥和、美丽富饶的世外桃源，一个汇聚了人类物质和精神文明之精华的温柔富贵之乡。

当然，任何世外桃源其实都只是个中之人的乐园，但"不

我们还是香格里拉的囚徒吗？

足为外人道也"。《失落的地平线》中的那个香格里拉表面看来光明灿烂、绚丽多姿，实则其内囊充满了帝国主义、殖民主义的腐臭气息，可谓"金玉其外，败絮其中"。香格里拉当然是一个与世隔绝的美丽可爱的小世界，其自然条件得天独厚，其自然风光之美妙更是令人神往。但在这块风光旖旎的人间乐土上建立起来的香格里拉，实际上是西方殖民主义者在东方建立的一个神权政体，一个由年近250岁的西方传教士"高喇嘛"（High Lama）为最高领袖而实行精神专制、独裁的老人政体。它是一个以丰富的黄金储备为基础的纯粹寄生的经济实体，生活在这里的是一帮来自西方的精神贵族，他们个个不劳而获、无所事事，以练瑜伽、吸食迷幻剂为乐，从事精神的修行，形成了一个封闭、寄生的上流社会群体。如果说香格里拉是一个乌托邦，并拥有某种程度上的完美的话，那么它无疑也只是一个殖民主义的理想政体。在这里一小撮高贵的欧洲人是它的无可争议的绝对主宰和核心，一位年老世故的官僚是它的管家，他们联合起来统治了不同民族，尤其是以藏族为主的土著居民。这些土著居民心地单纯，且自我陶醉，除了他们田园诗般的山谷以外，对外部的世界一无所知。他们生来低人一等，只能是那些欧洲主人的奴仆。在香格里拉种族的不平等是一个基本的、毋庸置疑的事实，人生来就是不平等的。因为欧洲人，特别是北欧人，生来高贵、优秀，美国人稍逊一筹，所以他们都可以长生不老；汉人还算不错，或也可享受高寿；但西藏人虽然十分可爱，却天生有缺陷，远不如其他欧洲民族优越，他们是没有办法活得很长的。

总而言之，香格里拉是希尔顿（Hilton）为处于战乱危机中的西方人精心设计的一个充满帝国主义、殖民主义气息的理想型殖民地原型，是一个饱受战乱和经济危机压迫的西方人心中向往的一块人间乐土。它和西藏、西藏人和西藏文化都没有很多实际的关联，甚至今天为西方人推崇的藏传佛教文化在当年的香格里拉中也没有任何实际的影响。因为统治香格里拉的精神传统是西方的基督教思想，统治香格里拉的精神领袖是西方的传教士，这里集中保留的文明精华是来自西方的文学、艺术和音乐精品，东方的哲学、艺术在这里都不过是可有可无的陪衬。

三

长期以来，在西方人的观念中，香格里拉不过是一个想象出来的、田园牧歌式的乌托邦，或者一个隐秘而不可求得的世外桃源的代名词。而且，正因为香格里拉之地理位置的隐秘而不可寻，所以它常常被用作指称任何一个秘密的军事基地，特别是导弹发射基地的代名词。从二战时期的美国总统罗斯福开始,美军的秘密军事基地就曾被叫做香格里拉。甚至美国总统的休假地一度也曾被称为香格里拉。但不管是作为乌托邦,还是作为导弹发射基地,香格里拉基本上是属于西方帝国主义的东西。

在西方帝国主义、殖民主义在东方的侵略和扩张被挫败,殖民梦想破产之后,西方人的这个香格里拉梦想本该和他们渐行渐远了。可是,香格里拉这个带有帝国主义特色的乌托邦形象并没有随着西方帝国主义、殖民主义在东方的美梦的破产而灰飞烟灭,它不仅仅以今日遍布东亚旧殖民地的香格里拉大饭店而再现曾经的"辉煌",而且作为一个表征隐秘的精神乌托邦的概念的香格里拉也同样并未消失,不但在西方世界继续大受追捧,也在曾为西方殖民主义者所垂涎的东方世界留下了非常深刻的烙印。

显然,不管是《失落的地平线》中的香格里拉,还是后来在英语世界中作为一个表征了想象中的乌托邦概念存在的香格里拉,它们都与今天云南的香格里拉没有任何物质的和精神的关联。但不可否认的是,云南香格里拉从它被认定和对它的所有设计和想象无疑都还受着《失落的地平线》中的那个香格里拉的深刻影响。而香格里拉这一本来莫须有的乌有之乡对今天的国际政治、东西方关系均产生着巨大的影响。这并不是因为云南出现了一个看得见、摸得着的香格里拉，而是因为在今天西方人的想象中，香格里拉已经成了一个想象的、精神的、虚拟的西藏的代名词。

说到底，香格里拉就是一个"神话西藏"（Mythos Tibet）。不但西方传统中所有对香格里拉曾经的想象，今天悉数转嫁给了他们对一个精神的、神话的西藏的想象，而且今天西方人对一个理想世界的热望和设计也被全部添油加醋地整合进了他们对一个精神西藏的想象和设计之中。与希尔顿笔下的香格里拉相比，"神话西藏"这个西方后现代世界的乌托邦显然被赋予了更多、更丰富、更新和更离谱的内容。

在今日西方人的想象中，西藏原本就是一个与世隔绝，尚未受到工业化、现代化污染的人世间的最后一块净土。这里不但保留了世界上最独特的、最美丽的绝地风景，而且还保存了在西方早已经失去了的原始智慧。西藏人智慧、慈悲，醉心于追求出世的精神解脱，而对尘世的物质利益不屑一顾。他们生来乐善好施、平和、宽恕、仁爱，对有情众生慈悲为怀，对自然环境珍惜保护。在西藏男女生而平等，没有暴力，没有冲突。总之，西藏是一个脱离了人间一切苦难和烦恼的理想社会。毫无疑问，这个"神话西藏"不过就是一个西方人梦寐

我们还是香格里拉的囚徒吗？

以求的当代香格里拉，它与现实的西藏同样没有任何实际的关联。这种将西藏等同于香格里拉的想象和设计，本来是《失落的地平线》中的香格里拉理想的自然延续，是帝国主义、殖民主义旧梦的翻新，而它却在西方世界激发出了普遍的共鸣，使得一个传说中的乌托邦终于再次化现人间，一个神话中的理想社会成为原本就是人间的现实。

事实上，与《失落的地平线》中的那个香格里拉反映出那个时代西方人对一个他们心目中的理想社会的所有热望一样，今日的西方人对西藏所做的这种香格里拉式的想象，这样一种对西藏社会的十分虚幻的、正面的和理想化的观念，无非也只是一面用来观照当代西方社会和受西方主导的国家的种种现实弊端的镜子，或者说是一帖包治西方社会百病的万能良药。这样不切实际的想象对于与它们相关的民族及其人民，即对现实的西藏并无多少益处，相反它很可能带来危害。因为这样的想象势必完全压制和掩盖西藏所面临的实际的、历史的和现实的各种问题。将西藏想象成为香格里拉听起来不俗，实际上它和西方人对非西方人的另一种更加熟悉的负面的想象，即将其想象成为落后、专制、野蛮和吃人的民族一样，同样是一种不负责任的行为。

四

不管是《失落的地平线》中的香格里拉,还是今日的"虚拟西藏"(Virtual Tibet)或者"神话西藏",都是西方人的梦想。

将喜马拉雅山麓的雪山峰巅想象成为一种原始文明的最后保留地,并把它们作为可以从现代化的浩劫中拯救世界的最后稻草,这本身就是一件十分荒谬和可笑的事情。更加发人深省的是,何以香格里拉这一个帝国主义、殖民主义的旧梦可以从20世纪的30年代历80年之久一直延续到了早已进入新世纪的今天,而且越发深入西方人之人心?

《失落的地平线》中的那个香格里拉到底是通过一个什么样的掩盖历史和历史失忆的过程而使其彻底地蜕去了其身上原本十分明显的帝国主义和殖民主义印记,而仅仅成为一个乌托邦的代名词,并将它自然而然地整合到他们对一个后现代的精神乌托邦的想象之中?

还有,当佛教本身也已经被奇妙地理想化和全球化为一种"世界宗教"的时候,旧时西藏又是如何被西方人想象成为一个建立于佛教的某种基本原理之上的一个理想社会的呢?

如果当年的香格里拉和今日之"虚拟西藏"都可以代表一

我们还是香格里拉的囚徒吗？

个理想社会，那么又是谁的理想、谁的精神原则、谁的教法观念、谁的社会理念真正在这个虚无缥缈的理想社会中起作用呢？

如果说对香格里拉或者"虚拟西藏"的想象和追求是人类的一个梦想，那它又是谁之梦想呢？

我们不得不指出的一个极具讽刺意义的事实是：香格里拉或者"虚拟西藏"这个现在被用来指称这个精神化了的、理想化了的西藏的名称，这个已经在很大程度上激发了西方世界对西藏的空前热情，引发了所谓"自由西藏"这样一个世界性运动的西藏形象，事实上早已经是一个被彻底殖民了的"西藏"。

从《失落的地平线》中的香格里拉到今日的"虚拟西藏"的转变，从一个帝国主义、殖民主义的旧梦演变为一个后现代的精神理想，与这个过程相伴随的实际上是西方世界从直接的、军事的帝国主义和殖民主义侵略到以西方的文化霸权和政治话语霸权为标志的全球化时代的转变。从殖民主义的香格里拉梦想转变为后现代"神话西藏"的想象，从根本上说西方帝国主义和殖民主义的本质并没有任何实质性的改变，但在方式上则从直接的军事殖民转变为精神和文化霸权式的殖民。而且，他们还采取历史失忆的方式，以及通过对香格里拉与生俱来的殖民标记的有意掩盖和抹杀，来掩盖他们掩藏于将西藏想象为香格里拉背后的政治用心。在西方可以赤裸裸地殖民侵略东方的时代，在西方和非西方之间实际发生的，从根本上来说是物质的、政治的和带有冲突性质的接触（contact），这样的接触可以被称为殖民主义贸易或者帝国主义的占有。而在公然的帝国主义殖民侵略时代结束之后，东、西方之间的物质接触关系被另外一种更加精神的、精致的、非历史的东西方之间的比照（contrast）所取代。实际的、物质的冲突被精神的、虚幻的对比所掩盖和取代，通过这种对照，东西方之间的种种不同和差别被想象和构建出来。在对这种种不同的表述中，东方，或者非西方被单一地设计和想象成为超越时空的，一种近似非物质的理想空间，是太过于物质化了的西方现实的一个反面和对治。在这样的想象和设计中，东方常常被设想为一个魔幻般古老、纯真、史前的、甚至前人类的古代世界。

正是在这种比照取代接触的过程中，西藏被西方想象成了一个超越时空的、非历史的、非物质的、理想的精神空间。而物质的接触和精神的比照无非是西方帝国主义的两种不同的表现形态，"神话西藏"的过程实际上就是一个企图精神殖民的过程。

五

不管是《失落的地平线》中的香格里拉，还是西方"神话西藏"想象中的那个"虚拟的西藏",它们反映的都是西方帝国主义、殖民主义者的梦想。它们既不是藏族人民的梦想,也不是全中国人民的梦想。

如果我们想在云南的香格里拉设计我们自己梦想的乐土,建设属于我们自己梦想的世外桃源,我们最先应该做的就是要将我们理想中的香格里拉和《失落的地平线》中的那个香格里拉作彻底和完整的切割,彻底去除那个属于20世纪30年代的、西方帝国主义之梦想给今天的我们留下的种种负面的影响。我们决不应该按照当年帝国主义者、殖民主义者对一个精神的乌托邦的设计和想象,来设计和建设我们现实中的香格里拉。同样,如果我们想在西藏这一片美丽、高洁的土地上,寄托我们追求精神和物质成就的美好理想,实现我们中国人自己的梦想,我们就必须将我们的西藏梦和西方的"神话西藏"作彻底和完整的切割,彻底消除"神话西藏"给现实的西藏带来的种种虚无缥缈的幻影,脚踏实地地设计和建设一个将传统和现代完美结合、物质和精神完美结合、自然和人文完美结合的新西藏。

原刊于《中国民族》2013年第9期

25

今天我们仍然是香格里拉的囚徒吗？
——东方主义、内部的东方主义和东方主义的内化

一直以来，我自视为一位职业的语文学家，从事的都是有关西藏历史和佛教的语文学研究，很少探讨涉及与现当代现实政治相关的问题。语文学正如钱钟书先生所说，"大抵是荒江野老，屋中两三素心人议论之事"；同样，按照西方人的说法，语文学家是可以对拿破仑倒台或者俄罗斯革命都不闻不问，却依然枯坐在巴黎、圣彼得堡的图书馆中，怡然自得地看书做学问的那些人。我自然做不到那样的纯粹，没有能够像前辈语文学家们那样彻底地与世隔绝，时不时会被"朝市之显学""俗学"打扰。即使一直在研究古代的西藏，也难免会受当下的一些事情的影响。当然，再好的语文学家也从来不可能完全脱离政治、权力、利益与意识形态的影响。而与"香格里拉的囚徒"这一说法相关的讨论，是我这些年来在从事藏传佛教语文

我们还是香格里拉的囚徒吗？

学研究之余常常会思考的一个与现实相关的问题。需要说明的是，以下我对于"香格里拉的囚徒"这一问题的想法，基本上只是从文本到文本、从纸面到纸面的讨论，实际上，它们既不很现实，更不够深刻。

早在1990年代初，我就遭遇了"香格里拉"。那时我刚到西方留学，在德国波恩大学攻读中亚语文学（藏学）的博士学位。而20年前美国芝加哥大学出版社出版的一部名为《香格里拉的囚徒们：藏传佛教和西方》（*Prisoners of Shangri-la: Tibetan Buddhism and the West*）的著作，当时给了我天大的启发，让我知道什么才是"香格里拉"。这本书的作者是二世唐纳德·洛佩兹（Donald S. Lopez, Jr）先生，他是当今美国学界一位赫赫有名的大人物，是后殖民主义文化批判的大佬。（图25-1）当时我捧读那本书时，真是心潮澎湃，故至今记忆犹新。光阴飞逝，一转眼20年过去了。日前芝加哥大学出版社已隆重推出了该书出版20周年的纪念版，洛佩兹教授也为此书的新版写了新的导论。在以往这20年间，由《香格里拉的囚徒们》引发的讨论一直持续发酵着，不同学者对该书的赞扬或批判始终不绝于耳。20年之后重读这本《香格里拉的囚徒们》，再来反思今天的我们是否仍然还是"香格里拉的囚徒"，在我看来，还是一件十分现实和有意义的事情。

25 今天我们仍然是香格里拉的囚徒吗？

图 25-1　小唐纳德·洛佩兹

我们还是香格里拉的囚徒吗?

一、美国藏学的崛起与《香格里拉的囚徒们》的诞生

在讨论"香格里拉的囚徒们"这个主题之前,请让我先来回顾一下美国藏学的发展历程与基本面貌。美国藏学其实是很多元的,但这里要讨论的主要是在美国本土发展起来的那一支藏学队伍。为了和欧洲藏学的传统相区别,我称其为"美国本土藏学"。像大家很熟悉的范德康(Leonard van der Kuijp)先生,尽管一直在美国当教授,但他所秉持的仍是欧洲藏学的传统,而非美国本土藏学的那一套做法。美国本土藏学诞生之前的早期美国藏学,是由一些"天才的票友"们开创的,比如曾担任美国驻清朝公使的柔克义(William Woodville Rockhill,1854—1914)先生,他不只是主张对中国实现门户开放政策的著名外交家,同时也是西方最早写作与达赖喇嘛有关的论著的学者之一,也曾在蒙古、西藏等地区广作游历,他的贡献更多的是其本人的旅行经历的记录。柔克义之后美国藏学并没有立刻发展起来,此后的美国藏学长期由欧洲藏学家们主导,如在北京待过很长一段时间,并专门研究雍和宫的德国学者Ferdinand Lessing(1882—1961),最早研究苯教的德国学者Helmut Hoffmann(1912—1992),还有像印藏佛教语文学家

David Seyfort Ruegg（1931—　）等等，他们都是欧洲藏学家。就是今天，除了前面提到的哈佛大学教授范德康以外，美国还有不少研究藏学的学者，他们传承的依然是欧洲的藏学研究传统。

那么，美国本土藏学是何时诞生的呢？如果说欧洲的藏学研究始于亚历山大·乔玛（Körösi Csoma Sándor, 1784—1842），那么美国的藏学之父是格西旺杰（Geshe Wangyal, 1901—1983），此人是来自俄国的一位卡尔梅克蒙古喇嘛。二战之后，美国吸纳了一批卡尔梅克难民，格西旺杰是被美国人招来做这些蒙古难民们的"心灵牧师"的。在1950年代格西旺杰到达美国之前，他曾随沙俄间谍德尔智从俄罗斯经蒙古到拉萨，一度还曾在北京跟随钢和泰先生学习梵文，后来又担任过英国外交官查尔斯·贝尔（Charles Bell, 1870—1945）的翻译。可见，格西旺杰的个人经历相当复杂，并不是一位一心求法的喇嘛。到美国之后，格西旺杰在新泽西建立了一座美国最早的藏传佛教寺庙，并很快在大纽约地区产生了影响，一批对东方文化和藏传佛教感兴趣的美国人开始聚集在他的身边，其中至少出现了两位对美国本土藏学传统的建立举足轻重的重要人物，他们是罗伯特·瑟曼（Robert Thurman, 1941—　）和杰弗里·霍普金斯（Jeffery Hopkins, 1940—2024）。这两位弟子日后都成为魅力十足的大人物，比如瑟曼曾经在1995年被评为美国最具影响力的25位大人物之一，他的人生经历非常传奇，他写过一本名叫《内在的革命》(*Inner Revolution*)的自传，其中有详细和生动的讲述。瑟曼生长于二战末期，家庭饱受战争创伤，故从年轻时就开始苦苦地寻找人生的意义和出路，后来又经历了一次短暂和不成功的婚姻，情感受挫，所以从哈佛大学退学，来到新泽西跟随格西旺杰喇嘛学习藏传佛法。随后，他又去印度达兰萨拉跟随达赖喇嘛学法，并成为历史上的第一位白人出家喇嘛。不过出家一年多后，他就还俗回到美国，后来拿了博士学位，最终又成为哥伦比亚大学的教授，逐渐成为全美藏传佛教领域里最具号召力的人物。而霍普金斯同样也是从哈佛退学后来新泽西随格西旺杰学法的，其后也曾去印度随喇嘛们游学多年，再后来他到威斯康星大学创办了美国第一个佛教学的博士生项目。1973年，霍普金斯受聘到弗吉尼亚大学宗教系任教，在此建立了藏传佛教研究和教学中心，并长期担任达赖喇嘛的英文翻译。霍普金斯教授在弗吉尼亚大学培养了一大批藏学人才，现在在美国从事藏传佛教研究和教学的大学教授很多都是他的学生。可以说，瑟曼与霍普金斯共同奠定了当代美国本土藏学的基础。

以上对美国本土藏学的发展历程的回顾，对于我们今天

25 今天我们仍然是香格里拉的囚徒吗？

理解"香格里拉的囚徒"这一主题有何意义呢？我想借此说明的是，美国本土藏学产生的时代，大致也就是"嬉皮士"出现的时代，是一个流行性解放的时代，或者是一个被称为"New Age"的新时代。在这样的时代背景下，美国本土藏学家们学习藏传佛教无论是动机，还是学习的过程，往往都不是纯学术的、纯文化的，相反是一种"反文化"（counter culture）的表现。显而易见，最早接触藏传佛教的美国本土藏学家们身上一般都带有鲜明的"新时代"印记，他们对藏传佛教的热情其实就是新时代运动的一种典型标志。他们的学术兴趣往往集中在教法、仪轨，过于关注精神救赎，而不太重视严谨的学术研究规范，所以他们的作品经常并不是特别严格的学术著作。包括作为美国第一代本土藏学家的杰出代表瑟曼、霍普金斯等人，他们翻译的宗喀巴的著作经常文字十分优美，但缺乏像欧洲藏学著作那样严格的翻译规范，以至于读者有时不太容易判断这些翻译的章句源于何处，它们到底是宗喀巴大师本来的思想，还是传译者们自己的领会。

《香格里拉的囚徒们》的作者洛佩兹先生正是第一代美国本土藏学家最早的那批学生当中的一位杰出代表。洛佩兹1980年代初毕业于弗吉尼亚大学，此后长期在密西根大学任教。他很早就开始对美国本土藏学研究进行反思和批判，曾形容美国

我们还是香格里拉的囚徒吗？

第一代本土藏学家和他们的学生们为"拜倒在喇嘛脚下的"藏学家，认为他们对藏传佛教的研究并不是为了学术，而是为了追求和完成他们的一项"伟大使命"。在美国本土藏学诞生之前，藏传佛教时常被妖魔化，被西方学界看成是离原始佛教最远、最不正宗的佛教派别。但在第一代美国本土藏学家看来，藏传佛教是离佛陀最近、最正宗的派别，他们的伟大使命就是要将这个濒临灭绝的佛法传承下来。因此，第一代美国藏学家们会让他们的学生到印度去，拜倒在喇嘛们的脚下，把喇嘛们所传承的教法一字一句地记录下来，然后由他们带回西方，传承下去。洛佩兹自己就是这样开始其灿烂的藏传佛教研究生涯的，他曾在印度跟着著名的流亡喇嘛研究《心经》，和他们一起阅读《心经》的八个不同传轨的释论，让喇嘛们把《心经》的微言大义讲给他听，由他一句句地记录下来。洛佩兹在《香格里拉的囚徒们》一书中有一章题为"领域"（field），专门叙述美国本土藏学研究的历史，他对第一代美国藏学家们的研究方式冷嘲热讽，认为他们所做的工作不过是照搬了藏传佛教寺庙的基础教学方式罢了，是不学术的。在洛佩兹看来，自己在那里经过了十多年的训练，所获得的藏学学术能力仅仅相当于藏传佛教寺院里的十多岁的小喇嘛而已。

不过，洛佩兹本人实际上是美国学界极少见的一位"学术超男"。一般的美国教授一生就写两本书,通过第一本书拿到终身教职,第二本书拿到正教授,此后一生的学术历程也就差不多走完了。可是,洛佩兹截至目前自己著作的和由他主编的书已经出版有近四十本之多。洛佩兹的学术研究涉及好几个重要的研究领域,一是对《心经》等佛教经典的解读和研究;二是批判东方主义思想影响下的西方藏学和佛学研究;三是对根敦群培的研究;四是编著大量普及藏学和佛学的学术参考书,如对佛教词典、文集的编纂等。通过这些著作的出版,洛佩兹在世界宗教学界的影响非常大。顺便应该提到的是,洛佩兹的日本裔夫人Tomoko Masuzawa(增泽知子)教授也是一位在美国学界具有重要影响的人物,她的代表作是一本题为《世界宗教的创造》(*The Invention of World Religions*)的著作。总之,洛佩兹教授的学术影响并不限于佛教学界与藏学界,他在整个美国宗教学领域和后殖民主义文化批判领域都有着非常广泛的影响。

美国本土藏学在起步阶段由霍普金斯、瑟曼二位先生主导,但很快美国本土藏学的学术脉络就开始发生变化。如前所述,到了洛佩兹时代,美国本土藏学的面貌已经有所改变,开始对本土藏学进行反思和批判了。再往后,美国本土藏学则更加接近美国宗教研究的主流做法,只是相对而言,仍然与欧洲的语文学研究传统存在明显的差异。美国藏学与美国其他学术领域一样，比较重视研究范式和理论的建构。站在美国学界的立场上看，像欧洲学者那样去费力地译注一部经典的做法，大概连一个终身教职也难求得。美国本土藏学发展到今天已出现了一大批优秀学者，而不再像它创立初期那样脱离学术了。以克里斯钦·魏德迈（Christian Wedemeyer）教授为例，他从密教解释学的角度写作了一本名为《为密教正名：印度传统中的违规、符号学和历史》(*Making Sense of Tantric Buddhism: History, Semiology and Transgression in Indian Traditions*)的名作，从中可以看出他的语文学功底相当扎实，梵文、藏文也都很好。他此前还写过一篇文章，专门讨论宗喀巴著作中对梵文的引用，探讨宗喀巴对梵文的理解是否准确。从中不难看出，他从事的学术研究相当精深，一般人是很难做得到的。而且，魏德迈的理论水平也很高，他利用符号学的理论来解释密教中很多看起来很奇怪的修法，自成一家之言。像霍普金斯等人翻译藏传佛教经典的做法慢慢被新一代的美国本土藏学家们扬弃。如今，放眼美国藏学界，瑟曼、霍普金斯的弟子差不多把美国藏学界的知名人物"一网打尽"了。先说霍普金斯的弟子，除了洛佩兹，还有莱斯大学的Anne C. Klein、威廉姆斯学院的Georges Dreyfus、堪培拉国立大学的John Powers（他编写过《藏传佛教入门》的教科书)、中部密歇根大学的Guy Newland、研究中观的Elizabeth Napper、研究《西藏生死书》的Bryan Cuevas、研究在西藏的天主教传教士的Trent Pomplun等,还有一些是霍普金斯的再传弟子了,如Jacob Dalton,他是美国研究敦煌藏文文献的新星,此外还有耶鲁大学的Andrew Quintman等。瑟曼的弟子相对来说少一些,主要的弟子包括研究拉卜楞寺的Paul Nietupski、前面提到过的芝加哥大学的魏德迈,以及研究胜乐本续的David Gray、研究宁玛派大圆满法的John W. Pettit等等。上面提到的这批人就是目前美国本土藏学的主流人物,他们基本上都是从研究藏传佛教之教法和仪轨入手,逐步进入美国规范的宗教学研究领域,目前这些学者在国际上的影响越来越大。如果以严格的语文学角度来衡量的话,美国本土的藏学研究与欧洲、日本的印藏佛教研究尚有较远的一段距离,但美国本土藏学的优秀成果往往兼容语文学的严谨与哲学、思想的智慧,将朴学与理学更好地结合在一起,具有强烈的时代感与现实价值。因此,今天我们绝对不能小看美国本土藏学。

二、"香格里拉"的建构和解构

西方的西藏热从20世纪60、70年代开始一直持续至今天,

我们还是香格里拉的囚徒吗？

而90年代无疑是一个高峰。人们不断地将西藏和藏传佛教神话化，将西藏和藏传佛教抬高到了一个无以复加的地步。我在1990年代初去德国留学，攻读藏学博士学位。记得当时德国人初次遇见我时一般先会问我是中国人还是日本人，接着就会和我大谈一通西藏。在1990年代初的德国，人们对西藏的热爱和激情都特别强烈，甚至超过了我这个藏学博士生对西藏的热情。但我慢慢发现这种激情其实与西藏本身无关。不少西方人对西藏和藏传佛教的热爱，往往是建立在他们对西藏的误解和想象的基础之上的。比如在西方非常流行一部被称为《西藏生死书》的书，这本书在西藏本土并不那么有名，可很多次我去德国朋友家中做客，当他们向我炫耀他们家中收藏的一本与西藏有关的书时，十有八九都是这本《西藏生死书》。现在常听有人争论在西方最流行的来自东方的圣典到底是哪一部。有人说是《论语》，有人说是《道德经》或者《易经》，可是这几本书与《西藏生死书》在西方的流行程度相比，恐怕都是小巫见大巫。但是，这本《西藏生死书》对于大部分西藏人来说却是闻所未闻，藏传佛教徒只知道宁玛派所传的《中阴闻解脱》。即使在专业的藏学学者们看来，《中阴闻解脱》也并不是一部像宗喀巴大师的《菩提道次第广论》一样可以全面代表藏传佛教的经典之作。再如，有一年在法兰克福举办了一个西藏电影

25 今天我们仍然是香格里拉的囚徒吗?

节,主要播放一些涉及西藏的老电影,我专程从波恩赶去参加。我本以为这是一个小众的活动,没想到竟然场场爆满,让我十分惊讶。刚到德国时,我并不能理解西方人何以对西藏如此的狂热,直到几年之后,我逐渐意识到,西方人对西藏的这种热爱其实并非对真实的西藏和西藏文化的热爱,而不过是将西藏视为后现代的一个乌托邦,把西藏当作他们心中的一个理想世界来热爱。因此,西方对西藏的热爱是一种西方人对自身理想的热爱,并非对现实的西藏抱有切实的兴趣。

可是物极必反,就在1990年代,西方学界逐渐有人开始意识到神话化西藏这个现象的严重性了,有人开始利用萨义德的东方主义理论,对东方主义影响下的神话化西藏的潮流进行批判和清算。(图25-2)1996年,我在读的波恩大学中亚系的两位至今还没有毕业的博士生同学Thierry Dodin和Heinz Raether先生组织了一场题为"神话西藏"(Mythos Tibet)的国际性学术讨论会,对世界性的神话化西藏的思潮进行了讨论和批判。其中的参会代表就包括霍普金斯、瑟曼和洛佩兹等人,我也是在这一次会议上第一次亲眼见到了这三位美国本土藏学界的大神。那时使我感到十分惊讶的是,一大批原本为西藏和藏传佛教大唱赞歌的著名藏学学者们却开始批判起西藏和藏传佛教来了。像霍普金斯教授就在他的报告中指出,西藏和藏传佛教历

461

我们还是香格里拉的囚徒吗?

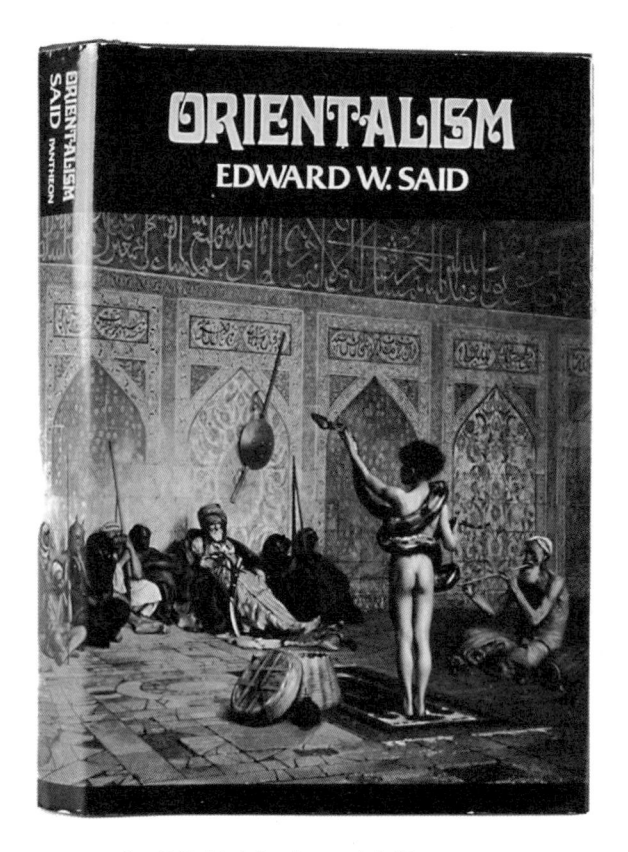

图25-2 萨义德著《东方主义》1978年初版

25 今天我们仍然是香格里拉的囚徒吗?

史上也存在过暴力,宗教派别之间的冲突和战争在藏传佛教史上并不罕见。洛佩兹则十分引人入胜地探讨了1950年代一位名叫塞诺思·霍斯金的爱尔兰人如何自称是藏人喇嘛的转世,先后写作了三篇关于西藏和他本人传奇经历的小说,这三部离奇的小说又是如何在西方引起一股"西藏热"的。按照他的叙述,这三篇小说的作者完全是一位爱尔兰的乡下人,对西藏几乎一无所知,可是正是这三篇小说,却对当代西方人的西藏观的塑造起了无与伦比的作用。同样也在这次会议上,有几位西方藏学家报告了历史上西方人是如何看待西藏的,他们的研究成果表明,历史上西方人绝大部分对西藏的印象都带有妖魔化的色彩。当时会议上种种有关想象西藏的热烈讨论对我的启发非常大,我也是在那时才豁然开朗,最终明白了为什么西方人对西藏会那样痴迷、狂热。此后不久,《香格里拉的囚徒们》就问世了。

《香格里拉的囚徒们》一书出版后,立刻引起了激烈的反响,尽管好评如潮,但同时也出现了很多批评的声音。很多热爱西藏和藏传佛教的人站出来激烈地批判这一著作,愤怒地指责洛佩兹责备受害者。洛佩兹当时曾戏言,他以为这本书出版后中国政府会来找他的麻烦,没想到倒是很多西方支持西藏的人来找他的麻烦了。《香格里拉的囚徒们》一书共有七章,第

我们还是香格里拉的囚徒吗?

一章讨论喇嘛教这一名称的由来,指出历史上的喇嘛教在汉地或西方都普遍不被视为佛教的正宗;接下来的第二章专门介绍了《西藏生死书》的流传与对该书的种种翻译和解释,指出其中对藏传佛教的种种挪用和歪曲;第三章讨论前文提到的关于爱尔兰人写作的三篇小说如何影响了西方人的西藏观的问题;第四章谈西方对六字真言的理解和吸收;第五章谈唐卡艺术,第六章谈美国藏传佛教研究领域的发展历史。通过上述各章,洛佩兹还原了西方人构建"香格里拉"的历程,于是在名为"囚牢"(Prison)的最后一章中,他提出了他写作这本书的一个最基本的观点:长期以来,西方人对西藏和藏传佛教的理解与西藏的实际情况相隔得很远,西方人接受和理解藏传佛教的历史实际上是西方人自己的社会史、文化史的一个组成部分,它是西方人自己的一部心灵史。无论是妖魔化还是神话化西藏,西方人对"香格里拉"的建构都是从西方人自己的关注和需要出发的,与东方的实际情况并无直接的关联。西方人的西藏观是建立在想象的基础之上的,他们对西藏的认识显然也是错误百出的。例如,西方人对达赖喇嘛和活佛转世制度的看法就是不断变化的,1970年代以前基本上是负面的,往往将其视为一个政治骗局,可是如今西方人对西藏和活佛转世制度的看法发生了巨大的变化。

25 今天我们仍然是香格里拉的囚徒吗？

显然，洛佩兹对当时流行世界的"香格里拉"神话提出了振聋发聩、发人深省的质疑和批判，他认为西方人构建出了一个后现代的乌托邦和精神家园，随后将全部的热情投入到了这个精神家园的建设之中。因此，那些号称热爱西藏和藏传佛教、积极支持"西藏事业"的西方人，事实上已经沦为"香格里拉"的囚徒了。西方人和达赖喇嘛等一起构建起了一整套于世界思想界和舆论界被普遍接受的"西藏话语"，即将西藏视为和平非暴力、环保绿色的标本，将西藏人称为一个精神的民族，西藏人追求的是宗教的解脱，而不是世俗的利益，西藏是一个男女平等的公平社会等等，总而言之，西藏就是一个"香格里拉"，是一个后现代的乌托邦。然而，这样的一个理想社会不但不是现实西藏的真实面目，也难以成为西藏未来发展的蓝图。而热爱和支持西藏的西方人却把这个虚幻的"香格里拉"当成了西藏，把他们的热情和理想都投注到了一个海市蜃楼般的梦幻泡影之中，这岂不是一件让人觉得有点可笑和难堪的事情。

西方人构建的这套"西藏话语"具有无比强大的渗透力，在它的影响之下，世人很难可以摆脱成为"香格里拉的囚徒"的宿命。像世上所有流行的"话语"一样，"西藏话语"具有无比强大的影响力，它完全左右了世人对西藏和藏传佛教的理

我们还是香格里拉的囚徒吗？

解。洛佩兹这部《香格里拉的囚徒们》的出版就是想让世人从梦中惊醒，让他们明白，当他们自以为是在为一个伟大的"西藏事业"而奋斗的时候，实际上不过是在为一个虚无缥缈的理想，一个后现代的乌托邦而奋斗。洛佩兹希望他们能够跳出他们自己为自己设置的这个囚牢，从今往后当他们要投身到"自由西藏"的运动中时，应当首先问问自己："我们依然还是香格里拉的囚徒吗？"应该问问自己："我们是真心在关心西藏？还是只是热爱和关心我们心中的那个香格里拉？"

《香格里拉的囚徒们》一书虽然只是一本学术专著，但它的影响力却超越了学术范畴。它不光是在藏学界、佛教学界，或后殖民主义文化批评领域，而且在整个知识界、文化界都具有重大的影响。虽然在它出版之后，很快受到了不少人的批评和质难，但我觉得此书的主调无疑值得肯定和赞赏，因为它明确指出了西方人普遍认可的西藏观念实际上是建立在他们对西藏和藏传佛教的简单的想象和构建之上的，这样的见解对于探讨现实的西藏问题具有重要的启发意义和参考价值。一个很迫切地摆在我们面前的问题是：如果香格里拉的神话破灭了，那么，还会有那么多西方人会关注西藏吗？他们还会继续对西藏有如此浓厚的兴趣吗？

三、"香格里拉神话"与东方主义和文化帝国主义

洛佩兹夫人Masuzawa（增泽）教授曾经一针见血地指出，詹姆斯·希尔顿（James Hilton）的小说《失落的地平线》（*Lost Horizon*）中对"香格里拉神话"的构建反映的是西方人意识深处的帝国主义和殖民主义梦想。西方帝国主义的形式是多样的，既有直接的军事征服和政治上、经济上的压迫与掠夺，也有通过对东西方形象的比照来实现他们对东方进行文化帝国主义的渗透。对东方进行与西方截然不同的形象制造，将西藏塑造为一个"和平、绿色、男女平等、精神、道德"的标杆，并要求西藏按照这样的标签、这样的形象塑造来发展，这实际上就是西方将其文化帝国主义强加给西藏的一个标志性特征。塑造了香格里拉形象的小说《消失的地平线》本质上是一部文化帝国主义的典型著作。所以，只有打破香格里拉的神话，我们才能真正与西方就现实的西藏的进步和发展进行建设性的对话，倘若香格里拉的神话不被揭穿，现实的西藏将始终被掩盖和抹杀。

洛佩兹的《香格里拉的囚徒们》一书的出版无论在国际学术界，还是在弥漫着西藏热的整个国际社会，无疑都像是刮过

了一阵旋风。赞赏也好，批评也罢，从此人们大概都无法不记得香格里拉和"香格里拉的囚徒"这两个概念了。既然香格里拉的神话已被洛佩兹先生揭穿了，那从此我们应该回归和关心现实的西藏了。岁月荏苒，一转眼竟然已经20年过去了。回望这过去了的20年，我们不难发现关于香格里拉和"香格里拉的囚徒"的讨论似乎一直就没有停止过，十多年前我曾天真地以为从此我们就将和"香格里拉"说拜拜了，可是今天我们却很绝望地发现西方人根本就没有从香格里拉这个囚牢中突围而出，《香格里拉的囚徒们》一书带来的实际影响原来是十分有限的。眼下流行的西方人关于西藏的主流话语、关于香格里拉的建构和想象，与20年前相比较，几乎是没有什么变化的。如果说它们之间或有所不同的话，那么我觉得在20世纪的90年代，西方人对西藏的关注更多表现为一种自下而上的群众运动，或者说是一种基于民间的社会文化运动，而现在似乎西藏成为一种更受上层关注的政治议题。比较而言，眼下的西方大国政府比以前更经常把西藏作为一个政治和外交议题，西方民间社会对藏传佛教的热度似乎反而没有以前那么高了。但总体说来，西方社会对西藏和藏传佛教的态度和认知，与以前相比都没有特别明显的改变。不要说民间的西藏形象在这20年间并没有发生根本性的改变，即使是美国学术界今天对西藏和藏传

25 今天我们仍然是香格里拉的囚徒吗？

佛教的研究，从方法到成果，也依然还有人继续延续着在"新时代运动"背景下产生的美国本土藏学奠基者们设定的学术传统。甚至，若我们回过头来看看洛佩兹本人的学术研究——其中最为突出的成就当然是他对东方主义影响下的西方西藏形象和西藏研究的批判——其西藏和藏传佛教研究或许也是被别人批判的对象。他的藏传佛教研究与他的老师霍普金斯实际上没有本质的差别。特别是洛佩兹对根敦群培的研究，基本上又是一个造神运动。他所著的《疯子的中道》一书，塑造了一个于佛教思想史上具有革命性意义的现代知识分子根敦群培，这与历史上真实的根敦群培只怕还有不少的距离。洛佩兹习惯于批判他的学术前辈，批判西方藏学先驱、泰斗如乔玛、图齐等人为法西斯分子、殖民主义者等等，但是从洛佩兹的研究看，他的学术关注与现实中的西藏渐行渐远，他真正的关注点并不是西藏，而是西方。谁敢说洛佩兹身上真的就没有东方主义的气息了？

值得指出的是，《香格里拉的囚徒们》也并不是无懈可击的，以往有些学者对它的批判十分准确和深刻，值得我们借鉴。《香格里拉的囚徒们》犯了一个在东方主义理论指导下所进行的后殖民主义文化批判通常会犯的一个毛病，即在解构东方主义影响下西方人对东方的建构的同时，也把东方本身一起给解构掉了。所以，瑟曼先生在情绪化地批评《香格里拉的囚徒们》时就曾这样说过，读了洛佩兹的这本书之后，还有谁会对西藏和藏传佛教产生和保持热爱呢？《香格里拉的囚徒们》本来是在批判西方人对西藏和藏传佛教的建构，然而我们读着读着就觉得它是在批判西藏和藏传佛教本身了。问题明明是因为西方将西藏建构成为"香格里拉"而造成的，但读《香格里拉的囚徒们》时经常会让人觉得反倒是藏传佛教本身出了问题。所以，瑟曼指责洛佩兹是在责备受害者，在将西方对藏传佛教进行想象和建构的责任归于藏人和藏传佛教本身。还有学者认为洛佩兹夸大了东方主义的影响，指出他以封闭的眼光将西藏固化为一种一成不变的实体。《香格里拉的囚徒们》虽然指出了"拜倒在喇嘛脚下的"藏学家们的种种问题，解构了东方主义影响下的美国藏学和藏传佛教研究，但却没有为读者和学界提供一种认识、理解西藏和藏传佛教的新眼光、新方法，没有提供东方主义之外的一种可取的学术道路。

四、内部的东方主义与香格里拉神话

放眼当下，"香格里拉的囚徒"反而越来越多了。香格里拉的囚徒已经不仅仅只在西方，在汉地、在西藏，香格里拉的神话越来越深入人心，香格里拉的囚徒们也就变得越来越多

25 今天我们仍然是香格里拉的囚徒吗?

了。1990年代时,一位名叫Louisa Schein的美国人类学家曾经写过一篇很有意思的文章,题为"中国的性别和内部的东方主义"(Gender and Internal Orientalism in China),谈的是1980年代作者在云南、贵州进行田野调查时发现汉族在看待少数民族及其文化时普遍存在有一种被她称为"内部的东方主义"的倾向。与西方人看东方类似,一部分汉族知识分子往往也倾向于寻找和表述少数民族的异域情调,并在此基础上对少数民族及其文化赋予特定的标签,比如对少数民族"能歌善舞"认知的形成等等。汉人去民族地区采风时,总是希望少数民族穿上自己民族的服装,跳起自己民族的舞蹈,把他们的异域情调充分地表现出来。可是,即使在1980年代,少数民族中有很多人在生活方式上与汉族实际上已经没有特别明显的差别了,所谓异域情调很多是那些汉族文人们想象和构建出来的。20世纪80年代开始,汉族文人的"内部的东方主义"倾向在云南等西南民族地区表现得较为明显,这种倾向目前在西藏也非常盛行,而且愈演愈烈。

我曾经写文章谈到,想象西藏是一个几百年来一直都在持续进行的文化工程,尽管如今我们坐火车、飞机前往西藏已经很方便了,但我们对西藏的想象却一直没有停止。很多人到西藏后看到的依然不是一个真实的西藏,而是自己想象的那个西

我们还是香格里拉的囚徒吗？

藏，去西藏不过是为了验证自己对西藏的种种想象。在中国古代历史上，汉族对西藏的想象非常明显和富有特色。我过去研究过元代藏传佛教和喇嘛们在汉文文献中的形象，发现元代汉人明显地将藏传佛教色情化、巫化、野蛮化，这样一种趋势在中国古代历史上持续了很长一段时间。然而最近几十年来，巫化西藏的趋势完全改变了，藏传佛教被神话化，汉人对西藏的想象走向了另一极端。

眼下有这样一种说法，说如今北京朝阳区有十万，甚至三十万仁波切。这个说法显然非常夸张，有点危言耸听，但说北京有不少仁波切，或者北京有大量藏传佛教的信徒或者粉丝，则肯定是事实，藏传佛教于汉地被严重神秘化和神话化也是一个基本的事实。在明代永乐年间，皇帝很相信藏传佛教，容许喇嘛在北京长住，据说当时居住在北京的喇嘛共有2 000多人，就引起了言臣们的激烈批评。而眼下在北京居住的喇嘛们应该至少超过这个数，他们在北京受到的礼遇和追捧也是前所未有的。20世纪60、70年代从北美开始的西方人对藏传佛教的神话化和痴迷程度，跟当下大陆的情况相比，实在是小巫见大巫了。"香格里拉"的热度眼下在中国似乎已经远远超过了它在西方的热度。我们看到，当代各界都有不少明星据称都成了藏传佛教的信徒，不少企业家、有钱人，互相之间都喜欢自

25 今天我们仍然是香格里拉的囚徒吗?

称为某活佛门下的师兄弟。而六世达赖喇嘛则被捧为空前绝后的情圣,他的情歌被篡改、演绎成为让世人迷醉的情感鸡汤。几年前,我曾写过文章呼吁大家要破除对六世达赖喇嘛和他的情歌的盲目崇拜,还他们的本来面目。可是,我的声音实在是太微弱了。玛吉阿米其实不过是一个被捏造出来的情人,并非历史上真正有过的人物,但是世人对玛吉阿米的故事依然津津乐道,并大多信以为真。市面上流行的很多六世达赖喇嘛的情歌事实上都并非出自六世达赖喇嘛之手,但六世达赖喇嘛情歌的各种各样的新译、新版还是一本接着一本的出版,世人也依然读得如痴如醉,柔情满怀。(图25-3)

值得指出的是,当代中国大众传媒对西藏的宣传和想象,特别是对藏传佛教的宣传,显然受到了东方主义影响下的西方"西藏话语"的深刻影响,有些甚至是全部照搬的。西方盛行的这套"西藏话语"很大程度上已经在中国被很普遍地内化了。尽管,一方面我们很激烈地批判西方对西藏的种种想象和偏见,另一方面我们却深受其影响,自觉不自觉地把西方的这套话语照搬了过来。比如,为了旅游宣传和其他经济和商业利益等,早在1990年代云南的中甸就被更名为香格里拉了。甚至在对西藏未来发展之蓝图设计中,我们也能看见"香格里拉"的影子。去年网络媒体上曾有一条消息,说国家将把整个青藏

我们还是香格里拉的囚徒吗?

图25-3　六世达赖喇嘛仓央嘉措

高原建设成为一个国家级的自然保护区了,即是说要把整个青藏高原转化为"香格里拉"了。再如前不久流行的一部电影,名为《冈仁波齐》,曾经产生了不小的议论和影响。很快这部电影受到了现在就读于哥伦比亚大学的一位海外藏族博士生的批判,认为其中的东方主义气氛过于浓厚了。1997年,好莱坞拍了两部与西藏有关的电影,一部叫Kundun,展示的是十四世达赖喇嘛年轻时的生活经历,另一部叫《在藏七年》(*Seven Years in Tibet*),讲的是纳粹分子、奥地利登山运动员Heinrich Harrer二战期间在西藏七年生活的故事。这两部电影都是非常典型的西方的东方主义的作品,其中的情节设计和语言凸显出东方主义影响下的西方的西藏话语和西藏形象。当时我坐在电影院里看这两部电影时,基本上是听了前一句,就能想象到后一句应该怎么说。而眼下我们看国内出版的有关西藏的影视或者文学作品,我同样也会产生这种感觉了,"内部的东方主义"已经无处不在了。不可否认,国人眼下对于西藏和藏传佛教的认识和宣传,在不知不觉中已经深刻地受到了"香格里拉"神话的影响。

五、东方主义的内化与香格里拉神话

最后,我们来看看藏族同胞们自己今天又是如何看待西藏，如何看待藏传佛教的。需要说明的是，对此我并没有做过深入细致的调查研究，所以，没有太多的发言权。而且，我也明白，我不应该，也没有资格代替他们发声，我非常期待很快有藏族学者们自己来研究和讨论这个问题。在此我只想谈一点我自己经历和观察所得到的经验和体会。我第一次去西藏游学是在1988年，就我当时接触到的西藏学术同行、前辈而言，我感觉到1988年的西藏同当时的内地一样，很多人都对自己民族的传统文化持明显的批判态度，都在谈应该怎样破除传统文化的负面影响，以促进本民族之政治、经济、文化和科技的发展。当时有一部名叫《河殇》的纪录片非常流行，当时大家的一个普遍的焦虑是，百余年来中国落后挨打，如今更到了要被开除球籍的地步了，而导致我们落后、不发达的一个最重要的原因就是中国传统文化的包袱、负担太沉重了，只有丢掉传统文化这个沉重的负担，中国才能走上繁荣富强的道路。所以，"中国文化到了该终结的时候了"，只有抛弃"黄色文明"，拥抱"蔚蓝色的大海"，我们这个民族才能得到新的活力。这个思潮在80年代中后期非常活跃和流行，后来受到了批判。我首次去西藏时，发现很多西藏知识分子同样有与汉族知识分子类似的焦虑和想法。虽然，藏族的传统文化已经在"文革"时期遭受了十分严重的破坏，但一些藏族的知识精英们也依然会将

25　今天我们仍然是香格里拉的囚徒吗？

西藏落后的原因归结为藏族传统文化的束缚，认为藏族对藏传佛教的信仰是西藏人民积极发展社会、经济和科技，实现四个现代化的巨大障碍。

与1980年代的情况截然不同，也与当下内地汉族知识分子的情况类似，现今一批藏族知识分子对本民族的传统文化的态度同样发生了180度的大转变。与世界其他地区一样，西藏也卷入了全球化的洪流之中，随着经济的迅速发展和社会面貌的巨大改变，藏族同胞开始越来越关心、热爱和保护自己的传统民族文化。因为全球化的影响力实在太强，对于相对弱小的民族和文化传统而言，它们所面临的冲击十分巨大。今天，即便像汉族文化这样拥有超大人口数目的文化实体也遭受到了很大的挑战，汉族的传统文化也没有多少内容被延续下来了，所以，今天不断有人呼吁和鼓励要复兴"国学"，传承传统文化。对于藏族文化而言，受到全球化的冲击和影响显然也非常猛烈。在全球化这一大背景下，各民族都在强化自己的民族和文化认同，对自己的民族和文化传统的感情越来越强烈，这是一个完全可以理解的现象。1996年，我曾在德国听过一位著名的海外藏胞作家的演讲，他很激烈地批判全球化，说20年以后，世界不同地区和民族之间的区别也许就是有些人喜欢喝可口可乐，有些人喜欢喝百事可乐。当时我听了觉得十分形象，但没想到这样的预言真的会成为现实。可见,全球化给每个民族、每个人的影响都是巨大的,如果藏族不关心自己民族文化的延续和发展,那么民族文化消亡的危险是十分巨大的。这个时候,如何构建自身的民族文化认同也就自然成为一件迫在眉睫的事情了。

在设计和定位自身的民族文化的过程中,我们往往都会犯一个错误,就是为了确立自己独特的民族身份和文化认同而刻意建构和制造自己的民族文化传统。研究近现代民族国家及其文化历史的历史学家们常常用到的一个概念是"Invention of tradition",即"传统的创造",我们研究各民族、国家和地区的历史时,常常发现不少被认为自古以来就有的伟大传统,实际上并不是古已有之的,其中有不少就是在近现代确立民族、国家认同时被人为地建构和创造出来的。为了显示自我的独特性(uniqueness),显示自己的与众不同,我们构建和创造了太多各种各样的传统。放眼当下中国,大部分的地区或者族群,出于各种各样的原因,都或多或少地在进行对自己的过去和传统的建构和创造,打造出自己与众不同的特色。比如,宁波跟绍兴当然是不一样的,绍兴又一定跟苏州不一样,苏州也不能跟上海一样等等。为了建构自己与众不同的特色,不知道有多少这样或那样的传统被人为地创造了出来。

25 今天我们仍然是香格里拉的囚徒吗？

同样，不管是作为一个整体的西藏和藏族，还是西藏和藏区的不同地域和不同的宗教派别，也都在积极地寻找和发现自己所在的这个地区之自然环境、族群和宗教传统的与众不同的特色，以建构起自己独特的传统和认同。（图25-4）但有一个不可忽略的现象是，在界定和建构西藏的民族和文化认同时，不难看出有一种有意或无意的"自我香格里拉化"的倾向。很多时候甚至直接把西方建构的"香格里拉"理想照搬过来了，很乐意按照这种理想化了的西藏形象而自我东方化。有人甚至认为，西方构建的"香格里拉"就是真实的西藏，甚至真实的西藏比"香格里拉"更好，所以完全按照"香格里拉"这一套东西来构建自己的文化和民族认同。尽管洛佩兹20年前就批判过香格里拉，可是这套东西早已深入人心。如果今天我们发现，西藏人和世界上所有人一样，并不只追求精神的自由和解脱，西藏人也要喝啤酒、吃肉，那么，这就不符合香格里拉的设想了，于是西藏人就会失去他们的民族文化的优越性了。因此，在构建藏族文化认同时，自觉或不自觉地自我东方化是一种可以理解的现象。过去，藏族学者们对于他们的民族宗教文化的态度相对开明和宽容，很多宗教问题都是可以进行讨论和批评的，现在好像变得没那么开明和宽容了，经常有中西方的藏学家们被藏族同胞批判为根本不懂西藏和西藏宗教文化。需

我们还是香格里拉的囚徒吗?

图25-4 "表演西藏人的认同"摄影展

25 今天我们仍然是香格里拉的囚徒吗？

要思考的是，西藏的文化传统是否只有西藏人自己才能理解呢？作为身处西藏之外，但长期研究西藏的专业学者来说，是否仅仅因为他们不是西藏人的身份就丧失了理解西藏和藏传佛教的可能了呢？

前段时间读到前国际藏学研究会主席、美国哈佛大学教授Janet Gyatsho先生的一个报告，对这种被她称为"文化主义"（culturalism）的现象提出了批评，她说佛教本身是从印度和汉地传入西藏的，世界文明也有许多共性，为什么外人就一定不懂西藏和藏传佛教了呢？像她这样学习和研究藏文文献和藏传佛教达四十余年之久的美国藏学家，应该也对藏传佛教和西藏文化有一定的发言权吧？说外人一定不懂西藏，有时是在构建自己民族文化传统之身份认同时的一种不理智的排斥行为。洛佩兹先生曾经提过一个观点，认为塑造香格里拉神话，很多时候不一定有利西藏和藏传佛教文化的发展，有时反而是很不利的，因为话语霸权的力量常常过于强大，被话语霸权长期压制就会产生负面的效果。比如，将藏传佛教塑造为心灵鸡汤，一时可能会吸引很多人，实际上大多数所谓"关心"藏传佛教的发烧友们，关心的无非就是加持、神通之类的东西，但在这过程中，甚深和广大的藏传佛教传统本身却很容易就被忽视了。对"香格里拉"的迷恋可能改变和损害藏传佛教的传统，使西藏和藏传佛教失去其本来的面目。

总而言之，香格里拉从来就不是一个西藏人的乐园，而是一个帝国主义、殖民主义的乐园。在《消失的地平线》中，香格里拉的统治者是天主教徒，香格里拉的居民大部分也不是藏族同胞，藏族同胞更多是住在"蓝月谷"的山脚下替西方人服务的下层老百姓。而且，传说中的香格里拉遍地是黄金，所以香格里拉的居民不需要从事任何物质生产，就能享受荣华富贵和高尚的精神生活。显然，现实的西藏永远不可能成为西方人想象中的那个"香格里拉"，我们不应该把"香格里拉"这个后现代的乌托邦内化为我们对现实西藏的理想，相反，在确立西藏之传统和身份认同时，在为现实西藏的发展设计宏伟蓝图时，我们应该彻底地去除香格里拉的幻影。（图25-5）

在讲座结束后的互动环节，不少师生就如何走出香格里拉的迷雾与沈卫荣教授进行了深入的互动。

Q：对于西方而言，与西方异质的文明有很多，为什么最终西方热衷于将西藏塑造为"香格里拉"，是不是西藏文明自身具有某些特质符合西方的期待？

A：西方人对西藏的认识并不是一成不变的，西方人对西

25 今天我们仍然是香格里拉的囚徒吗？

图25-5 香格里拉

我们还是香格里拉的囚徒吗？

藏的早期认识基本上是妖魔化的，只是到了近代，西藏的形象才开始发生了根本性的改变。当然，西藏的地理和人文都确实有它的特殊性。西藏的地理环境被视为"第三极"，对于一般人而言难以到达，这使其具有神秘性。另外，西藏的文化与世界上任何其他文化相比也都有一些特别之处，当受到现代性困扰的西方人发现西藏和藏传佛教的与众不同的特点时，他们通过神话化西藏和藏传佛教的方式来满足自己的期待，所以选择西藏作为香格里拉的原型。

Q：既然人人都可能是香格里拉的囚徒，那么怎样才能更加深入地了解西藏呢？

A：对于一个研究者来说，首先应当从藏语文学习开始，逐步进入到文本的研究，打好语文学基础。藏学研究必须回到西藏，回到藏传佛教和西藏文化本身，而不是在某种主义或者思想影响下来对西藏和藏传佛教进行一种新的建构。不过，正像洛佩兹受到的批评一样，解构香格里拉并非难事，但如何建立起一种新的学术路径来正确地认识西藏文明却并不简单。至少，我们能够意识到香格里拉的迷雾对我们认识西藏造成障碍这就已经迈出了重要的一步。我自己研究藏传密教，曾试图向公众说明藏传密教并非像人想象的那样，藏传密教不是为了神通，也不是为了双修。类似的研究或有助于大家破除对西藏的

25 今天我们仍然是香格里拉的囚徒吗？

误解。我认为了解西藏、研究藏传佛教应当回归学术的层面，从事藏学研究不是为了在意识形态指导下建构某种理解，而是要把西藏和藏传佛教丰富多彩的面貌介绍给公众。

Q：历史上，除了他者对我者的想象之外，也有我者对自身的想象。比如，您在《想象西藏》一书中提到藏传佛教中关于桑耶僧诤的记载就存在基于宗教需要而建构历史的嫌疑。在此前提下，西藏的自我想象是否也影响到了他者对西藏的了解？

A：这是显而易见的。西藏的历史书写基本上受佛教史观的掌控，在11世纪以后出现的西藏历史书写中，我们很难找到完全世俗而未受佛教影响的内容。可见，西藏的"历史"并不是绝对的一手史料，而是系统化、佛教化的历史书写，它们并非历史事实本身。因受佛教世界观的影响，西藏的历史书写基本上遵循由腐败、堕落到改革的循环模式。按照佛教的世界观，世界总是每况愈下逐渐变坏的，当世界糟糕到一定程度就需要有人来拯救。具体来说，就是由释迦牟尼到龙树菩萨，由龙树菩萨到莲花生再到阿底峡、宗喀巴依次降世拯救人间的过程。可历史事实真的就如佛教史家所建构的那样吗？历史上的宗喀巴真的就是我们今天所认为的那样是注重维持佛教戒律的宗教改革家吗？答案是否定的。包括对和尚摩诃衍形象的塑造，也是基于藏传佛教自身发展的需要。11世纪以后，藏传佛教认为西藏已成为佛教的"中国"，印度的佛教已经消亡，汉地的禅宗不是佛教的正统，在这种情况下，藏传佛教基于排斥其他佛教派别的心理，对桑耶僧诤的历史进行改写也就顺理成章了。显然，无论是历史上，还是现实中，自我想象都是客观存在的，它也对外人认识和理解西藏和藏传佛教有很大的影响，自我想象和他者想象相辅相成。

Q：在藏族心中，香巴拉是一个重要概念。香巴拉与香格里拉之间是一种怎样的关系？有人认为，香格里拉一词的来源可能跟彝语或其他语言有关，您怎样看香格里拉一词的来源？此外，除了藏族在全球化潮流中存在回归传统的趋向，汉族或其他民族也同样有类似的情况，比如穿汉服，举办汉字书写大赛。由此可知，各民族文化认同的塑造与自我东方化趋向的种种表象背后展现出了一种共性。

A：香格里拉一词跟藏语或其他语言应该完全没有关系，这一概念也与香巴拉无关，而是詹姆斯·希尔顿凭空创造出来的一个词汇。我觉得香格里拉的流行，对香巴拉的信仰是有负面影响的。如果我们神往香格里拉，生活在香格里拉的阴影下，那么我们很容易就会忘记香巴拉。至于你提到汉人对传统文化的重塑，我完全同意你的说法，它与对西藏的香格里拉式的重塑异曲同工。我认为出现这样一种带有共性的现象是可以理解的,但是我们必须防止民族主义倾向绑架我们对优秀传统文化的维持。我在中国人民大学国学院工作时一直强调,国学绝对不只是四书五经,国学不只是汉文化,藏学、蒙古学和西域研究等也都是国学研究的一部分。把国学变成四书五经,这就有点大汉族主义了,它是非常有害的。汉族跟当下世界上其他族群一样,在强调自己文化优越性时往往也会掺杂着一点民族主义的情绪。一味展示自身文化优越性而不客观地评价和批评自己传统文化中的糟粕,这并不是对自己优秀传统文化的珍视,而是民族主义思潮在作祟。在全球化影响下,各民族强化文化认同、弘扬民族文化的行为本身并不是坏事,但在弘扬自己传统文化的过程中掺杂了过多民族主义的成分就有可能掩盖或压制其他优秀文化的价值。比如,近年来比较流行谈中华文化的传播与输出,然而经常人们在谈"中华文化"时,实际上说的就是汉文化,这是不正确的。既然要传播中华文化,为什么不对西藏文化、蒙古文化等等同样给予应有的关注呢?所以,我们不光要警惕自己成为"香格里拉的囚徒",同样也要警惕自己成为"炎黄子孙的囚徒"。

Q:在讨论有关"想象西藏"的议题时,是否还需要对学界和一般大众进行区分?单就学术研究而言,中西方研究存在很大的差异，西方学者可能更重视理论建构，中国学者则更重视实证，关注实证的中国藏学界似乎没有太强的香格里拉情结。沈教授您近年来在很多场合呼吁回归语文学，我想这可能是针对学术界的，但对普通大众来说，也许没有太多的必要。

A：首先，不能简单地将中国藏学看做是实证的，而将西方藏学看做是想象的。西方藏学，特别是早期的藏学，对语文学是极为重视的。何谓"Tibetology"，本身就意味着是对西藏的语文学研究，是对西藏的语文和文献、文化的研究，所以，早期西方藏学家大多是从事对藏文文本的实证研究。不过，语文学家对于时代思想或意识形态并不是免疫的，他们从事学术研究也会受到他们所处的时代的思想、观念的影响。所以，无论是中国学者还是西方学者，他们从事藏学研究都会受到各自政治观念、意识形态的影响，他们都有自己的视角，受自己的情感与意识倾向的影响。即使像世界最伟大的藏学家、意大利杰出学者图齐先生，他在从事藏学研究时也不可避免地受到了当时的纳粹意识形态的影响，宣传过日本军国主义。而德国早期的藏学家也曾对日耳曼民族的建构和宣传雅利安人的优越性做过特殊的贡献。

至于大众和学界的关系，有时是相辅相成、推波助澜的。我前面讲过，美国藏学传统的形成与美国的新时代运动有很大的关系,而藏学家们也为香格里拉神话的形成作出了巨大的贡献。当然,严肃的藏传佛教研究本来可以起到祛魅的作用,比如,越来越多热衷于藏传佛教的人,倾向于将藏传佛教转化为心灵鸡汤,以为自己不需要经过长期的训练就能修行,取得成就。可是,当藏学家们告诉他们藏传佛教是多么的甚深和广大,学习藏文、修习藏传佛教是多么艰辛和精深的一件事时,很多人大概也就不会盲目地将藏传佛教视作心灵鸡汤了。当然,我们不能夸大学界对大众的影响,如前所述洛佩兹的书问世20年了,香格里拉的囚徒也不见减少了。但是,大众的认识也是会变化的,当社会发展到另一个阶段,许多原本非常有热度的东西自然慢慢会被淡化的,甚至可能走向另一个极端。比如,中国形象在西方也是不断变化的,既有好的时候,也有不好的时候。现在西方人脑海中一切好的东西都在西藏,一切坏的东西都在汉地,这种认识再过一二十年肯定又会改变的。

Q:作为一种心灵的慰藉,西方对西藏的想象不能说完全没有价值。对于深受现代性和后现代困扰的当代人来说,通过传统文化解决现代人面临的问题是否也是一种值得参考的做法?

A:如果弘扬国学能使当代人的道德、性情都有所提升,那何乐而不为呢?哪怕这是一种制造出来的传统,也仍是有价值的。不过，作为学者，应该客观和严肃地对待传统文化，至少不能将本来是糟粕的东西说成精华。在20世纪六七十年代，西方人对藏传佛教极度推崇，所造成的影响并非全是正面的。例如，有人将《西藏生死书》改变为食用迷幻药LSD的指南书，认为吃了迷幻药后所见到的场景就是《西藏生死书》中所描写的场景，所以食用迷幻药也可以让人成佛。这显然是很可笑的。我觉得夸大传统文化的价值未必能对我们解决现代人所面临的问题有真正的帮助。当下的"国学热"让小学生们背诵《弟子规》、穿汉服复古等等，其实也跟西方人曾经对东方神秘文化的盲目崇拜类似，这是毫无意义的行为。至于发掘传统文化中的优秀成分，用它们来激励自己、陶冶自己的道德情操，则无疑是有益的，哪怕有一点想象的成分也仍值得肯定。

本文系任柏宗先生根据沈卫荣教授2018年9月13日于四川大学西部边疆中心讲座录音整理而成，本书又对整理稿做了修改订正

26

他乡甘露：藏学家的学术和心路历程
——访知名学者沈卫荣教授

泽仁曲措：首先想请老师谈一下您是如何与藏学研究结缘的？

沈卫荣：我是1984年9月从南京大学历史系来到中央民族学院藏族【学】研究所，随王尧老师学习藏语文，开始和藏学结缘的，迄今已经整整四十年了。当时，我是学习蒙元史的硕士研究生，我的老师陈得芝教授建议我研究元代西藏历史，派我到民院随王尧老师学习藏语文，希望我能够利用藏文历史资料来研究元代西藏史。在王尧老师的感召下，我很快对藏学充满了憧憬，虽然在民院学习仅一年时间，对藏语文的掌握非常基础，但在这段时间内随王老师学到了很多东西，也做了不少事，接触了不少藏学大家，翻译了许多西方藏学家的学术论文，对藏学这门学问有了基本的了解。回到南京大学后，我于

我们还是香格里拉的囚徒吗？

1986年7月完成了题为《元代乌思藏十三万户研究》的硕士论文。1990年初，我远赴德国波恩大学中亚系攻读博士学位，主修藏学，1998年完成了题为《第一世达赖喇嘛根敦珠的生平和历史地位》的博士论文，获得了波恩大学中亚语文学【藏学】博士学位。以后，在世界很多不同的学术机构从事不同学科的教学和科研工作，但我的学术主业从来都是藏学。2006年初，我从海外归国，入职中国人民大学国学院，筹建西域历史语言研究所，从事西藏历史和佛教的教学和研究工作。2014年，我开始在清华大学人文与社会科学高等研究所和中文系工作，主持少数民族语文学科，依然从事藏学研究工作。去年5月，我在清华大学人文学院主持建立了"汉藏佛学研究中心"。

泽仁曲措：老师您在30多年前开始了有关藏文史籍的相关研究，罗列了诸多藏文史籍对西藏史研究的重要价值和意义，并指出汉藏文献互为印证的重要性，您能否谈谈藏族史学家的叙事方式以及汉藏史籍如何共同建构历史？

沈卫荣：近一百年前，傅斯年先生曾经说过：史学就是史料学，历史研究就是要比较不同的史料。他的这种历史观和史学方法论对我有很大的影响，我做西藏历史研究就是去比较藏、汉文的不同的史料。做西藏历史研究首先要利用藏文历史文献资料，藏文史籍对于西藏历史研究的价值是任何其他语文的历史资料所无法相比和取代的。当年我做元代西藏史研究,所依靠的最重要的史料是当时刚刚能被我们利用的一部藏文历史名著《汉藏史集》(*rGya bod yig tshang*),如果当时我没能利用这部藏文文献,那么我就没法对元代西藏史提出任何新的观点,我的硕士论文也就根本没法完成。但是,《汉藏史集》这样的藏文史著在藏文历史类著作中其实是非常少见的,大部分藏文历史著作都是彻底的佛教化了的作品,它们对于西藏历史的记载和描述都是按照佛教史观重新建构和塑造出来的,它们都是佛教化了的历史叙事,离真实的历史相当遥远。所以,研究西藏历史,特别需要我们充分地比较不同性质的史料,真的要抽丝剥茧,先剥离其佛教化的外壳,才能找出其历史的内核,否则,我们将会完全被佛教化了的历史叙事左右,这是无法做好西藏历史研究的。至于汉文史料对于西藏历史研究,特别是对于研究西藏地方和中央政府关系的历史,或者说研究中央王朝如何经略和统治西藏地方的历史,其重要性是不言而喻的。与藏文史书相比,汉文史料较少佛教化的内容,很多记载更加直接,提供的历史信息更多。值得强调的是,有能力利用藏汉文两种历史文献资料,并对它们进行比较研究,这是中国学者从事西藏历史研究的一种学术优势,我们应该充分利用这个优势,做好西藏历史研究。但是,研究西藏历史最重要的史料必须是丰富和多样的藏文文献，如果只能利用汉文文献来研究西藏历史，这是不可想象的。

泽仁曲措：老师就蒙元史的叙事和话语建构提出了自己的观点，提到"在蒙元史研究这一领域，中国学者似乎在世界范围内失去了'话语权'"，您认为是什么因素导致了这一局面？具体而言，我国的蒙元史专家应如何建立一套自己的蒙元史话语体系？

沈卫荣：多年前，我出版过一本小书，题为《大元史与新清史》，对西方和日本学者对蒙元史和清史的研究做了一些批判性的评论。关于蒙元史研究，我主要是对在西方学者以全球史观建构起来的一套新的蒙元历史叙事做了批评，认为它们并没有对蒙元史研究本身有什么新的实质性的贡献，而只是在后现代主义对蒙古帝国和成吉思汗的想象中，重新建构起了一套关于蒙元史和全球史的历史叙事。这样的研究以及它所建构的历史叙事，不但不够学术，而且，对蒙元史的现实意义有明显的误导，我们不应该把它们捧得很高。中国的蒙元史学者没有参与这一套新的历史叙事的建构和讨论之中，但受到了这套"大元史"叙事之话语霸权的压迫，似乎失去了在世界蒙元史学界的学术"话语权"。因此，我觉得我们今后在继续做好对蒙元史的实证研究的基础上，也应该考虑该如何来重新讲述蒙元史，建立起我们自己的关于蒙元史的新的历史叙事。

泽仁曲措：2018年您发表了《后殖民主义文化研究视野中的美国本土藏学批判》，《上海书评》连载了题为《沈卫荣看"新清史"的门道和热闹》，当时我一直关注两种不同声音对藏文化的反思和批判，您对小唐纳德·洛佩兹教授和他本人的著述《香格里拉的囚徒们：藏传佛教与西方》也给予了非常高的评价。能否理解为你们对"内亚特性"达成了共同的认识？

沈卫荣：恰恰相反，我是反对和批判所谓"内亚特性"的。我对西方新清史最直接的批评就是对他们将乾隆皇帝为代表的大清王朝对藏传佛教的信仰和推崇作为清朝"内亚特性"的象征，甚至将藏传佛教，特别是其政教合一制度，当作清朝统治中国的上层建筑、意识形态这样的观念的否认和批评。新清史家们大多数不懂藏传佛教，他们把蒙古、满族对藏传佛教的信仰，当作是清朝统治的"内亚特性"，是很轻率和鲁莽的。至于我对洛佩兹教授《香格里拉的囚徒们》一书的理解，则经历了一个比较长的过程和比较大的转变。这本书刚出版的时候，我是带着极大的兴趣和愉悦一遍又一遍地读的，它对我的影响真的可以用振聋发聩来形容！读了他这本书，我不仅对西方藏学史，特别是西方对藏传佛教研究的历史，有了全面和深刻的了解，而且我也因此读懂了当时弥漫于整个西方世界的

"西藏热",知道了它是怎么形成的,它的本质是什么。洛佩兹是美国后殖民主义文化批判的旗手级的学者,他的学术影响力远远超出西方的藏学界。至今我依然佩服他的批判精神和道德勇气,敢于对西方人对待东方的那种帝国主义、东方主义的文化恶行和丑恶嘴脸做出如此无情和犀利的揭露和批判,甚至对自己所从事的学术领域,对自己的老师和同行们所做的藏学研究,因其政治和意识形态上的错误而完全不学术的现象,一点不顾情面地予以否认和批判。应该说,我从洛佩兹的一系列著作中学到了很多我以前从事藏学研究从来没有学到过的东西,受到了很多思想上和理论上的启发。在2006年回国以后的最初一些年间,我也效仿洛佩兹的这种研究方法,既揭露和批判国际社会妖魔化和神话化西藏和藏传佛教的西方帝国主义和东方主义的文化和社会背景,也开始从批判"内部的东方主义"的视角出发,对汉族文化中的"想象西藏"现象进行研究和批评。这种类型的文章,我写了好多篇,这和我此前和当下所做的藏学研究的主题和学术方法都很不一样,反映了那段时间我追随洛佩兹做"后殖民主义文化批判"类研究的一段有意思的学术经历。

但是,至少十年前我就已经开始对洛佩兹所做的这样的学术有所怀疑、警觉和反思了。其中主要有以下两个原因,令我对"后殖民主义文化批判"这类学术产生了强烈的批判意识。第一,洛佩兹以后殖民主义和东方主义这一批判的武器,对藏学和藏传佛教研究的前辈学者们的批判,显然有全盘否定、矫枉过正的倾向。不可否认,学者们的政治身份、立场和意识形态的不正确,甚至反动,自然会严重影响学者们的学术研究。但是,学术毕竟不等于政治,过去的大部分学者,特别是从事东方学研究的语文学家们,他们并不很深地涉及政治,他们的优秀学术成果至今是一笔非常好的学术文化遗产,值得我们认真地去学习和继承。譬如,像20世纪世界最伟大的藏学家、意大利最杰出的东方学家图齐(Giuseppe Tucci, 1894—1984),我认为他是真正的世界藏学之父,是他以具有开创性的、出色的藏学研究成果,全面地奠定了现代藏学的学术基础。然而,在今天的后殖民主义文化批判学者们笔下,图齐就是一名臭名昭著的法西斯分子,是墨索里尼的探险家,于是,他的近四百种藏学著作全部被打上了纳粹政治的标签,好像就一钱不值了,这样的做法是不能接受的。图齐用扎实的语文学和历史学、考古学的现代学术方法,对西藏古代文明的精湛研究,至今还是非常有价值的,它们在藏学学术史上的意义和地位是无法否定的。而且,在图齐的著作中,我们其实很少能见到现在遭人诟病的帝国主义和东方主义的影响,图齐政治上的不正确似乎并没有很多地渗透到他的学术著作之中。相反，我有一个越来越明显的感觉，即当我们仔细阅读和反思那些像洛佩兹这样从事后殖民主义文化批判的学者的著作和观点时，我觉得他们今天对西藏和西藏文化的"同情的理解"，其实还远不如图齐他们那一代学者，他们用"政治正确"抹杀了前辈学者的学术成就，贬低了他们的学术地位，然后在占据政治上、思想上的制高点的同时，也无端地抬高了他们自己的学术地位。事实上，他们的思想和行为中显现出的那种高高在上，急着要替"受压迫的""无法表述他们自己的"西藏人代言的立场和态度，让我切身地感受到了什么叫帝国主义和东方主义之沉渣泛起。

第二，洛佩兹对西方人在帝国主义、东方主义思想影响下建构起来的妖魔化和神话化的西藏形象进行畅快淋漓的解构和批判，但与此同时却没有尝试正面建构一个真实、客观的西藏形象，在破除偏见的同时，并没有花同样的力气去正面表述那个真实的西藏，没有明确地向读者表明真实的、客观的西藏与那个被妖魔化和神话化的西藏形象之间有着怎样的天壤之别。《香格里拉的囚徒们》出版之后，美国哥伦比亚大学教授罗伯特·瑟曼曾经这样发问：在读了洛佩兹这本书之后，还有谁再会对西藏和藏传佛教感兴趣呢？读者很容易会误以为被洛佩兹无情地揭露和批判的那个妖魔化和神话化后的西藏和藏传佛教就是它们本身,西藏和藏传佛教本来是帝国主义和东方主义的牺牲品,但读者们很容易在泼出洗涤帝国主义和东方主义污染下的西藏形象的污水时,把西藏和藏传佛教这个婴儿也一起泼掉了。

我能达成以上两点对洛佩兹《香格里拉的囚徒》一书的新认识,其中带有我自己的经验教训。如前所述,在我刚回国的那几年,我也写了一些洛佩兹式的文章,批判中西方都很流行的"想象西藏"现象,揭露香格里拉式的西藏形象对我们理解现实的西藏的危害性。让我很惊讶的是,我的这些文章引起了一些藏族青年学者的激烈批评,而当我试图去理解他们对我的这些批评时,我突然意识到我可能是犯了与洛佩兹等所犯的同样的错误,我在解构"香格里拉神话"的同时,没有尝试去对一个客观和真实的西藏和藏传佛教做正面的描述和解读。那些批评我的藏族青年学者或者觉得我不是在解构西藏神话,而是在直接批判西藏和藏传佛教,或者他们觉得我根本就不懂西藏和藏传佛教,只是拾人牙慧,人云亦云而已。从那时起,我就觉得我对"想象西藏"的研究和批判应该到此告一段落了,从此我开始有意识地把自己学术研究的重点转向正面地研究和解释藏传佛教,特别是转向了对眼下常受人诟病的藏传密教的研究和解释。

我们还是香格里拉的囚徒吗?

泽仁曲措：您曾表示当今印藏佛学研究这门学科的绝对强势使人忽略了"汉藏佛学研究"，您认为汉译佛经对研究大乘佛教之成立的价值是无可取代的，并且历史上汉藏佛学有交流交往，汉藏佛学研究有助于汉藏两个民族加深彼此间的文化交流和融合，促使在宗教文化上相互理解，培养文化情感上的亲和力。在这个全球化的时代，您觉得汉藏佛学研究应如何保持、加强彼此间的交流？

沈卫荣：首先我想说，倡导"汉藏佛学研究"是我迄今为止的学术人生中做的最重要的一件事情。但是，当我在近二十年前提出这个观念时，其实完全是一种突如其来的自发的学术念想。我在德国波恩大学读博的时候所受的是"印藏佛学研究"的训练，故对这门学科的学术意义和学术水准有清楚的认识。我之所以提出一个与它相对的"汉藏佛学研究"的概念，一是觉得汉藏佛教之间的关联一点也不比印藏之间的关联弱，藏传佛教对元明清三代的中国有十分重大的影响，而汉传佛教也对初创期的藏传佛教有过直接的影响。二是希望通过对汉藏佛学研究的倡导，于学术上在印藏佛教研究与中国佛教研究之间建立起一座互相沟通的桥梁，即希望能用与印藏佛学研究同样的学术方法和学术水准，来开展对藏传佛教和汉传佛教，以及汉藏佛教互相关联的历史的研究。

在国内和国外学界倡导"汉藏佛学研究"这近二十年来，我感觉我做这件事是非常有意义的，也是非常有收获的。不仅我这些年来所带的学生们大部分都在从事汉藏佛学研究，其中有很多位曾长期在海外从事藏学研究，他们把汉藏佛学研究这个藏学研究的新路径也带到了海外。今天特别注重汉藏佛学研究的还有一批从事西夏学研究的学者们，如中国人民大学国学院的索罗宁教授和他的一批年轻学生们。越来越多的学者认同汉藏佛学是一门大有可为的学问，值得我们继续去发扬光大。而我自己这些年从事汉藏佛学研究的最大收获有两个，一个是我发现汉藏佛学根本就不是我最新建构出来的一个概念，它早已是一个历史的存在。我在对黑水城出土汉文藏传佛教文献的研究中发现，西夏的佛教是一种汉藏、显密圆融的宗教形式，西夏的佛教上师们在很多藏传密教文本中添加了很多汉传佛教的内容，或者把本来是一种显教信仰的文本中，加进了密教修法的内容，以至于我们很难将汉藏和显密佛教在西夏佛教中明确地分离开来，因为他们当时修习的佛教就是一种汉藏交融的佛教。从这种认识出发，我们再来考察敦煌佛教、古回鹘人信仰的佛教，或者后来蒙古人和满族人信仰的佛教等，其实它们都有这种明显的汉藏佛教交融的性质，它们信仰的就是汉藏佛教。另外一个收获是，我更加明确了我们进行佛教研究一定不

我们还是香格里拉的囚徒吗？

能设立太多的学术框架，如将佛教细分成印藏佛学、藏传佛教、汉传佛教、东亚佛教、小乘佛教、大乘佛教、显乘佛教、密乘佛教研究，等等，这样人为的割裂不但影响了我们对这些不同的佛教传统的研究，而且损害了这些宗教传统之间的交流和理解。这些年，我每发表一篇关于藏传密教的研究论文，我都会收到一些信仰或者研究汉传佛教的人士的激烈的批评和攻讦，这是一件特别让我感到沮丧的事情。我发现他们对藏传佛教的不理解和批评，都源自他们拿自己熟悉的汉传佛教中的清规戒律作为衡量藏传佛教是否如理合法的依据，他们只看重自己所信仰的这个传统，没有把佛教当成一个整体，把它看成是一个不断发展和进步的过程，因此，他们没法理解与其不同的佛教传统。有鉴于此，我开始倡导用全球史观作为方法来研究佛教，提倡打破现有的印藏、汉藏、显密、小乘大乘等佛教传统之间人为设定的界限，真正把佛教作为一个整体、作为一个发展的过程来研究。只有这样，我们才能去掉各种佛教传统之间根深蒂固的偏见，进行更好的交流和理解。这不只是汉藏佛教之间的事情，而是事关整个佛教的事情。

此外，最近当我在写一篇"世界藏学研究的回顾与展望"的文章时，我突然意识到我们倡导与印藏佛学对应的汉藏佛学还有一个重大的学术意义，我们以前没有明确地认识到，即在世界学术界对"印藏佛学"的解构，有助于"藏学"作为一门独立自主的东方学分支学科的成长和发展。印藏佛学是一门具有悠久历史，且享有崇高学术声誉的学科，但它长期的强势发展也带来了一个明显的负面影响，即西方学界长期以来都将藏学作为印藏佛学研究的附庸或者分支学科，西方早期著名的藏学家大部分是印藏佛学家，藏学经常被归入印藏佛学，甚至成了印度学的分支学科，藏学研究仅仅被用来作为重构印度佛教历史面目的工具，这不但严重影响了藏学独立自主的发展，而且也影响了人们对藏传佛教的认识，以为藏传佛教就是对印度佛教的被动继承，并没有像汉传佛教一样经历彻底的本土化过程。我觉得只有将藏传佛教研究从印藏佛教的旧框架中解放出来，藏传佛教和藏学研究才能真正成为一个独立的学科，并在世界人文学界获得确定的学科地位，得到独立自主的发展。

泽仁曲措：老师您带领学生到访了藏地和内蒙古的诸多寺院，与当地的堪布、格西等对话，有时在内地高校科研机构开展"汉藏佛教"的交流，这能否理解为这个时代您对汉藏佛教交流的"重启"实践？

沈卫荣：我不敢说我们组织这样的活动是为了要在这个新时代重启"汉藏佛教交流"实践，你知道我只是一个藏传佛教的研究者，如果说我对藏传佛教的认识和理解还很肤浅的话，那么我对汉传佛教更是完全无知。说实话，汉藏佛教交流实践这样的事业应该由汉藏佛教界的高僧大德们来倡导和进行，而不是像我这样的书生能够做的事情。让我觉得有点遗憾的是，至今我没有见到国内汉藏佛教界有很大影响力的高僧大德，站出来领头推进汉藏佛教之间的对话、交流，以促成相互间更好的合作和理解。相反，最近这些年我时常会遭遇到汉传佛教界一些非常极端的个人，对藏传佛教进行无端的批评和偏激的攻击，这极大地伤害了广大藏传佛教信众们的宗教情感，对汉藏佛教的交往、交流和交融造成了明显的负面影响。

我倡导汉藏佛教研究，更多是要为藏传佛教研究设计一条新的学术路径，建构一种新的学术范式，而我们研究的重点从来都是藏传佛教。那么，这些年来我为什么经常组织我的学生和朋友们去藏传佛教的寺院中参观、学习，并经常把藏传佛教的僧人们请到人大、清华的课堂里，和他们开展广泛和深入的学术交流呢？其实道理很简单，因为我不认为藏学或者藏传佛教研究是一门冷门绝学，藏传佛教明明还是一个活着的传统。改革开放以来的近四十年间，藏传佛教正在经历一个"文艺复兴"般的发展和繁荣阶段，藏传佛教的各种传统还在藏地的寺院中、僧人间传承和发展着，我们今天研究藏传佛教怎么能够完全闭目塞听、闭门造车，把藏传佛教和藏族文化仅仅当成是一个书本上的文化来研究，犯过去西方东方学家们常犯的一个典型的错误，即将一个东方民族的文化完全文本化，完全轻视它们现存的、活着的传统？通过我们与藏传佛教寺院、高僧们的广泛的接触和交流，我们欣喜地发现当下藏传佛教各个不同教派的传统都还处在持续的发展之中，每个教派都有一些非常有学问和非常有济世之事业心的高僧，他们也都非常支持我们在高校中开展藏传佛教研究。长期以来，学界和教界缺乏畅通的学术交流渠道，相互间缺乏沟通和理解，这是推动藏传佛教研究进步道路上的一个障碍。近年来，我们努力要剔除这个障碍，尽可能多地与教界开展广泛和深入的交流，取得了非常明显的成绩。例如，以前我们没有足够好的藏语文老师，阅读和研究古藏文佛教文献遇到困难时束手无策，故对佛教义理和仪轨的理解常常不得要领和究竟，这严重影响了我们佛教研究事业的进步。近年来，我们有幸得到了多位藏传佛教僧人的支持，他们为我们开办了各个层次、不同文本的读书班，和我们一起阅读如萨迦道果法、噶举派那若六法的汉藏文文本，仔细辨析和讲解这些文本的微言大义，为我们更快更好地研究这些教法提供了极大的帮助。无疑，正是在这些藏传佛教高僧们的有力支持之下，我和我的学生们才成了更好的藏传佛教研究者。

我们还是香格里拉的囚徒吗?

泽仁曲措：有关元明清时期藏传佛教在内地的传播，老师您强调元朝以来中国汉族文人传统中就形成了十分负面的喇嘛形象，即把藏传密教当成一种祸国殃民的妖术。请问应如何解决内地人对藏密的误解？

沈卫荣：这是我从最初做元代西藏史研究至今这几十年来一直关注的一个研究题目，直到几年前我才出版了一部题为《从演揲儿法中拯救历史——元代宫廷藏传密教史研究》的专著，专门解构和澄清自元末以来汉族士人对藏传密教所做的妖魔化和色情化的歪曲、建构和误解。除了这项长期的专题研究之外，十余年来我也一直关注藏传密教解释学的研究，希望能给藏传密教的宗教性和合法性从它自身发展的自洽的教法和历史逻辑中找到合理的解释。由于对藏传密教的色情化描述已经成为汉族文化传统中关于藏传佛教的"背景书"，要解除这种根深蒂固的误解并不是一件容易的事。为了尽量减少世人对藏传佛教的这种误解，作为藏传佛教研究者，我们有责任更好地做好对藏传密教的研究，努力把一个真实的藏传佛教的宗教和历史面貌揭露出来，让广大的读者更好地了解和理解藏传佛教，而不受那些道听途说来的纯属小说家言的错误信息的蛊惑和误导。十余年前，我主编过一本题为《何谓密教？关于密教的定义、修习、符号和历史的诠释与争论》的译著，就是想为普通读者们正确理解密教提供一些学术上的帮助。我一直想把这项工作继续做下去，计划编辑《何谓密教》的续集，从修法、仪轨层面来解释密教。还有，在疫情期间，我曾在北京为一家民间文化团体"探知人文"做过一个系列讲座，正面讲述藏传佛教。目前我正在整理这些讲座稿，计划将它们集合成一本题为《藏传佛教十二讲》的著作出版。揆诸当下，坊间还没有一本系统介绍藏传佛教的入门书，我希望我的这部讲座稿能为读者正确理解藏传佛教，破除传统的偏见有所帮助。

泽仁曲措：您一直强调回归语文学是促成佛教研究整合成一个具有统一学术规范的互通互融的学术整体，佛教文本的整理和研究于一位学者而言绝非是一件易事，很少有深入教义文本方面的研究，您是否认为这是中国藏传佛教研究的一大缺憾？

沈卫荣：首先，我认为中国藏学的最大缺陷就是很少有专业的佛教学者从事藏传佛教研究，这也是中国藏学与世界藏学之间最大的差别和差距。中国藏学的重镇是西藏历史研究，特别是西藏地方与中央王朝关系史的研究，和对当代西藏和涉藏地区政治、经济和社会稳定的研究。中国有庞大的藏学研究队伍，其总人数应该比世界各国藏学家的总和还多，但其中专门从事藏传佛教研究的学者却寥寥可数。藏传佛教研究首先是一种文本语文学的研究，印藏佛学研究之所以在世界学术界享有如此崇高的学术声誉，就因为它是当下硕果仅存的一种语文学水准极高的学问。语文学是一切人文学术的基础，这十余年来，我在中国学界积极倡导语文学，希望中国的人文学术能够回归到学术的正常轨道，不要再制造更多的学术垃圾。藏学原本就是一门语文学的学问，它的最基本的学术方法就是语文学。如果你今天从事的是属于区域研究类的现代西藏研究，你或可以不那么精通藏语文，你可以更多地使用社会科学类的田野调查等方法，但如果你是从事对西藏古代文明的藏学研究，或者你是研究藏传佛教的宗教学家，你若不懂藏语文，没有接受过良好的语文学基础训练，那么，你是没有办法成为一名合格的藏学家的，藏传佛教研究者必须是一名藏传佛教语文学家。我目前在清华大学对我的学生们所做的学术训练和培养，主要就是教他们如何用语文学的方法来整理、研究藏传佛教的经典文献，进而来研究这些文本所揭示的藏传佛教义理、仪轨、修法和历史等。这三年间，我们在清华大学线上线下推出了一个题为"汉藏佛教语文学"的系列讲座，邀请世界各国最优秀的佛教语文学家来做各种专题的讲座。我欣喜地发现每次在线上参与这个系列讲座的听众，经常有一半以上是藏族的青年学者、学生。我希望我们对佛教语文学的倡导，正在影响着中国青年一代藏传佛教研究者。不重视文本语文学研究，是整个中国藏研究的一大缺憾，我们将继续努力来改变这种学术风气。

泽仁曲措：去年我向老师您请教过关于美国藏学的问题，老师您欣然与我分享了对这个问题的思考。您认为我们应重新讨论和定义什么是藏学？中国藏学应该如何做？今天能否就这两个问题做个回答？

沈卫荣：你问的这个问题很重要，这些年来我一直想要组织一场国际性的学术讨论，专门讨论何谓藏学？很多年前我就发现，我们中国学者特别喜欢使用藏学这个称呼，非常愿意以藏学家自居，中国西藏研究最高学术机构的名称是"中国藏学研究中心"。但是，扪心自问，我们自己做的真的是藏学（Tibetology）研究吗？我们是否真的很明白什么是藏学呢？如前所述，藏学是一门纯粹的文本语文学（Textual Philology）学科，即是一个从对西藏语言和文献的解读出发，研究其历史和宗教文化的学科。藏学和汉学、印度学、伊斯兰学、蒙古学、日本学等众多西方东方学分支学科一样，是19世纪初于欧洲最先发展起来的"民族语文学"（National Philology）学科中的一种。随着1950年代北美兴起"区域研究"（Area Studies），以及人文科学中文史哲等学科分类的日益明确化，汉学、印度学这类传统的语文学学科开始急剧衰落，代之以如"中国研究"、

"南亚研究"一类的区域研究学科的兴起。与此相应，传统的藏学也慢慢被现代的西藏研究（Tibetan Studies）所取代。中国现代藏学的起步较晚，严格说来，作为语文学的藏学传统并没有在中国完整地建立起来。20世纪80年代，中国藏学开始崛起，它从一开始就是一门属于"西藏研究"类型的学科，是一门包罗万象的综合人文和社科研究的区域研究类学科。当下，西方主流学术研究机构中很少使用"藏学"这样的学科名称了，而通常都称为"西藏研究"，尽管它们还保留着明显的传统藏学的语文学性质。而我们却正好相反，我们中的绝大部分人都在从事"西藏研究"，却还坚持使用藏学的称号，我们对藏学和西藏研究之间的差别缺乏清楚的认识，现在或者是需要做改变的时候了。我衷心希望我们在做好"西藏研究"的同时，也能够尽量保留多一点的藏学，藏学是西藏研究的基础，完全脱离藏学的西藏研究是不学术的。

泽仁曲措：在我国大力推进藏传佛教中国化这一重要举措中，老师您在相关文章中表示应该将藏传佛教中国化作为铸牢中华民族共同体意识的重要举措来推进，您是否认为藏传佛教本土化等同于藏传佛教中国化呢？

沈卫荣：当然不是！对藏传佛教中国化，近年来学界已有很多的讨论，我自己也多次参与了这场讨论，并在清华大学组织过多场由学界和教界的代表们共同参与的讨论。我感觉目前的讨论普遍存在一个理解上的误区，即把藏传佛教中国化作为当下政府提出的一项单独的战略举措来讨论，其实它只是政府全面推进"宗教中国化"战略的一个重要组成部分。不只是藏传佛教，而且还有汉传佛教、基督教/天主教和伊斯兰教，甚至完全是中国土生土长的道教等，一切宗教都必须尽快地实现中国化这个伟大的战略目标。以前有人将藏传佛教中国化理解为藏传佛教的"汉化"，还有人说藏传佛教中国化是个伪命题，因为西藏是中国领土的一部分，藏传佛教也早已是中国佛教了，何以还需要中国化呢？这都是因为对国家的宗教中国化战略方针缺乏全面的了解而引出的谬论，把宗教中国化战略狭隘地理解成本土化或者"汉化"，这是对"中国化"理论的矮化和歪曲。如果中国化就是本土化或者"汉化"的话，那么，汉传佛教和道教何以今天也还需要中国化呢？

我理解宗教中国化方略是铸牢中华民族共同体意识的一项重要举措，"中国化"是"中华民族化"，目的是要让中国的各种宗教传统与新时代中华民族的发展和进步相适应，为中华民族伟大复兴做出特殊的贡献。铸牢中华民族共同体意识最基本的要求就是我们每个中华人民共和国公民必须确立自己是中华民族的一员，中国是一个由众多民族和多种文化传统组成的中华民族共同体,中华民族是新时代中国民族和国家的唯一身份认同。只有确立了这样的认知,我们才能正确地理解何谓藏传佛教中国化。藏传佛教中国化不是指它的本土化,藏传佛教的本土化过程早已经完成,宗教中国化是要求藏传佛教、汉传佛教或者道教等,迄今还是一个单一民族的、有明显地方性性质的宗教传统,圆融、和谐、自在地整合进整个中华民族的宗教文化传统之中,成为超越单一民族和地域的中华民族宗教文化的组成部分。藏传佛教和汉传佛教都是中国佛教,这是不可否认的事实,但如何使藏传佛教和汉传佛教同时成为整个中华民族共同拥有、珍惜和传承的宗教文化传统,则正是我们今天推进宗教中国化所要实现的一个伟大的战略目标。

最近,我一直在考虑如何从历史和现实的角度来更好地阐述藏传佛教中国化这个命题。我觉得我们至少可以以三个"道次第"(lam rim)来叙述藏传佛教中国化的历史发展过程。第一个"道次第"是藏传佛教本土化,或者说是"西藏化"的过程。前面提到过,由于"印藏佛学"这一概念的强势影响,人们会错误地认为藏传佛教不过是印度佛教的翻版或者附庸,其实不然,藏传佛教与十分汉化了的汉传佛教一样,也曾经历过一个彻底的本土化、西藏化的过程。今天成为藏传佛教的这个传统主要是后弘期形成的,这时出现了"旧译密咒"和"新译密咒"两个传统。其中旧译密咒，也就是后来被称为"宁玛派"的传统，其所传经典很多没有直接的印度来源，而是所谓"伏藏"，其中有很多是西藏佛教僧人们自己创造出来的。而"新译密咒"又被分为噶当派、萨迦派、噶举派和格鲁派等多个教派，虽然他们都强调"新译密咒"直接源于印度，所有教法都是原原本本从印度传入的，但各教派之特殊传轨的形成，都有西藏本土上师们的创造性发挥。例如，萨迦派所传"道果法"，其根本经典是传为印度大成道者密哩斡巴所传的《道果金刚句偈》，这是一部仅有几十句偈颂的纲要性文本，它在印度也没有形成文本，萨迦派几代上师根据来自印度的口传确立了一套甚深广大的道果文本体系。噶举派所传的"那若六法"也是如此，玛尔巴译师将其根本经典传入西藏，后又经历几代噶举派上师们的努力，才慢慢确立起一整套完整的修习体系。旧译密咒和新译密咒传轨的形成过程，就是藏传佛教本土化、西藏化的过程。

藏传佛教中国化的第二个"道次第"，是指从西夏时代起，藏传佛教开始在西藏以外的西域和中原地区，在西夏人、古回鹘人、汉人、蒙古人和满族人中间广泛传播的过程，乃至于元、明、清三代之中央王朝中，藏传佛教成了占有明确主导地位的佛教传统，这是名副其实的藏传佛教中国化的开始。今天

我们还是香格里拉的囚徒吗？

我们讨论历史上的中国佛教传统，就一定要包括藏传佛教在内，因为在中国古代历史的后半段，藏传佛教比汉传佛教的影响力更大，它是中国佛教的主要代表。而藏传佛教中国化的第三个"道次第"，即是指当下藏传佛教如何能够进一步地中国化，真正成为中华民族共同体之重要的宗教文化传统遗产，并能够为我们今天建设中华民族共同体之精神家园贡献它特殊的力量。虽然，藏传佛教于今日中国之传播和普及程度，已经远远超越了它在历史上所达到的高度，藏传佛教已经成为深受中华民族广大百姓喜闻乐见的一种宗教传统，但如何能够让藏传佛教更好地整合进中华民族共同体的宗教文化传统之中，并为铸牢中华民族共同体意识做出有益的贡献，这是目前我们最应该用心考虑和讨论的问题，这也当是我们这些从事藏传佛教研究的学者们应该承担起的社会责任和义务。

泽仁曲措：关于"新清史"与中西学术的讨论，您曾提出他日西方学者若能彻底走出帝国主义、东方主义的学术歧路，而我国学者若能尽快摆脱西方学术和政治话语霸权的压迫，并走出民族主义或者民族国家史学的影响，那么，中西学术之间的理性对话终将成为可能，而我国的学术也必将更加强大。依据当下国内相关学术研究，您是否认为我国学者能在较短的时间内做出这番成绩呢？

沈卫荣：我在讨论"新清史"和中西学术的过程中获得的一个深切体会是：中西学界至今还未能形成一种理性对话的机制，很多学术上的冲突实际上源于政治立场和思想观念之间的差距。要使中西学术达成一种理想的理性交流和对话状态，中西双方都应该有所改变。其中西方必须走出帝国主义、殖民主义和东方主义的泥潭，不要再高高在上、盛气凌人，自以为政治正确，就急切地要教导别人，或者替别人代言，要警觉自己重蹈覆辙，犯被他们用后殖民主义文化批判的武器赶下神坛的前辈学者所犯过的同样的，甚至更严重的错误。而对于长期受西方政治和学术话语霸权压迫的东方学者而言，我们正处在中华民族伟大复兴的新时代，我们应当更加自信和理性地面对西方学术，不能一再地走极端，从盲目崇拜变为全盘否定，要让学术回归学术之正道，以学术的方式和西方人开展学术的讨论和批评。从事清史研究是这样，从事藏学研究同样也是如此。中国藏学和西方藏学各有各的特色、各有各的短长，要推动世界藏学的进步，我们不但要互相交流，取长补短，而且也要开展理性的学术批评。对西方藏学，我们既不要盲目崇拜，也不能全盘否定。据我的观察，世界藏学目前还处在一个持续繁荣的阶段，但它存在潜在的严重危机。随着西方世界的"西藏热"逐渐消退，人们对藏学的热情也会很快退潮，藏学的繁荣将失去支柱。所以，我最看好中国藏学的发展前景，特别是寄希望于像你这样年轻一代藏族学者的崛起，你们不但热爱本民族的文化，具备别人没有的语文优势，而且接受了现代学术的洗礼，不再固守本民族旧有的学术传统，你们是中国藏学走向世界、走向辉煌的希望，世界藏学的进步要靠你们这一代藏学家来实现！

泽仁曲措：今年凤凰出版社出版了老师您的《他乡甘露》一书，回望您的学术生涯，我想请问除了藏学热，藏学本身带给您最大的启发和帮助有哪些？

沈卫荣：我刚进入藏学这个学术殿堂时，世界上还没有"西藏热"，我是1990年代在德国留学时才深切地感受到这股弥漫世界的"西藏热"的。不可否认，"西藏热"给我的学术研究带来了一些变化，它曾经是我很多年间一个重要的学术关注点。但整个地改变了我的人生的不是"西藏热"，而是藏学本身。可以说，藏学就是我的人生！如你提到的，最近我出版了一本新的随笔集，标题名为《他乡甘露》，它的意义是要表明我是一个要将整个世界都当作是他乡的知识人，我不想把自己的情感专注于故乡这一个地方，我们不应该盲目地、无条件地热爱故乡，而应该像对待他乡一样，始终保持一种理性和批判的态度。我来自一个有着美丽名称的江南古镇——甘露，但它

沈卫荣：我在讨论"新清史"和中西学术的过程中获得的一个深切体会是：中西学界至今还未能形成一种理性对话的机制，很多学术上的冲突实际上源于政治立场和思想观念之间的差距。要使中西学术达成一种理想的理性交流和对话状态，中西双方都应该有所改变。其中西方必须走出帝国主义、殖民主义和东方主义的泥潭，不要再高高在上、盛气凌人，自以为政治正确，就急切地要教导别人，或者替别人代言，要警觉自己重蹈覆辙，犯被他们用后殖民主义文化批判的武器赶下神坛的前辈学者所犯过的同样的，甚至更严重的错误。而对于长期受西方政治和学术话语霸权压迫的东方学者而言，我们正处在中华民族伟大复兴的新时代，我们应当更加自信和理性地面对西方学术，不能一再地走极端，从盲目崇拜变为全盘否定，要让学术回归学术之正道，以学术的方式和西方人开展学术的讨论和批评。从事清史研究是这样，从事藏学研究同样也是如此。中国藏学和西方藏学各有各的特色、各有各的短长，要推动世界藏学的进步，我们不但要互相交流，取长补短，而且也要开展理性的学术批评。对西方藏学，我们既不要盲目崇拜，也不能全盘否定。据我的观察，世界藏学目前还处在一个持续繁荣的阶段，但它存在潜在的严重危机。随着西方世界的"西藏热"逐渐消退，人们对藏学的热情也会很快退潮，藏学的繁荣将失去支柱。所以,我最看好中国藏学的发展前景,特别是寄希望于像你这样年轻一代藏族学者的崛起,你们不但热爱本民族的文化,具备别人没有的语文优势,而且接受了现代学术的洗礼,不再固守本民族旧有的学术传统,你们是中国藏学走向世界、走向辉煌的希望,世界藏学的进步要靠你们这一代藏学家来实现!

泽仁曲措:今年凤凰出版社出版了老师您的《他乡甘露》一书,回望您的学术生涯,我想请问除了藏学热,藏学本身带给您最大的启发和帮助有哪些?

沈卫荣:我刚进入藏学这个学术殿堂时,世界上还没有"西藏热",我是1990年代在德国留学时才深切地感受到这股弥漫世界的"西藏热"的。不可否认,"西藏热"给我的学术研究带来了一些变化,它曾经是我很多年间一个重要的学术关注点。但整个地改变了我的人生的不是"西藏热",而是藏学本身。可以说,藏学就是我的人生!如你提到的,最近我出版了一本新的随笔集,标题名为《他乡甘露》,它的意义是要表明我是一个要将整个世界都当作是他乡的知识人,我不想把自己的情感专注于故乡这一个地方,我们不应该盲目地、无条件地热爱故乡,而应该像对待他乡一样,始终保持一种理性和批判的态度。我来自一个有着美丽名称的江南古镇——甘露,但它于我早已成了一个他乡，它远没有作为他乡的西藏对我的人生产生那么大的影响，我的整个学术人生是与西藏和藏学紧密地联系在一起的。

我是一个语文学家，不懂得如何哲学地来谈我人生的价值和意义，但我真切地感谢西藏和藏学，是它们给了我一个丰富和有趣的学术人生。因为藏学，我学习了藏语文，有幸领略了灿烂的西藏文明和藏地奇异的自然风采；也因为藏学，我有幸走遍了世界顶级的学术机构，认识了太多的优秀学术同行，懂得了一种好的学术是如何养成的。不敢想象，如果我做的不是藏学，我又会是怎样的一个学者？从事藏学研究，确实给我的人生赋予了一些意义。这不是说成为一名藏学家，使我获得了一份体面的职业、一个饭碗，甚至成了中国最好大学中的一名教授，这当然是非常重要的，但学术非为稻粱谋。我的学术人生之所以有些意义，并不在于藏学使我衣食无忧，而是说，要不是藏学，我即使是清华的教授，也依然还可能是nobody，而正因为我是藏学家，我在藏学领域辛勤耕耘，做着不关俗世生计和利益的学问，有了一点不起眼的成绩，我写的藏学文章引起了像你这样的青年学者的热情关注，或许给了你们一些有益的启发和帮助，是这让我的学术人生产生了一些意义。所以，我要感谢西藏和藏学！我绝对相信马克思·韦伯说的"人文科学是一门职业的科学"，但作为一名人文科学家，并不是因为他获得了一份职业，他的人生就有意义了，而是他在职业地从事学术研究时所取得的学术的成就，可以给他的人生带来精神的和社会的意义！藏学于我就是如此。

泽仁曲措： 感谢沈卫荣老师接受我的专访，感谢您分享你的学术观点，并提出了相关的建议，今天的专访到此圆满结束。最后祝老师您身体健康、阖家幸福、扎西德勒！

沈卫荣： 谢谢你对我的采访，特别感谢你对我提出的这些非常有意义的问题，从你的这些提问中，我可以看出你对我的学术经历和学术路径有很全面的了解，你的这个采访确实给了我对自己的学术经历和主要学术观点做一个全面的和理性的反思和总结的机会。同时，我想利用这一个难得的机会，尝试向许多像你这样关心我的学术研究的同行和读者朋友们，更好地解释我的学术经历和相应的心路历程，希望你们今后能给我个人和我的学术以更好的理解和支持。我衷心地感谢你！感谢《西藏大学学报》给了我这个机会！

本文系西藏大学泽仁曲措对沈卫荣教授的专访，刊于《西藏大学学报》（社会科学版）2025年第1期